国家社会科学基金教育学重大课题
“立德树人的落实机制研究”成果
（课题批准号：VEA190002 ）

立德树人落实机制研究丛书

丛书主编　袁振国

立德树人落实机制研究
价值引领机制优秀案例集

主编　唐汉卫

教育科学出版社
·北京·

出 版 人　李　东
责任编辑　薛　莉
版式设计　杨玲玲
责任校对　张晓雯
责任印制　叶小峰

图书在版编目（CIP）数据

立德树人落实机制研究．价值引领机制优秀案例集 / 袁振国主编；唐汉卫分册主编．—北京：教育科学出版社，2021.11（2022.7 重印）

ISBN 978-7-5191-2823-4

Ⅰ．①立…　Ⅱ．①袁…②唐…　Ⅲ．①教案（教育）—汇编　Ⅳ．①G424.21

中国版本图书馆 CIP 数据核字（2021）第 222509 号

立德树人落实机制研究丛书
立德树人落实机制研究：价值引领机制优秀案例集
LIDESHUREN LUOSHI JIZHI YANJIU：JIAZHI YINLING JIZHI YOUXIU ANLI JI

出版发行	教育科学出版社		
社　　址	北京·朝阳区安慧北里安园甲 9 号	**邮　　编**	100101
总编室电话	010-64981290	**编辑部电话**	010-64989363
出版部电话	010-64989487	**市场部电话**	010-64989009
传　　真	010-64891796	**网　　址**	http://www.esph.com.cn
经　　销	各地新华书店		
制　　作	北京金奥都图文制作中心		
印　　刷	三河市兴达印务有限公司		
开　　本	720 毫米×1020 毫米　1/16	**版　　次**	2021 年 11 月第 1 版
印　　张	21.25	**印　　次**	2022 年 7 月第 2 次印刷
字　　数	284 千	**定　　价**	65.00 元

“现象级”传播的背后

（代序）

培养什么人、怎样培养人是教育的首要问题，立德树人是教育的根本任务。这一认识已经深入人心，受到党和各级政府、学校、教师、家长的高度重视，成为政策文件、规划报告的核心话语。各级教育行政部门和各级各类学校也都从不同角度采取了一系列措施积极贯彻落实，取得了很大成绩。但立德树人的落实成效与中央的要求、社会的期望还有差距。将立德树人工作进一步落到实处，关键在于健全落实机制，打通“最后一公里”。习近平总书记在2018年全国教育大会上明确指出，要深化教育体制改革，“健全立德树人落实机制”。教育部将健全立德树人系统化落实机制作为深化教育体制改革的首要任务，出台了一系列重要文件，并组织开展了立德树人落实机制的研究。为此，2019年度全国教育科学规划设立了国家重大招标课题“立德树人的落实机制研究”。

所谓落实机制，简单地说，就是相对系统、贯通的方法和措施。承接“立德树人的落实机制研究”课题（课题批准号：VEA190002）后，课题组坚持问题导向、目标导向的原则，首先于2019年7—8月面向全国各省、自治区、直辖市的地方教育局局长、中小学校长、教师、家长，围绕立德树人的总体成效和落实机制进行了“千人大调查”，回收有效问卷698份，获得了大量第一手资料。从调查的情况来看，不同主体对立德树人的意义是有充分认识的，当前存在的关键问题是有效实施方法欠缺和实施能力不足。

2019年10月20日，课题组召开开题会，中国人民大学党委书记靳诺，教育部基础教育司司长吕玉刚，武汉大学党委副书记沈壮海，上海市教育卫生工作委员会党委副书记、上海市教育委员会副主任李昕，浙江省教育厅副厅长韩平，以及江苏省教育厅副厅长顾月华等专家领导对课题进行了论证指导。课题组结合专家学者及一线教育领导的建议，进一步明确了课题定位、研究范围、研究机制和工作方法。

通过与专家学者、教育实践工作者的多次座谈讨论，课题组逐渐明确了立德树人落实机制中存在的主要矛盾、困难和问题，特别是：以什么为引领（解决工作思路明不明的问题），以什么为动力（解决工作愿不愿的问题），以什么为重点（解决工作会不会的问题），以什么来整合（解决合力强不强的问题），以什么为抓手（解决不同教育层次、不同教育主体工作能不能很好衔接的问题）。同时，课题组建立了与部分区域和学校联动的协作网络。

2019年11月—2020年11月，课题组先后在苏州市、杭州市（上城区）、宁波市（北仑区）、义乌市、内蒙古自治区（科尔沁右翼前旗）、重庆市（南川区）、上海市（虹口区、奉贤区、金山区）等地区的教育局和学校广泛调研，各子课题组也分别在多地开展了有针对性的调研。课题组通过召开局长、教研员、教师座谈会，就立德树人落实机制各个层面的实施思路与方案、现状与问题、经验与建议进行了多层次、立体式的交流研讨。

在此基础上，课题组进一步凝练了研究思路和重点问题：

以发展规划为抓手的价值引领机制。通过制定和落实区域教育发展规划、学校发展规划、课程计划、教学计划和教师发展计划等，将立德树人思想和要求贯穿于教育的全员、全过程、全方位。

以评价为纽带的动力机制。通过研制和实施适用于政府、学校、社区和教师等不同主体的立德树人评价标准，探索多样化的适合师生需要的奖励方式，增强不同教育主体立德树人的动力，激发不同教育主体立德树人的积极性、主动性、创造性。

以学科育人为重点的能力机制。通过加深教师对学科德育、课程思政意义的理解，通过对各学科育人价值、内容、特征、方法、规律的深度挖掘和把握，发挥好立德树人主渠道的作用，使育人工作春风化雨、润物无声。

以供给侧改革为统领的合力机制。通过对人、财、物、时、空五大要素的优化整合与合理配置，形成立德树人的整体合力，保障立德树人的资源需要，克服资源供给分散化、碎片化的弊端，不断提高立德树人的成效。

大中小学、家校社一体化的衔接机制。通过大中小学德育内容的一体化建设，通过学校、家庭、社会教育理念和方法的有效协同，避免德育工作重复、脱节、倒置甚至冲突的问题，实现不同学段、不同环境中的思想道德教育的前后贯通、有序提高、优势互补、提能增效。

2021年4月17日，为了总结经验，推广成果，使立德树人的价值导向进一步转化为系统目标，推动思想认识转化为自觉行动、分散的资源和力量转化为整体合力，课题组联合浙江师范大学田家炳德育研究中心、教育部中学校长培训中心、全国教育局长研究联盟、教育科学出版社、湖南教育出版社、《人民教育》编辑部、《中小学德育》编辑部、《当代教育家》编辑部、《班主任》编辑部等单位，举办了全国“立德树人落实机制”优秀案例研讨会。来自全国31个省、自治区、直辖市和新疆生产建设兵团的教育行政管理者、校长、教师，就如何健全立德树人落实机制做了广泛交流。会议采取现场参会与线上直播相结合的形式进行。根据新冠肺炎疫情防控要求，线下会场人数控制在300人以内，线上直播观看人次却达到380.7万。这一“现象级”传播超出了课题组的预期，也使课题组深受鼓舞，更重要的是加深了课题组对案例收集、交流、推广意义的认识。

本次研讨会优秀案例征集通知发出后，引起了强烈反响。课题组在不到一个月的时间里，就收到1180份案例成果。大量优秀案例生动活泼，内容丰富，充满情怀、智慧，且具有可操作性、可复制性与可推广性。案例覆盖了全国31个省、自治区、直辖市，覆盖了大、中、小、幼全学段，覆盖了普通、职业、特殊各类学校，覆盖了地方政府部门、教育行政部门、学校、教师各主体，覆盖了立德树人的价值引领机制、动力机制、能力机制、合力机制和衔接机制，实现了省份、学段、学校类型、教育主体和落实机制的全面覆盖。这使我们深刻认识到热情在基层，智慧在基层。

本次会议设1个主论坛和5个分论坛，60余位代表进行了正式发言交流，30位代表作为与谈人进行了现场回应。在省域层面立德树人落实机制的经验交流中，北京市教育工作委员会副书记、北京市教育委员会副主任李奕介绍了以“我和我的祖国”爱国主义主题教育活动、建党100周年“永远跟党走”主题教育活动等为抓手，从目的、动力、方式、路径四个维度进行的顶层设计和落实举措；江苏省教育厅副厅长顾月华介绍了江苏省以品格提升为“核心引擎”的落实立德树人的机制探索；浙江省教育厅专职副总督学舒培冬介绍了浙江省“聚焦六个一，厚植青少年家国情怀”的立德树人实践。在市域和县域层面的交流中，深圳市教育局副局长王水发围绕立德树人，对发展素质教育的目标体系、培养体系、保障体系、评价体系等做了具体介绍；郑州市教育局原副局长田保华介绍了郑州市以道德课堂为载体的立德树人实践机制探索；杭州市上城区教育局党委书记、局长项海刚展示了新型“党政家校社合力机制”的改革经验；内蒙古自治区科尔沁右翼前旗教育局局长高玉荣针对少数民族地区的特点，介绍了边远地区和农牧区如何以家校协同为切入点落实立德树人的积极探索。在学校层面的交流中，重庆市九龙坡区谢家湾小学刘希娅校长进行了转变学习方式、落实立德树人实践案例的分享；天津市南开中学校长刘浩交流了学校“允公”课程和“允能”课程两大类课程体系的理念与实施举措；新疆维吾尔自治区乌鲁木齐市第一中学校长罗群雁从促进民族团结与融合的角度，介绍了“和谐教育卓越成长”的办学理念和贯通式举措；浙江师范大学党委副书记朱坚推介了学校构建一体化“大思政课”，扎实推进课程思政建设的典型经验；华东师范大学党委常委、宣传部部长顾红亮展示了学校以“四个一体化”为抓手，推动百年党史融入“大思政课”的经验和做法。在五个分论坛上，围绕课题组提出的五大机制，与会代表进行了交流和讨论。不同层次、不同地区、不同学段的学校讲述了立德树人的中国故事，谱写了一曲立德树人落实机制的交响乐。这使我们深刻认识到，立德树人落实机制丰富多样，必须实事求是，因时因地因事制宜。

优秀案例是做出来的，绝不是板凳上的学问。这些做出来的、在实践中生长出来的且经过实践证明切实有效的机制，经过与会代表的归纳提炼，经过课题组专家的精心指导和打磨，在科学性、精准性和实效性上又有了很大的提升。如何让这些机制发挥更大的影响力和辐射力？这是最有意义的，也是最困难的研究任务。课题组创造性地采用了案例征集和研讨的方式，并运用了现代新媒体手段，各地教育行政部门和学校则抓住这个机遇，广泛发动和组织收看收听，使得这次会议成为一场意义非凡的落实机制的盛大推广会。

通过这次会议，线上线下的参会者普遍认为，理论联系实际是教育研究的生命，知行合一是教育行为的最高境界。本次会议既为立德树人落实机制最新成果的总结、展示、交流提供了平台，也为各校各地深化对成功案例的理论概括和提炼，加强思想认识的具体化、实践性提供了动力，在很大程度上构成了更高层次的新的研究起点。

本丛书的出版意图是通过立德树人“五个机制”案例的总结和推广，指导区域和学校立德树人实践。因此，丛书注重案例的真实性、适用性，力求保持案例的多元多样、丰富性，希望兼顾不同地区、学段、学校的特点，使读者能够“各取所需”。

这些案例是从一千多个优秀案例中遴选出来，并经课题组成员和优秀案例单位撰稿人进一步研讨、修改、完善而形成的。这些案例尽管可能理论水平不够高，文字不够优美，但散发着泥土的芳香，洋溢着基层校长、教师的热情，蕴含着真实、生动、切实可行的智慧和方法。

立德树人落实机制的研究，既是理论研究，更是实践研究；既是学理研究，更是工作研究；既是探索总结，更是提炼推广。所以，课题组一开始就确定了理论联系实际、在行动中研究、在研究中行动的思路。实践证明，这样的研究思路受到了欢迎，通过一个课题激发了成千上万的学校和个人参与立德树人落实机制研究的热情，产生了推动工作的实际成效，这要比课题组成员自己发表几篇文章、出版几本著作有意义得多。课题组将与众多的区域和学校一起继续探索，把健全立德树人落实机制的研究继续推向前进。

目　录

CONTENTS

后 记

导　言

40 多年来我国的教育改革始终处在进行时，不同时期的教育改革呈现出鲜明的时代特征，这充分体现了教育和国家、社会发展的关系愈来愈紧密，也展示了教育的应为、可为、实为和难为。在深化教育改革的今天，几乎任何一项改革措施都牵扯既有格局的再调整。从手段到目标，从利益到人心，从技术到理念，从局内到局外，教育似乎从来没有像今天这样，走向了社会舆论的“C 位”，牵动着每一个人的神经，互联网正让全民性的教育大讨论、大对话、大反思、大参与变为现实。这正是当下教育改革所处的时代氛围。正是在这样的时代背景下，党的十八大报告把“立德树人”明确为教育的根本任务，以此来凝聚共识，引领新时代的教育。立德树人的内涵丰富，也向教育实践敞开了探索空间。而落实立德树人根本任务，“体制机制建设”至关重要。华东师范大学终身教授袁振国主持的国家社会科学基金“十三五”规划 2019 年度教育学重大招标课题“立德树人的落实机制研究”旨在探索如何健全立德树人的落实机制。课题组创造性地提出了价值引领机制、动力机制、能力机制、合力机制、衔接机制五大落实机制，对这些机制进行了理论上的分析和阐述，并通过实践验证了这些机制的必要性和可行性。根据这五大机制，课题组向各大中小学校、教育行政部门、教科院（所）广泛征集健全立德树人落实机制的优秀案例，同时也对这些案例从机制建设和健全的角度予以进一步的梳理和提炼，这样既有利于这些典型案例的理性深化和更好实践，也有利于它们的推广传播。本书作为子课题“立德树人的价值引领机制”的研究成果，呈现了“价值引领机制”方面的优秀案例。

一、价值引领何以需要机制

教育不是价值无涉的，在教育过程中，各种教育主体、利益相关方都在有意或无意地表达自己的价值诉求，谋求自己的价值实现。其中，最直接的价值主体就是师生和家长，其他外围的主体和因素都在通过各种方式对他们发挥作用。教育，尤其是学校教育由此成为一个复杂的“价值场”——一个价值对话、价值冲突、价值竞争、价值理解的“价值丛林”。在当下不确定性增强、价值困惑和价值转型加剧的形势下，学校教育的价值立场、价值选择就更加重要。因为，学校教育体现了高度的价值自觉，学校生活是经过理性反省和审视的生活，学校文化理应是积极健康并代表了人类文明发展方向的文化。一言以蔽之，教育尤其是学校教育应该在事实上的“价值丛林”中明确自己的价值导向，用以引领、规范、矫正各类教育主体的实践。当然，这种价值导向本身也需要不断得到反思和审查，需要不断地重建和完善。

立德树人作为当前教育的根本任务，具有鲜明的价值导向，体现了教育的国家立场、时代追求和本质特征。所谓国家立场，即把立德树人作为教育根本任务是具有中国特色的教育命题，代表了国家意志。20 世纪以来，“国家化”是世界范围内教育改革与发展的一个普遍特征，我国自不例外。在历史上，教育大多时间是私人、民间的活动，随着工业化进程和现代民族国家的建立，教育逐渐上升为国家战略，各个国家在加大教育投入的同时，也加强了对教育的国家控制和干预，特别是加强了对教育方向和价值导向的把握。“国家发展教育、教育为国家服务”几乎成了现代国家办教育的共识。在我国，教育就要为现代化战略服务，当前就是要贯彻习近平新时代中国特色社会主义思想，在培养什么人、为谁培养人这个问题上坚持正确的政治方向，充分体现国家意志和国家大政方针，旗帜鲜明地服务于国家战略和经济社会需求。同时，立德树人具有丰厚的文化内涵和悠久的历史传统，在新时代把立德树人作为教育的根本任务还意味着要弘扬优秀传统文化，弘扬传统美德，正视历史，不忘本来。所谓时代追求，即立德树人要坚守现代教育方向，立足时代，面向未来。现代化是我国教育改革的基本追求。现代化的核心是人的现代化，特别是人的观念、价值观的现代化。立德树人要"立现代之德、树现代之人"，要尊重现代化，尊重现代性的基本标识、基本观念、基本价值立场，尊重人类文明的基本共识和发展方向。社会主义核心价值观就是现代性、现代价值观的重要体现，是我们参与人类文明大合唱的重要标志。所以，时代追求就是要发展现代教育，培养现代性人格，具体来说就是要把社会主义核心价值观落到实处，用以引领当下的教育改革。所谓本质特征，即不论教育的功能、职能有多少，教育的作用有多大，教育的工具性职能是建立在教育的本体性职能之上的，"育人""树人"是一切职能发挥的前提，任何外在的、工具性职能的发挥都要尊重儿童成长的基本规律，不能以扭曲、异化人之为人的基本需求和基本特点为代价，否则，教育就会走向自身的反面。这就要求立德树人回到"人"这一原点，尊重规律、尊重科学、尊重事实，以人为本，在此前提下来考虑教育的内容、方式、方法。以上三者，可以说是落实立德树人根本任务时应当持有的价值导向。

问题是，上述立德树人应有的价值导向在实践中不会自动自发地、自然而然地成为各级各类教育主体、方方面面教育实践的价值选择。一般来说，人们的价值选择既带有很大的盲目性、随机性，同时也是基于自身的利益、处境和实际需要做出的，并根据情况随时做出调整。如何让立德树人的价值导向成为人们的共识、成为教育价值场的最大公约数、得到普遍性理解和内化是一个难题。此其一。其二，即便人们普遍认可立德树人的价值导向，这些导向也只是宏观和抽象的，在千差万别的实践中、在具体的情境中，如何理解和把握，如何操作，如何处理好形而上和形而下的关系，如何处理好一般和个别的关系，如何不走极端，如何突出各地、各校的重点重心和实际需要也着实是问题。其三，现有的一些实践，比如课程标准的制定、教材编写、考试评价制度的改革、教学督导、教师培训、家长教育、媒体宣传、典型事件处理、公共舆论引导等都可以起到价值引领的作用，事实上，全面贯彻立德树人的价值导向，的确需要多管齐下、多方努力，对每一项教育行动、教育活动进行必要的价值反省，使其发挥应有的价值引领作用。另外，还可以通过更为刚性的制度建设、法律手段等固化基本的价值底线。但是，这些措施有一个共同的特点，就是更多的是自上而下、由外而内地发挥作用，对教育主体的内在自觉关照不够，如何把价值导向由“一般性地传递给教育者”变为“教育者根据实际情况自觉做出符合价值导向的选择”，不得不说也是一个问题。从“机制建设”角度思考这个问题，就是希望找到合适的抓手，兼顾上下、内外、左右各方面的因素，让立德树人的价值引领更加自觉、系统、在地化、可操作。

总的来说，笔者认为，在区域和学校的立德树人实践中，可以“发展规划”为抓手来落实立德树人的价值导向，或者说把区域或学校的发展规划作为立德树人的价值引领机制。

二、“发展规划”的价值引领作用

一般来说，发展规划主要由发展理念、发展目标、具体发展任务和工作措施、动态检测指标、保障机制等要素构成。2021 年是“十四五”的开局之年，从国家到地方再至学校，都开始落实“十四五”发展规划。从落实立德树人根本任务的角度看，如果在制定发展规划时，能根据立德树人的大方向，进一步明确区域和学校的小方向，明确各项任务的路线图、时间表，明确具体的任务分工，让相关师生和家长参与制定规划、实施规划、调整规划和检验规划，那么，发展规划完全可以成为更加具体适切、系统翔实的价值引领机制。

第一，发展规划体现了价值引领的自觉性。发展规划不是一般性的工作计划，而是在对区域或学校的办学实际进行反思的基础上，根据立德树人的价值导向，去深度追问区域或学校的发展路向、发展目标、重点任务和发展思路。重要的是，这种追问、反思和设计不是自上而下、自外而内地给予的，而是当事人，即教育者和被教育者共同参与、思考和选择的。从逻辑上讲，学校的发展规划应该支持区域教育发展规划，学校中的各项工作规划又应该支持学校的发展规划，每一位教师结合岗位制定的工作规划，比如学科教学规划、班级工作规划等，又应该支持学校中的各项工作规划。因此，在由层层规划构成的体系中，每一个部门负责人、教职工、学生都应该找到自己的位置，认真思考从哪里来、未来几年要到哪里去，如何去实现工作目标。一个好的、专业的发展规划不仅在一般意义上体现了区域或学校的办学自觉和文化主体性，更给每一个教育者提供了做出价值选择和实现价值选择的机会，让教育者自觉探寻何去何从，并对这种选择负责。

第二，发展规划的价值引领是具体的。立德树人的价值导向适用于全国各地和各级各类教育，对各个区域和各个学校来说，具有一般性的指导意义。如何进一步解读、创造性地落实这些导向，还需要因地制宜。从落实价值导向、更好地发挥价值引领作用的角度来看，在制定发展目标时应做进一步的上位思考，即明确各地各校的发展理念，也就是区域教育理念和学校办学理念。在这里，区域和学校的相关理念是国家立德树人总的价值导向的具体化、在地化和应用化，更容易为人们所理解和接受，更容易融入和指导发展目标与发展任务，更容易成为各地各校的工作指南。因此，包含发展理念在内的发展规划总是具体的、个性化和在地化的，更容易彰显各地各校的特色，是为各地各校量身定制的指南针和路线图。它与立德树人的价值导向之间，是一般和个别、抽象和具体、形上和形下的关系。

第三，发展规划的价值引领是系统的。发展规划的价值引领之所以是系统的，原因有二。一是从横向上看，在制定规划时要全盘考虑，要有整体性和协同性思维，不是各自为政。以学校规划为例，课程教学、德育工作、学校治理、科研工作、协同育人等各方面是一盘棋，它们围绕共同的理念和目标，分工不分家，如何高效协同、减负增效、优化升级是要重点考虑的，发展理念和目标应该贯彻到所有工作中。二是从纵向上看，如前所述，发展规划在本质上是由一个层层包含和支撑的体系构成的，例如区域规划、学校规划、课程与教学规划、学科教学规划、单元设计、课时设计等就构成了一个纵向的体系。尽管一般情况下区域或学校展示的是一个最上位的规划，也可以称作一级规划，简明扼要地陈述了发展现状、发展理念和目标、发展任务、措施和保障等，但在落实和执行过程中，区域或学校会将每一项任务进行分解、再分解，最终落实到每一位师生身上。当然，这个分解过程不是强加给教师的，而是师生主动参与和创造性地实施，并可根据实际进行调整的。无论从横向的角度看，还是从纵向的角度看，通过发展规划的制定和实施，可以实现系统、动态的价值引领和传导。

第四，发展规划的价值引领具有操作性。立德树人的价值导向总是抽象的，具有宏观的、一般性的指导和启发意义。以弘扬优秀传统文化的导向为例。具体到区域或学校的发展规划，不仅要把这种导向变为更为具体的理念和目标，更重要的是，要提供可操作、可实施、可检验的行动方案。也就是说，要结合区域文化实际，进一步明确要弘扬的优秀传统文化的具体内容，为什么要弘扬，如何处理传统文化和现代价值观的关系，如何弘扬，弘扬的具体思路和方式是什么，如何检验其效果，需要什么样的支持条件和师资培训等。在制定规划和实施规划的过程中，这些具体问题都需要澄清和说明，让规划通过具体的行动方案变得可操作、可落实，否则，规划就会成为空话。归根结底，规划要变成行动和实践才有意义，如果说办学理念是规划之魂，那么操作性方案则是规划的生命。

总之，发展规划带有中介和桥梁性质。它把立德树人的总体要求和区域、学校的办学实际联结起来，既传导和转化立德树人的国家立场、时代追求和本质特征，又体现了区域和学校的价值自觉与行动自觉。区域和学校应对照立德树人根本任务的总体要求，根据本地区、本学校的实际，扬优势、补短板、强特色、重综合，从正向贯彻和本土化实践的角度对立德树人的价值导向进行在地化、应用化和具体化的解读，提出本区域、本学校立德树人工作的发展理念和目标，使之成为立德树人实践的工作指南；把发展理念和目标进一步分解，制定更加翔实的工作任务和方案，形成工作层面系统的价值传导链条；在规划实施过程中还要进行动态检测和调整，及时预防和纠正立德树人工作中的不良倾向。

三、本书的内容和特点

本书共分四编，分别从四个方面展示如何以规划进行价值引领。

第一编，以“办学理念”引领学校发展方向。办学理念，是学校发展的方向和灵魂，是学校发展规划的重要组成部分，对学校发展发挥直接的引领作用。办学理念是为各个学校量身定做的，直接服务于各个学校的发展。办学理念意味着学校发展走向理性和价值自觉，意味着学校走向内涵发展、特色发展。深度变革的根本标志，也是学校真正确立自身文化主体性的标识。所以，2013 年颁布的《义务教育学校校长专业标准》，明确要求校长“尊重学校传统和学校实际，提炼学校办学理念”。考察学校办学理念能否真正发挥出价值引领作用，主要是看以下几个方面。首先，办学理念是否正确，要根据立德树人的大方向来对办学理念进行价值反省和价值判断。其次，办学理念的适切性，即办学理念是否符合校情学情社情，是否从实际出发，是否真正基于对学校的问诊和把脉。再次，办学理念的具体化程度，即办学理念能否在学校各方面工作中得到具体的阐释。办学理念在表达上一般极为简约，只有一两句话，具有高度的概括性和浓缩性，但其内涵、意蕴，以及对具体工作的启示、指导和引领作用则有赖于进一步的解释和说明。还有，要重视师生的参与程度，办学理念要通过全体师生的共同参与、讨论、认可来发挥作用。最后，办学理念的开放性、发展性，即办学理念应该体现出一定的包容性和面向未来的活力。第一编选了 10 个案例，这些案例都反映了富有特色的办学理念，展示了学校在长期的办学过程中，如何通过对办学理念的阐释、理解和运用来引领教育教学实践，特别是如何和立德树人的价值导向结合起来，让大方向具化为自己的小特色、小方向，让学校立德树人实践始终有自己的“定盘星”。

第二编，以“模式创新”提升学校德育效能。立德树人首先倡导以德为先，德育也是学校发展规划中的重要方面。因此，如何做到以德为先，如何提高德育效果，如何做好德育规划就是学校规划要考虑的重要内容。这一编以“模式创新”来概括不同学校的德育规划和探索，是说这些案例学校在德育实践中业已形成了颇具新意的范式、结构、框架、特色。从学理上看，这些模式科学性强，符合学生品德发展规律，甚至追踪和检验了前沿教育理论，如具身德育、精准德育、国际理解教育；从实践中看，这些模式产生了很好的实践效果。总体来看，这些模式经得起理论推敲和实践检验，值得其他学校学习和借鉴。当然，这些新模式“新处”各有不同，有的侧重理念创新，有的侧重内容聚焦，有的侧重技术运用，有的侧重时空覆盖，等等，但无一例外，都有新意，向我们展示了“德育原来还可以这样做”。这些模式都有自己的名称，其名称背后的内涵、内容、思路、特色更值得关注。

第三编，以“特色项目”深化全面发展教育。各个学校的发展规划除了覆盖所有立德树人实践之外，还要呈现自己的特色项目，以特色项目凸显学校特色和育人特色。特色项目是学校做得精、做得好、做得巧的地方，特色可以是围绕工作中的一个点，也可以是重点培养学生某一方面的素养，但在总体上仍然是支撑学生的全面发展，是全面发展教育的组成部分。学校因为“着力”于某一特色而“深化”了全面发展教育。这是“特色项目”和“全面发展教育”之间的辩证关系。本编梳理了 12 个优秀案例，即 12 个特色项目，内容覆盖了立德树人的方方面面：班级治理、劳动教育、少先队活动、心理健康教育、生涯规划、爱国主义教育、文化育人、留守儿童教育等。这些内容基本上是常规工作，但这些优秀案例独辟蹊径，用新思维、新视野、新方法来审视和开展常规工作，让这些工作变得更加丰富、有趣、有效，并形成了稳定的范式和机制，这就是值得我们思考和借鉴的地方。比如以“班级发展规划”为抓手的“美好治理”

这个案例，笔者去现场考察和学习后深受启发。班级是最基础的学生生活学习社群，伴随学生整整一个学段，班级生活质量对学生的影响可谓重大，该案例以班级发展规划助力学生高质量成长，在班级治理上做出了很好的探索。又如“‘幸福之家’：面向农村留守儿童的教育”这个案例。在杭州召开的优秀案例展示交流会上，该案例提供者郑云丽老师的分享，远比文字更丰富、更感人，让人当场泪下，心情久久不能平静。教育者对“幸福之家”的探索和营造不仅充满温馨，而且富有理智上的启发。

第四编，以“发展规划”推动区域立德树人实践。这一编主要侧重于区域的发展规划，展示了区域层面如何围绕立德树人根本任务，以发展规划为抓手，在某一方面工作中引领整个区域的立德树人实践。区域和学校不同，学校规划的制定和实施主体以教师为主，所针对的问题是学校的问题，而区域处于上位，在制定规划时所针对的问题是区域内具有共性的问题，规划制定主体一般是教育局，实施主体是学校。区域介于上级政府和学校之间，对于在区域性价值引领上该做什么、能做什么，斟酌起来应该更加慎重：既要落实国家意志和立德树人的宏观导向，不能简单地当“二传手”，原封不动转发国家文件和号召，又不能代替学校，做了学校层面应该做的事情，束缚了基层学校的手脚，压制了学校的个性和特色。区域、教育集团这个层面，要着重考虑在制定和实施发展规划、推动立德树人工作时的活动分寸和空间、所扮演的角色和定位。在实践中，还是要根据不同区域和教育集团的实际情况，具体问题具体分析，灵活掌握。本编的 9 个案例，分别展示了区域性的品格教育、思政课改革、研学实践、五育融合、习惯养成、创客教育、德育一体化等方面的规划和实践。这些案例针对区域的共性问题，搭建了平台，提供了区域性思路和方案，引领了区域性的实践变革。

本书在案例选择、编写过程中主要考虑以下几个方面。一是案例确实“优秀”，即案例的质量要有保证。为此，笔者和案例整理者进行了多次沟通，本书呈现的案例大多经过一定的打磨。但尽管如此，还有很多不尽如人意之处。目前书面呈现的案例和会议上分享的案例、现场考察的案例相比，的确存在“写的不如说的好”“说的不如做的好”的现象。二是案例的代表性，即从区域、学段、工作内容来看力求有一定的代表性。出于这一考虑，有很多很好的案例没有被编入本书，很是遗憾。三是案例的可读性，即每个案例的观点呈现、思路整理、文字表述等力求清晰明了、生活化和通俗化，让人读起来不累，在思想上又有收获，这是本书追求的效果。

第一编

以“办学理念”引领学校发展方向

“六年影响一生”：谢家湾小学的办学理念与实践

重庆市九龙坡区谢家湾小学

重庆市九龙坡区谢家湾小学提出了鲜明、形象、具体的办学理念，通过10余年文化建设引领全校教职员工深刻理解并高度认同办学理念，在系统深入的课程改革中将办学理念落实到教育教学的各环节、校园生活的各角落、一日学习的各流程，最终实现了学生全面而有个性的发展和学校的可持续发展，落实了立德树人根本任务。

一、以办学理念建构回应立德树人内涵要求

（一）办学思想：“六年影响一生”

小学六年是学生学校教育的起步阶段，无论是从基础性还是从关键性的角度来看，这都是学生发展的关键时期。刘希娅校长在传承谢家湾小学60余年办学底蕴的基础上，依据小学教育在个体成长和发展中的基础地位以及个体成长和发展的关键期理论，站在学生终身发展需求的立场科学地思考和定位学校的办学，从教育哲学层面凝练出“六年影响一生”办学思想，力图改变传统的权威性知识传授方式和俯视学生的状态。

“六年影响一生”办学思想，是谢家湾小学办学的态度和决心。“六年”与“一生”不仅反映了时间的联系，还反映了教育观念、教育方法、教育技术的内在联系。实践这一思想，需要有摒弃功利性观念的勇气和耐心，更需要从孩子的立场、体验、收获出发去衡量和反思我们的教育，坚持心平气和地办学。

（二）文化主题：“红梅花儿开，朵朵放光彩”

围绕“六年影响一生”办学思想，结合学校所在地重庆的城市精神和地域文化——“红岩精神”，学校创造性地提出并开展了“红梅花儿开，朵朵放光彩”学校文化主题建设，让全体学生获得全面、全过程的发展。

“红梅花儿开”充分表达了学校教育追求的两层内涵。一是用发展的眼光看待学生。把学生视为红梅花儿，体现了把学生看作具有发展潜力、能够适应环境、具有坚强品格的个体的理念，这是基于积极心理学的积极期待。二是以学生为中心。学校和教师把学生视为花儿，学校和教师则是水、空气和土壤，为花儿的开放提供条件，提供有效的教育，体现了以学生为主体和中心的教育观念。“朵朵放光彩”的教育内涵也有两层。一是尊重学生的个性。朵朵花不同，朵朵放光彩，充分承认和尊重学生的个体差异，并在此基础上提供个性化教育。二是欣赏学生的个性。对每个学生进行积极关注，肯定每个学生的成绩，看到他们的闪光点，培育他们阳光自信的个性品质和积极心态。

（三）行为追求：“天天快乐，健康飞翔”

“天天快乐，健康飞翔”是学校办学理念中的行为追求，用浅显易懂的话语表达了学校立德树人落地实践中“让孩子们既有当下快乐童年，又有未来可持续发展”的追求。立足学生的终身发展和可持续发展，让孩子在当下的学习过程中享受学习知识的快乐，同时养成良好的学习习惯，掌握适合自己的学习方法，实现从“学会”到“会学”，再到“爱学”。“天天快乐”意味着学生阳光自信地成长，充满爱心地生活，身心健康和谐发展。“健康飞翔”表达了对学生习惯、知识、技能、品格的综合发展的关注。

二、以办学理念实践落实立德树人根本任务

（一）以价值取向趋同为基础，深化对办学理念的理解与认同

1. 将办学理念融入环境，发挥环境潜移默化的感染力

从校园花木的置放到地板的图案铺设，从学校大门的构思到走廊教室的设置，从楼梯扶手的雕镂到门牌校牌的造型，等等，每个角落的构建或装饰都巧妙展现了六朵梅花一组的绽放姿态。此外，还有结合办学理念设计的校徽、校旗、校服、校歌，带有学校标识的稿纸、水杯、纸巾盒、环保袋、祝福卡、书签等。每一处校园景观和每一个学习物品，都在暗示和提醒教师们：“六年影响一生”“红梅花儿开，朵朵放光彩”“天天快乐，健康飞翔”。

2. 将办学理念融入学生成长机制，让学生成为校园主人

学生是校园的灵魂。为实现“红梅花儿开，朵朵放光彩”，让每个学生得到全面而有个性的发展，学校的一切工作都以学生为中心。建立少代会制度，认真倾听并答复学生提出的意见，让学生真正感受到自己的观点被关注、积极的行为被认同；班级实行小干部轮换制，人人都能当班干部，锻炼提升自身能力；“六一”儿童节，学校搭建上百个项目活动平台，人人都能选择自己喜欢的项目。合唱节、自编操人人上舞台，体育课人人进赛场，领奖台人人受表彰，大队委竞选人人参与，让每一名学生都有机会绽放光彩。在人人参与的机制中，学生的校园生活可选择、有意义、能自主，同时，强化了教师对以学生为中心的价值认同，在实践中让学生真正成为校园的主人。

3. 将办学理念融入教师培训，在博弈与坚守中稳定价值取向

新教师入职的第一课是了解学校文化，通过参观校园、阅读学校微信公众号文章等方式，理解“六年影响一生”“红梅花儿开，朵朵放光彩”的核心要义。开设教师论坛，每位教师结合自己的教育教学实践讲述自己的教育观、学生观、价值观，在讲述与争辩中厘清思想，形成共识；开展

包含榜样教师、最美教师等的“梅花奖”评选，将尊重学生、关爱学生、潜心研究教学以促进学生积极发展的教师评为榜样。同时，在办学实践中，无论是谁，只要伤害到学生发展，都不能被接受。前些年，因为体罚或者变相体罚、违规补课、教育教学不能满足学生需求、得不到学生认可等，有数位教师转岗、待岗、被辞退甚至被开除。在博弈和坚守中，全体教师都更加敬畏学生、敬畏教育、敬畏教育工作的每一个细节，深刻理解和认同了“学生是校园的灵魂”这一价值取向。

（二）以课程综合改革为载体，促进对办学理念的转化与实践

1. 优化课程体系

构建“小梅花”课程体系，树立鲜明办学导向。结合“红梅花儿开，朵朵放光彩”学校文化主题，构建“小梅花”课程体系。一方面学校以象征红岩精神的“红梅”作为校园文化符号，树立培养社会主义建设者和接班人的办学方向，在办学治校的过程中突出传承发扬红岩精神和重庆城市品格；另一方面追求让每个学生都有出彩的机会。同时，以梅花的花瓣代表学科课程、社团课程、环境课程，传达基础教育各学科对学生全面发展同等重要的价值取向。

整合课程，为学生减负。针对科目偏多、内容交叉重复等现象，谢家湾小学在保证国家课程目标不降低、内容不减少的前提下，把地方和校本课程融入国家课程，构建起以学科课程为核心、社团课程为补充、环境课程为基础的“小梅花”课程体系。比如，将语文和信息技术课程的内容整合。语文教师先教授制作电子小报的基本知识，并引导学生收集整理创作电子小报的素材。此后，学生再通过信息技术课的学习了解利用电脑软件制作电子小报的方法。通过创作电子小报，学生既提升了筛选信息、组织语言文字的能力，又掌握了电脑软件的基本操作步骤。学校用原来所需时间的约60%即可达到国家课程标准的要求，将节约出的时间用于学科专题活动、社团活动的开展。学生在校学得轻松、高效，更将所学知识与生活紧密联结起来。

开展特色化专题活动，拓展学生能力。针对普遍存在的“填鸭式”教

学方式，谢家湾小学打破“教—学”单向知识传输模式，研发了辩论赛、演讲赛、故事会、新闻评论、到超市购物等 500 多个学科专题活动。以语文为例。一至六年级都开设辩论专题活动，学校根据各年级学生学习特点、语言能力、思维能力、学习能力确定辩论专题教学目标，结合课程内容、学生年龄和生活中的热点话题选择辩论主题。比如，六年级设计了“生二孩利大还是弊大”“事业型家长和居家型家长哪个更有利于孩子的成长”等主题。通过辩论，帮助学生加深对知识点的理解，促使学生会交流、讲逻辑、能运用。

举办多样化的社团活动，满足学生多样化的需求。谢家湾小学紧扣学生需求和时代脉搏开展丰富多彩的社团活动，允许学生打破班级、年级界限，自愿选择参加社团。目前，已开设生活实践类、艺术创作类、思维拓展类、表达交流类、体育锻炼类社团共计 200 余个，涵盖棒球、击剑、足球、沙画、油画、航模、编程、国画、书法、合唱、拉丁舞、陶泥等项目，学生还可根据兴趣爱好申请开设新社团，从而全面满足学生的个性化需求，让每个学生发现自己的优势所在。

2. 创新课堂教学方式

尊重学生差异，兼顾不同层次学生需求。传统教学是全班学生吃“大锅饭”，接受能力强的“吃不饱”，接受能力差的“吃不消”。谢家湾小学按照学生认知能力差异分类施教、因材施教，让每一个学生通过学习都有自己的收获，“朵朵放光彩”。比如，一年级语文课学习《影子》。对接受新知识比较慢的学生，教师让学生在课堂上朗读纠错，确保“读准字音”；让学生做观察练习，确保“会写 4 个生字”；组织同桌学生玩识字游戏，确保“会认 11 个生字”，读、写、认都达到课标要求。而对语言表达能力强、接受新知识相对快的学生，教师编儿歌描述与影子相关的生活情景，增强学生的理解记忆能力；鼓励学生之间或学生与父母一起研究“影子是怎样形成的”，引导学生拓宽知识面。

探究式学习引发学生深度思考。过去教师往往强调“讲、练、背”，一些学生觉得枯燥乏味，久而久之产生厌学情绪。谢家湾小学提倡教师创建贴近生活的教学情境，设计教学问题，引导学生提问、讨论、归纳和总结，最后予以点评。例如，四年级数学教师在“认识平行四边形”的教学中，为学生展示生活中常见的平行四边形的实物、图片，并在探究环节设计两个活动。一是鼓励学生通过测量等方法，归纳出平行四边形边和角的性质并交流、讨论，引导学生总结平行四边形的定义；二是用压舌板、PVC 管、工字钉等材料制作平行四边形实物模型，体会其易发生形变的特性。探究完成后，由一个学生介绍结论，其他学生补充修正，教师点评并总结。

打破学科界限，促进学生综合素质提升。长期以来，每节课都是由一名教师单兵作战，不同学科、年级的教师不会出现在同一课堂中。谢家湾小学教师针对关联性强的教学内容进行合作教学，不同年级的学生合作学习，两名或多名教师协作完成一堂课。比如，三年级道德与法治教师和科学教师，针对学生在午餐时高声喧哗等问题，开发了“让声音小一点”一课：科学教师带领学生通过实验了解声音产生的原理，感受影响音调的因素；道德与法治教师与学生共同探讨噪声对人体的危害，引导学生养成安静用餐的习惯；体育教师与学生一起创编以“自助午餐”为主题的艺术操，示范端盘、取菜、放筷等动作。打破学科界限，提升了学生的学习效率，增强了学科之间的融会贯通。

开展实践性学习，培养学生应用能力。针对传统小学教育重书本知识记忆、“学用脱节”的问题，谢家湾小学注重引导学生把所学到的知识运用到生活中，并将运用的结果反馈到课堂上，不断增强学习效果。比如，六年级学生学习“比例”后，开展配制蜂蜜柚子茶的实践活动。教师鼓励学生在课堂上探索合适的“茶”、水比例，并在回家后为家人调制一杯同样浓度的蜂蜜柚子茶，感受比例在生产、生活中的重要价值。再如，认识黄金比例并了解其艺术价值，根据黄金比例的知识为妈妈选择、设计跟高适中的鞋子等。

3. 营造乐学氛围

推行长短课制度。将大部分学科课程集中在上午完成，下午安排专题课程和活动课程。根据学科特点和学生的年龄特点设置 30、50、60 分钟的长短课，教师可根据教学内容和班级学生的特点安排课间休息时间。例如，一、二年级的英语课每天一节，每周分别设置两节 30 分钟的短课、两节 40 分钟的长课和一节 60 分钟的专题活动。根据学生学习状态，教师可以在课前、课中或课后至少安排学生到户外活动 10 分钟。针对学生户外运动量不够，“小眼镜”“小胖墩”多的问题，将体育课由原来的每周三节、每节 40 分钟改为每天一节、每节 60 分钟，同时取消全校统一的大课间，用每年一套的班级自编操或其他班级自编操代替统一的国编操，后又改为开展班级特色体育活动。以 2022 级 10 班为例，该班先后选择了学习其他班级自编操、创编以垃圾分类和棒球为主题的自编操、跳踢。五年坚持下来，学生近视率明显降低、超重学生明显减少。取消全校统一的上下课响铃，教师灵活安排课间休息。比如，一年级学生注意力集中时间较短，教师在上课 20 分钟后组织课间休息，让一年级学生逐步适应学校生活。

提供多种学习空间。通过楼栋、楼层、教室三级空间的优化设置，给学生的学习活动创造更好的硬件条件，为学生学习活动方式的创新提供更多可能。全天开放大礼堂、博物馆、聊天室、阅览室、会议室，在操场、过道、绿化带等地方安放桌椅，鼓励学生走出教室读、写、讲、练。变讲台“站桩”授课为教师走到学生中间交流、参与学生学习讨论，形成师生互动、相互启发的学习氛围。学校教室、功能室的设置采用“社区化”模式，不同年级学生在同一楼栋、同一楼层学习生活。一（7）班教室隔壁分别是五（4）班的教室和科学实验室，对面是三（3）班的教室，如此等等，促进不同年龄段的学生进行交互式学习。每间教室、功能室均设置落地窗（有特殊要求的如电视台演播室等除外），并采用 6—7 人公用的圆弧形课桌进行小组围坐式学习。学校处处设置非正式学习区和图书角，方便学生开展多样化的学习活动。

（撰稿人：李静）

“滋德弘道，以文化人”：协进校本化课程体系建设

四川省成都市树德协进中学

四川省成都市树德协进中学地处成都最繁华的市中心的少城片区，毗邻巴蜀文化底蕴厚重的宽窄巷子，在百年办学历程中形成了“树德广才，协进兴邦”的办学宗旨和“滋德弘道，以文化人”的办学理念，有着“纳百川以养浩气，立千仞以担道义”的学校精神与“和雅勤正”的优良校风。

一、学校办学理念的内涵及价值

（一）办学理念内涵阐释

学校的办学理念为“滋德弘道，以文化人”，既体现了立德树人的总要求，更突出了学校“文化育人”的鲜明个性。具体说来：“滋德”，即家庭美德的传承、个人私德的修养、社会公德的弘扬、职业道德的修炼，崇高理想的树立、顽强毅力的砥砺、协作精神的培养和创新品质的孕育；“弘道”，即弘扬立德修身之道、学习成长之道、协作互助之道和创新求异之道；“以文化人”，即以“协同奋进”的精神，与时俱进地弘扬优秀的民族文化、传承鲜明的红色基因，化育孝亲敬长的德性、悲悯他人的情怀、立己达人的境界、奉献家国的修为，以及悟本质、抓关键、强根本的能力。

（二）办学理念与立德树人一脉相承

新时代，立德树人是“立育人之德”与“树有德之人”的有机统一。

学校百年办学理念“滋德弘道，以文化人”与立德树人的时代要求高度契合。首先，办学理念中的“德”与“道”的内涵与立德树人之“德”的内涵一致，并生长于学校百年办学的厚重历史与文化。其次，学校在“立”“德”的方式上呈现出鲜明的个性特点：一是“滋”，即滋养、滋长、生发，让学生通过学校精心遴选和组织的课程资源获得滋养，主动汲取，得到成长；二是“弘”，即扩充、宣扬、光大，让学生受到学校精心挖掘的协进历史、红色文化、民族精神浸润，实现优秀传统文化、社会主义核心价值观等的可感知、可体味、可触摸，从而使学生坚定理想信念、厚植家国情怀、光大民族精神，并主动将之转化成为民族复兴而刻苦学习、健康成长的行为自觉。

在“树”“人”的方式上，学校更是从文化育人的特质出发，力主“化”的策略，即教化、感化、化育，从课程、课堂、管理、服务和环境育人等多方面综合施策、立体推进，根植于文化沃土，文以载道、文以传情、文以植德、潜移默化、春风化雨，让学生逐步成长为社会主义建设所需的栋梁之材。

（三）办学理念引领下的立德树人实践逻辑

落实立德树人总要求之目的是“树人”，“滋德弘道，以文化人”的办学理念更是追求“化人”。两者均以“育人”为核心，高度契合，且理念中的“化人”更能指导学校的办学育人实践。因此，学校依据办学理念进一步将育人目标确立为“志高学渊，德懿慧明”。这不仅体现出学校“全人培养，适性发展”的课程与教学追求，更是对学校百年校训“智、勇、诚、朴”的继承和发展——办学以育人之“德”为首位，以育人之“智”为基础，培养勇毅果敢之人、正心诚意之人、质朴纯粹之人。因此，学校的育人目标内涵为：培养志存高远、学养深厚，德行美好、智慧明达，具有深厚的中华人文素养、全域人类视野，引领现代社会发展的中国未来高素质公民。

二、办学理念引领下的立德树人课程体系建构

学校以“滋德弘道，以文化人”为思想统领，以“全人培养，适性发展”为课程与教学追求，高度关注以学生核心素养为主的多元素质养成和跨学科能力打造，力求通过多元、多层的三维“协进课程”（育形、凝神、强能）建构与实施，帮助学生在知识、认知和实践三个方面形成完整的思维体系和能力结构（见图 1）。

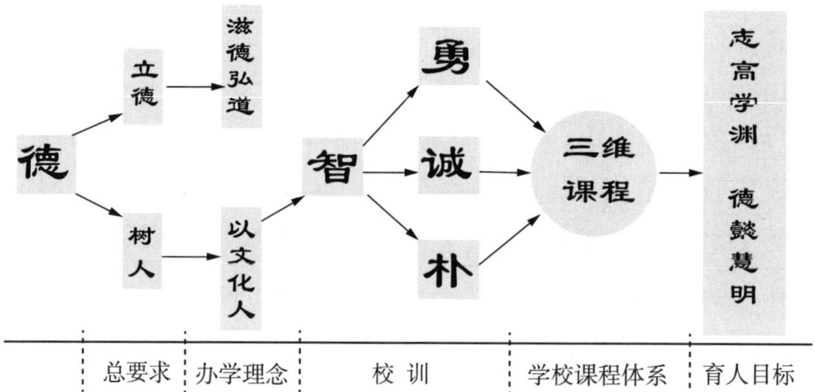

图 1　立德树人课程育人机制建设逻辑结构

以“形、神、能”为三大支柱的协进课程体系，以“德、智、体”为主干，将美育与劳动教育有机融合，力求五育并举、全面培养，呈现出“系统→群组→门类→具体课程”的逐级细化趋势；内部的各级课程之间相互关联，动态反映育人规律，体现出知行统一、逐级提升的关系；课程内容涵盖古今、横跨中西，对学生的培养主张德能并重、神形兼备，强调学生的成长需要集人类一切优秀的文明成果以滋养，与新时代立德树人的总要求全面呼应。

“育形”课程系统主要强调身心的健康与协调，分为国家体育课程群、阳光运动课程群和个性优势课程群，层级要求渐次提升：从所有学生必须参与，以达成强健体格、健美身体机能形态和掌握体育运动技能的底线目

标，到面向全体学生，集体类人人参与、专项类自由选择，以达成增强运动锻炼意识、养成终身锻炼习惯的基本目标，再到提出针对个体兴趣培养、体育爱好者个性需求和体育特长生优势扬长的高阶要求。

“凝神”课程系统主要强调精神的富足与高贵，以“润德怡性—高贵灵魂—精彩生命—卓越人生”为主线，分为性格培养课程群、品格涵养课程群和操守修养课程群。性格养成以先天遗传为基础，通过吸纳环境影响而得以塑造，因此性格培养为基石；品格是个体格局形成的条件，通过实践砥砺、因势利导而得以完善，因此品格涵养为阶梯；操守指人的品德、气节，是立身处世的根本，通过艰苦修炼而得以成型，因此操守修养为旨归。通过三大课程群的学习，让学生的道德境界逐层提升、核心品格渐次养成。

“强能”课程系统主要强调智慧的生成与发展，分为文化基础课程群、实践技能课程群和创新才能课程群。要求围绕对国家课程的扎实学习，夯实学术文化基础，然后根据个性特点和优势，选择适合的专门课程进行学习，力求在实践技能和创新才能上实现关键能力突破，从而迈上“卓越英才”之路。

三、办学理念在协进课程建构中的有效融入

协进课程体系以“滋德弘道，以文化人”办学理念为统领，突出以育“人”为中心，以“形、神、能”三大课程系统为支柱，在课程结构上全方位体现立德树人总要求，并充分体现了“全人培养，适性发展”的课程与教学追求。

（一）课程顶层设计

突出了百年办学的“协进”历史背景和文化追求，具有立德树人的校本化个性和时代特点：一是坚持以人为本，育人为要，以“文”为用，滋之以“德”，弘之以“道”，既要求学生个体之间的协同共进，更追求学生自身在知情意行等各要素上的协调发展；二是注重文化对学生精神的涵

养，对智能的提升，对情感的丰富，对潜能的挖掘；三是强调“横贯能力”的培养，鼓励学生进行知识的跨学科、跨界整合；四是凸显包容百家、兼蓄中西的视野与境界，为培育学生勇于开拓的精神、敢于担当的能力提供支撑。这是全人培养的精神立足点，让学生在社会认同和人类关怀的前提下，通过课程学习寻求真正的生命意义与价值。

基于此，在课程整体建构上，学校既通过办学理念引领国家课程的校本化改造与重组，采取“分类+分层”的办法，建立相对完善的课程体系和群组，又深度挖掘和打造某一具体课程的校本特色，以期培养出具有学校特质的优秀学生群体。

（二）课程设计技术

在课程目标设计上，以“智高学渊，德懿慧明”的育人目标为统揽，以“激发学习兴趣、夯实知识基础、培养复合思维、提高综合能力、发展优势特长”为课程总体目标，在此基础上确立各门类课程的具体目标。坚持以学生为本，突出自主性、坚持开放性、强调综合性，使学生夯实学养底蕴，能在充满不确定性的未来实现个人的理想抱负。譬如，将 STEAM 课程目标设定为：基于既有的知识技能和广泛的兴趣爱好，能运用跨学科横贯思维方式，主动探究、协作解决现实问题，具备整体思考、协调统筹、多法并用的意识和能力。

在课程内容设计上，根据学校文化的育人特质，以“智、勇、诚、朴”校训为指向，注重知识与技能、情意与品格、观念与思想的深度融合。第一，课程群组内容的设计。譬如，“追求杰出人生”课程群组以生涯规划课程为基础，构建“职业素养探索+卓越人生讲坛+学业规划跟进+职业生涯体验”四位一体的系列研学实践课程，为学生成就杰出人生规划路线图。课程群组促进学生对自我的认知以及对社会的认知，形成多维思考体系、实践创新能力和职业发展路径设计的整体统一，突出学以致用的进阶模式。第二，具体课程内容的设计。譬如，“团队拓展”课程，通过小组研习、拓展训练等团队项目，对知识与趣味性、协作与参与性、探索与挑战性、分享与共情性等内容进行充分考量与整合，实现其育人功能；

“典礼集会浸润”课程，则通过集体性的孝亲敬长、军训检阅、清明祭扫等仪式，节日庆典、百日誓师、成人及毕业等典礼，让学生从思想与心灵深处体悟到亲情、感悟到尊严、觉悟到崇高，培养起勇于担当、乐于奉献、心怀天下的精神品格。第三，课程实施路径的设计。以课堂教学、专题交流、课题研究、研学实践等为主要路径，以“合作探究、启人心智、疑义相析、教学协进”为教学常规，凸显课堂教学对学生协作精神、实践技能、审辨思维及创新能力的培养。通过发掘学生的内在潜能、优化学生的外显才能，实现其综合能力的全面提高。

在课程评价设计上，在落实立德树人总要求的前提下，立足“志高学渊，德懿慧明”育人目标，建立发展性评价体系。以具体的教学内容为载体，重视文化的传承与弘扬，突出时代性与实效性；关注个体差异，强化综合评价，体现评价内容的全面性；强调定性评价与定量评价结合，实现评价方法的科学性；采取自评与他评相结合，并引进受益对象和专业机构共同组成的第三方，实现评价主体的多元化。

（三）课程管理机制建设

在课程品质保障上，实行课程“准入制”。秉持“协同奋进”的精神，成立了由高校及科研院所的课程与教学专家、学校骨干教师、优秀学生与家长代表、社会贤达等共同组成的课程建设委员会，负责课程建设的顶层设计、资源整合与管理评估，既确保了课程管理的专业性、内容的文化个性，又保证了实施和评价的科学性，更为全体教师依据学校育人文化，持续提升课程研发能力提供了坚实保障。

在课程设置管理上，主要采取两种方式。其一是课程超市路径。结合国家意志、学校文化和学科教师的优势，由学校主导、教研组落实，为学生提供意向性的课程菜单，供学生自主选择，其课程输出方向为“供给端→需求端”。其二是课程定制路径。学生根据自己的兴趣、爱好、特长等，向学校提出具体的课程学习意愿，学校再根据师资状况、场地设施等，予以条件性满足，其课程输出方向为“需求端→供给端”。

四、办学理念引领下的立德树人课程教学成果

（一）学生的家国情怀不断增强

在2019年5月的红色主题研学旅行中，学生纷纷记下了自己的收获和感悟，体现出他们的家国情怀，展现了积极阳光、拼搏向上的形象，体现了研学课程促进学生适性发展的效能。

杨同学在记录中写道："这里，是两弹元勋邓稼先的旧居；这里，是伟人文物的陈列展览。之前只通过电视、互联网了解这些名人伟绩，现在，我可以触碰到他们的真实气息了，难免激动而心怀敬畏之情。我们怀着崇敬的心，在蓝天白云的见证下，庄严宣誓：'我将用智慧培育理想，不辜负父母的期盼。我将用汗水浇灌希望，不辜负恩师的嘱托。我将用信心筑就目标，不辜负母校的厚望。我将用勤奋实现梦想，去担当祖国的栋梁。'洪亮的声音在两弹城回荡，久久不能消散。"

（二）学生屡获学科竞赛大奖，创新能力得以显著提升

近三年在数学、物理、化学、英语、语文等学科竞赛中，学校有近50人次获得国家级奖项。有学生在2018年全国中学生英语能力竞赛（NEPCS）中获国家一等奖；有学生在2019年"语文报杯"中小学生主题征文活动中获二等奖；与教师合编《走进AP物理》教材的两位同学先后在2018年和2019年全国中学生物理竞赛中获国家三等奖；等等。

（三）学校以课程教学为核心的整体办学业绩得以跃升

2017—2020年，学校正是在立德树人的前提下抓住了课堂的根、教学的魂，全力推动研教协同战略，整个教师队伍获得了长足的发展（见表1）。

表 1　成都市树德协进中学教师成果统计（2017—2020 年）

类别	赛课	课例展示	论文	课题研究	教研交流
成果	54 人次在市级及以上赛课活动中获等级奖，其中 6 人次获全国一等奖	25 人次执教市级及以上公开课或展示课	在市级及以上刊物上发表 32 篇，178 篇获市级及以上等级奖	13 人次参与国家级课题，8 人次参与省级课题，36 人次参与市级课题，43 人次参与区级课题	42 人次在市级及以上教研活动中做主题交流或专题讲座

正因为教师队伍建设卓有成效，学校的高考成绩发生了显著变化，尤其是 2017 年和 2019 年高考，学校共有四名学生进入全省前 400 名；2018 年高考，一名学生被清华大学录取，实现了新时期学校和青羊高中教育培养“清华北大”精英学生的“零的突破”。此外，学校美誉度显著提升，先后获得四川省文明校园、四川省二级示范性普通高中、全国青少年计算机科技创新实践教育示范基地、成都市拔尖创新人才早期培养基地学校、全国行知式好学校等荣誉称号。

（撰稿人：杨书文）

“求真知，做栋梁”：一所卓越学校的发展之路

河北省秦皇岛市实验中学

一、问题背景：遭遇办学困境

河北省秦皇岛市实验中学作为曾被社会和家长高度认可的市直热点学校，在教育改革形势发生变化、学校管理出现偏差的情况下，遭遇了诸多困难：教师队伍老化，一线教师整体超编又结构性缺编；教师素质不尽如人意，优秀骨干教师比例偏低，教师事业与职业成长愿望不高、干劲不足；干部队伍梯队建设滞后，青年教师干事创业进取心锐减；学校教育教学设施老化、校园搬迁形成的基本建设欠账无力偿还等问题暂时不能得到根本解决，学校账户曾被法院查封；多年前投入使用的学生公寓已成为D级危楼，不能保障学生住宿，导致大量优秀生源进一步流失；学生进入学校后成长发展的自我期待感与过去相比也有所下降。

这些困境造成学校发展缺乏生机和活力，办学效益降低，口碑出现滑坡。如何破解学校发展难题，办人民满意的教育，是摆在学校面前的一个亟待深入思考并针对性地改进的重要课题。

二、探索尝试：锤炼核心理念突破瓶颈

（一）锤炼“求真知，做栋梁”理念，引领创新发展

根据办学历史、办学层次、校名及建校以来所秉持的校训、高级中学

的社会责任与使命，经过反复沟通和研讨，学校锤炼出了“求真知，做栋梁”的核心理念，以统一思想、凝聚人心，最大限度激发团队凝聚力、内驱力和创造力，引领学校重整旗鼓创新发展。

“求真知”：真知，代表对万物的正确认识与理解，涵盖真的道德、真的知识、真的本领，既包括自然科学意义上的“真知”，也包括社会人生意义上的“真知”。“求真知”是希望实验学子用一丝不苟的求学态度，脚踏实地广泛探索真知，敢于创新，审慎思考，善于思辨，在学业上有所建树，积累未来服务国家社会的真才实学。“做栋梁”：栋梁，本义是指房屋的大梁，比喻能担负国家重任的人。“做栋梁”是砥砺实验学子志存高远，胸怀天下，以只争朝夕的紧迫感，争做核心素养高、能肩负家国重任的栋梁之材。

“求真知，做栋梁”相辅相成。“求真知”追求真的道德、真的知识、真的本领，目标是成为国家社会的栋梁；“做栋梁”期盼学生能够担当国家民族重任，以非凡的人生境界、发展格局和济世救民的情怀，“为天地立心，为生民立命，为往圣继绝学，为万世开太平”。“求真知”是“做栋梁”的前提和基础；“做栋梁”是“求真知”的目的与归宿。

“求真知，做栋梁”，就是要引导师生在实践中探理，在验证中求真，以强烈的求知欲和进取精神，发挥潜质，发展特长，增强综合素质和历史使命感，做真人，成真才。它体现着“立德树人，学业为根，文化为魂”三位一体的学校文化观，其核心是要给予实验学子卓越成长所需要的价值取向要素，使这些要素成为学生在新时代创新发展的精神动力。

（二）精心构建“求真知，做栋梁”理念体系

围绕“求真知，做栋梁”核心理念，确立学校愿景、学校使命、学生发展目标、教师发展目标、校风、学风、教风、校训等，初步形成学校新的办学理念体系。

以“科学与智慧的殿堂，求知与成长的乐园”为学校愿景，希望所有师生在充满快乐与幸福的校园求知成长，获得生命的充分发展。以“办卓越学校，培‘四有’教师，育栋梁之材”为学校使命，追求学校的卓越发展，在提供“公平而有质量的教育”上精益求精。以“具有宽广国际视野、诚挚家国情怀，珍爱生命、懂得感恩，勇于担当、善于创新，自觉奉献祖国和社会的栋梁之材”为学生发展目标，从有视野情怀、有格局素养、有责任有能力、有操守能奉献四个方面具化可依循的成长目标。以“有理想信念，有道德情操，有扎实学识，有仁爱之心”为教师发展目标，激励教师们努力研习，自觉躬行，做新时代学生的引路人。以“崇尚科学，弘扬人文，鼓励个性，追求卓越”为校风，将之渗透于学校的各种事物和环境之中，形成巨大的同化力、促进力和约束力。承继“博学、审问、慎思、明辨、笃行”的学风，期盼学生将学以致用、知行合一贯穿于自己的学习生涯，终身用以促学。以“敢当尽责，敢探求索”为教风，鼓励教师像陶行知先生那样“爱满天下”，以敢于担当、竭力尽责，敢于开拓、求索创造的精神教书育人，做一流的教育家。承继“求实、求是、求新、求精”校训，将它作为实验中学人的做事原则和价值追求，作为“育栋梁”的行为规范。

（三）积极推进“求真知，做栋梁”理念体系的落实

教育理念的转化与落实，需要有一个从领会到追随，再到理解与认同，进而内化与践行的过程。学校有组织、有节奏、有重点地部署和推进“求真知，做栋梁”核心理念的落实。

1. 注重理念锤炼过程的多主体参与，促进领会与追随

学校坚持“自上而下”与“自下而上”相结合的路线凝练理念。校长牵头酝酿教育理念体系，提交学校班子会、校务会深入讨论、仔细修改，然后经教代会、全体教师会、学生代表讨论，持续完善。通过不断沟通与对话，从思想内涵和文字表述上辨析不同观念、概念和命题，起到了“清思”的作用，让师生对于教育理念有更清晰、更深层的认知。

2. 开展理念内涵的专题宣讲，促进理解与认同

安排不同主体，通过不同途径，采用不同方式，对理念体系进行宣讲阐释，营造文、声、形、意的舆论氛围，发挥辐射效能，将理念体系渗透到学校的德育、教学、管理、校本科研、社团活动、文化建设等教育行为

之中。“文以载道”，在多种媒体宣传渗透，在学校官网、校报、学刊和微信公众号等平台登载宣传文章，引导师生加深对理念体系的认知；“声以传道”，在多种场合解读传播，利用各种校内集会和活动，围绕学校理念体系进行宣讲，让学校理念体系根植于师生头脑；“外化于形”，环境熏陶潜移默化，利用文化阵地让学生时时受到核心理念的熏陶；“寓意于例”，剖析典型冲破禁锢，以典型事例解读理念内涵实质，消除由于惯性思维而形成的顾虑。

3. 推进理念体系落地生根，促进内化与践行

以问题为导向，以学生发展、课程教学、教师成长为着力点，以制度建设为保障，推进理念落地生根，实现学校创新发展。

第一，调动“人”的因素，增强追随力、执行力。强化领导班子配备，优化干部队伍结构，通过干部影响教师，通过教师影响学生，慢慢地将理念融入学校的发展基因之中。建设学习型、创新型、务实型、团结型、廉洁型“五型”领导集体。建平台、架梯子、搭桥梁、压重任，打造“忠诚勤勉、业务精湛、吃苦耐劳、担当奉献”的中层队伍。点燃教师职业激情，激发专业成长自觉。改进考核评估机制，实施以工作业绩和岗位贡献为主要评价依据的职称评聘、综合奖励、绩效工资发放等涉及教师切身利益的考核评估方案。鼓励自我规划，建立“教师个人发展电子档案”，厘清特级教师、高级教师、正高级教师评审标准及细则，鼓励教师制定三年、五年、十五年自我发展规划，走成长、成熟、成才、成家之路。树立先进典型标杆，鼎力支持、重点培养积极投身课堂教学改革的教师。破除“唯分数论”，探索以学生多元化成长作为评价指标。举办教育故事微演讲，分享工作案例，提升教育教学素质。

第二，剖析学校发展现状，制定新的五年发展规划。运用“SWOT 分析法”，对学校办学现状进行深入分析，通过团队列名法和头脑风暴法，聚焦学校治理中的重点，查摆六大亟须解决的问题，提出 26 条适切的解决办法。结合办学现状，制定并经教工代表大会通过了《秦皇岛市实验中学 2021—2025 年教育改革与发展规划》，将之作为未来发展的行动纲领，

明确学校改革创新的总体思路、总体发展目标、基本发展策略和重点任务，推进全面治理，提升文化品位，加快改革创新发展步伐。

第三，制定学生“做栋梁”行为指标，构建学校课程体系。根据教育方针、高中培养目标以及学生现状，将“做栋梁”学生发展目标的宏观要求进行具体分解，确定“学生行为指标体系”，提出“做栋梁”——“齐家”“治国”“平天下”所要求的践行路径、角色担当和行为指标，将“做栋梁”所需要的智识、能力、品性方面的要求细化为可操作的具体内容，对人才培养规格进行具体表述。其中，一级指标为“做栋梁”；二级指标是“做栋梁”的三个维度，即家之栋梁、社会栋梁、国之栋梁；三级指标是“做栋梁”每个维度所需要的智识、能力、品行的要求，学校对三类栋梁的智识、能力、品行要求进行整理与分类，归纳出品行、智识、身心、审美、社会实践能力等五个方面的发展目标。目前学校正基于《普通高中课程方案（2017 年版）》《“做栋梁”学生行为指标体系》，筛选加工这五个方面的相关教育内容，将其系统化、结构化为“求真知，做栋梁”课程体系，发挥好课程体系培育栋梁之材的载体作用。

第四，确定教师“育栋梁”行为指标，细化教育行为规范。学校正研究制定“实验中学教师‘育栋梁’教育行为指标体系”，明确引领学生“做栋梁”应该实施的具体教育教学行为，让教育教学工作有更加明确的遵循。每一位教师都应以“实验中学教师‘育栋梁’教育行为指标体系”为尺子，衡量和调整自己的教育理念和教育行为。学校编辑了《培养什么人》读本，选择摘取具有典型意义的教育事例，供教师阅读与感悟，引导教师深刻反思与领会“培养什么人”的问题，从而使思想理念真正统一到党的教育方针上来，始终坚持德育统领，促进学生德智体美劳全面发展。

第五，健全学校“铸栋梁”规章制度，完善教育管理机制。根据改革发展需要，建立和完善相应的管理制度体系，健全“铸栋梁”所需要的管理机制，发挥好管理系统的功能，用机制的力量稳步推进深化改革。制定并经教工代表大会审议通过了《实验中学章程》，制定《学生选课走班管理》《学生奖学金发放制度》《学生教育惩戒实施细则》等制度 11 项，修改完善《学校校本教研》《教师教育科研奖励》等制度16项。

第六，培育“栋梁文化”，滋养师生独特气质。开展“培育‘栋梁文化’，建设有特色高品质高中的实践研究”课题研究活动，以“栋梁”为核心主题，努力构建与核心理念高度契合的“栋梁文化”，营造自觉求真知、努力做栋梁的良好文化氛围，培养核心素养高、能肩负家国重任的栋梁之材，努力达致人文和谐、品质卓越燕赵名校的共同愿景。

三、实践成效：核心理念逐渐深入人心

近年来，学校以“求真知，做栋梁”为核心理念的教育教学实践稳步推进，困扰发展的瓶颈问题逐步解决。学校得到重新塑造，呈现出朝气蓬勃的良好态势，走在自觉发展的大路上。

（一）学生将“做栋梁”根植内心，综合素质得以提升

学生在实践中探理，在验证中求真，自觉追求真知，做国家社会栋梁之材的愿望日益强烈，综合素质不断提升。在日常学习和《我和我的祖国》音乐视频录制、“舞台上的思政课”、少年中国说百人团表演、十八岁成人礼、学科辩论会、研学体验、志愿服务等实践活动中，他们用自己的方式诠释着对做栋梁的理解与追求。学校高考成绩稳中有升，一批学生走进国家重点高校继续深造。学生综合能力得到有效培育，学生社团在“2019年上海头脑奥林匹克创新大赛”中获全国三等奖，在秦皇岛市“校园心理剧大赛”中荣获一等奖，一名学生获省级演讲比赛二等奖，多人获省市三好学生、优秀学生干部荣誉称号，另有60多名学生荣获市级优秀志愿者称号。

（二）教师“育栋梁”脚步坚定，成长自觉全面点燃

教师责任感显著增强，眼中有人、心中有爱、胸中有策，努力做学生健康成长的引路人，勉励学生“为天地立心，为生民立命，为往圣继绝学，为万世开太平”。大家努力做“立体”的教师，主动追求高素质专业

化发展。四年里，220 多人次获得国家、省市级教育教学奖励，一名教师被评为省特级教师，一名教师被评为省优秀教师，一名教师被评为市思想政治理论课名师，多人次获市优秀教师等荣誉称号，14 名青年教师走上学校中层和年级管理岗位。教师自觉全面成长蔚然成风。2019 年暑假，学校对全体教职工的追随力进行了一次问卷调查，结果显示教师的平均追随力达 5.28 分，几近满分（6 分），表明教师对学校的理念体系和教育教学举措高度认同并积极追随。

（三）学校“铸栋梁”思路清晰，发展态势持续向好

核心理念像新鲜血液一样融入学校的生命中，不断增强学校的凝聚力、发展力和创新力。学校对“培养什么人”问题的认识更加清晰深刻，自觉引导学生衷心拥护党的领导和社会主义制度，形成做社会主义建设者和接班人的政治认同，立志成为能担当民族复兴大任的时代新人。学校章程的制定保障学校办学更加规范，新五年规划的制定使学校发展蓝图更加清晰，“栋梁文化”培育促进学校管理坚定走向文化管理。学校获评省教育系统先进集体，被河北工业大学授予“百名优秀生源高中校”称号，被华东师范大学邀请加入“影子校长千校联盟”，学校成功举办首期河北省教育家型校长办学思想研讨交流活动。困扰学校发展的校园改造、债务偿还等问题逐步解决，市电视台、市日晚报、今日头条等媒体多次报道学校教育教学改革成绩。

（撰稿人：马庆荣）

“未来小镇”的教育新样态

北京市十一学校龙樾实验中学

北京市十一学校龙樾实验中学位于海淀北部新区，是一所单办初中学校，是中国教育科学研究院“未来学校领航校”。它传承了北京市十一学校的优秀教育理念，并针对初中学段的特点和学生学情进行了大胆创新。学校立足立德树人，紧紧围绕“创造适合每一位学生发展的教育”的办学目标，以学校课程改革为核心，以“未来小镇”为抓手，持续推进国家课程校本化实施，努力满足每一位学生的多样化学习需求。

一、“未来小镇”的教育哲学

“未来小镇”是基于未来学校建构的龙樾模型，是未来学校初中教育新样态的具体表现，具有自主性、体验性、生活化、社会化、未来性五大属性，是实现立德树人总目标的一种系统探索（见图1）。

“未来小镇”秉承的教育哲学是教育即生活。教育就是生活，生活是教育最远的迁移，学校通过生活化的教育场景来实现追求本真的教育，营造一个更能面向人人、因材施教，师生各取所需、教学相长的学习场；营造一个有趣可爱、知行合一、面对真实世界、实现真实成长的实践场；营造一个面向未来、指向素养、探索立德树人落地的研究场。在“未来小镇”里，构建德智体美劳全面培养的教育体系，落实立德树人，不断在坚定学生的理想信念、厚植爱国主义情怀、加强品德修养、增长知识见识、培养奋斗精神、增强综合素质上下功夫。坚持德育为先，教育引导学生爱

图 1 未来学校龙樾模型

党爱国爱人民爱社会主义；坚持全面发展，为学生终身发展奠基；坚持既面向全体，又关注每一个个体，让学生成为生活和学习的主人。

二、“未来小镇”的教育新样态

（一）“学科+生活”与“生活+学科”相结合的学科育人新样态

学校落实课程育人要求，各学科课程充分发挥德育功能，有意识地让学科本身所蕴含的德育资源与儿童认知发展规律在一个学习过程当中相遇，将德育自然地融入课堂教学的各个环节之中，从而实现全科育人。

1. “学科+生活”主题单元教学，将学科育人融入生活育人

各学科以“基于标准的学习”为教研核心，以“生活化”“体验性”为探索方向，进行了基于课程标准的情境化、体验式主题单元教学的深化

研究。学科与生活的融合是“学科+生活”主题单元教学的价值追求，各学科以学科大概念、生活情境化任务、学习工具三大要素为核心，对学科内容进行整合、重组，充分挖掘学科育人功能，实现“学科+生活”主题单元教学的常态化。“学科+生活”主题单元教学打破课本与生活、校内与校外的边界，将学生的“学”与生活化情境紧密联系在一起，将学生的眼光延伸到教室之外的真实生活，有效培养学生知行合一的能力（见表1）。

表1　“学科+生活”主题单元教学部分案例

<table>
<tr><th>学科</th><th>单元内容</th><th>“学科+生活”主题内容</th><th>情境任务</th><th>学生角色</th></tr>
<tr><td rowspan="5">语文</td><td rowspan="5">七年级下册第一单元</td><td rowspan="5">制作一期“人生丰碑”主题杂志</td><td>确定杂志名称、风格与创刊初心</td><td rowspan="5">作家、编辑</td></tr>
<tr><td>从单元中任选一个人物，撰写颁奖词</td></tr>
<tr><td>撰写栏目：踏先贤足迹，学伟人精神</td></tr>
<tr><td>撰写栏目：心海泛舟</td></tr>
<tr><td>杂志整合、编辑</td></tr>
<tr><td rowspan="10">物理</td><td rowspan="3">声现象</td><td rowspan="3">小镇音“樾”会</td><td>制作可以发出声音、调节声音的乐器</td><td rowspan="3">乐器设计师、演奏师</td></tr>
<tr><td>优化乐器，创造更好的听觉感受</td></tr>
<tr><td>组建乐团，完成演出</td></tr>
<tr><td rowspan="4">压强</td><td rowspan="4">汽车落水逃生攻略</td><td>在车中选择合适的工具破窗逃生</td><td rowspan="4">司机</td></tr>
<tr><td>探究车门无法打开的原因</td></tr>
<tr><td>无法破窗的情况下，应如何逃生？</td></tr>
<tr><td>撰写汽车落水后的逃生方案</td></tr>
<tr><td rowspan="3">简单机械</td><td rowspan="3">塔吊工程设计</td><td>塔吊配重设计</td><td rowspan="3">塔吊工程师</td></tr>
<tr><td>塔吊起重装置设计</td></tr>
<tr><td>绿色节能塔吊的设计</td></tr>
<tr><td rowspan="3">数学</td><td rowspan="3">统计</td><td rowspan="3">“未来小镇”金融体系研究</td><td>龙娃在龙市中的消费意愿调查</td><td rowspan="3">市场调查员、理财师、银行客户</td></tr>
<tr><td>龙行预期收益估计</td></tr>
<tr><td>预估龙币系统的收益率</td></tr>
</table>

续表

学科	单元内容	“学科+生活”主题内容	情境任务	学生角色
道德与法治	成长中的我——心中有法	做守法的公民	组织一次模拟法庭，选择适合自己的角色	法官、律师、原告、被告
			完成角色解读	
			准备庭审过程的发言稿、辩论词	
			进行庭审发言或辩论	

2.“生活+学科”综合课程，由分科教学走向跨界融合，实现综合育人

“学科+生活”单元主题式教学为学生创设了大量真实的生活情境，而生活原本就是一个整体，而非割裂的分科课程，因此在情境化真实任务的驱动下，各学科开始打破边界，由分科教学逐步向学科的跨界融合过渡，与生活、与世界发生更深入的关联，逐渐形成了由生活真实问题出发，关联多学科综合应用的“生活+学科”综合课程。在未来行业边界日益模糊、逐渐融合的趋势下，“生活+学科”综合课程将跨界思维渗透在教育教学中，打破学科边界，打破课堂边界，通过学科综合育人，为学生创新精神与实践能力的发展提供更丰沃的土壤（见表2）。

表2　“生活+学科”综合课程

课程领域	生活主题	学科内容
自然科学类	胖馒头之谜	生物、化学、技术
	酒精有学问	生物、化学
	自制灭火器	化学、物理
	空气探秘	生物、化学、物理
	污水处理	化学、物理
	制作天气瓶	化学、物理

续表

课程领域	生活主题	学科内容
工程技术类	火星降落伞工程	物理、天文、工程、技术、数学
	半潜船工程	物理、工程、技术、数学
	Starlite 类似物制作	化学、技术
	小镇咖啡馆灯具模型制作	艺术、技术、物理、数学、工程
	爵士舞服装设计	艺术、技术
	公益书亭设计	艺术、技术、数学
人文社科类	美国历史与地理	历史、地理
	中国工业发展	化学、物理、历史
	中日甲午战争	历史、地理

（二）“学中做”与“做中学”相结合的实践育人新样态

在学生快速发展的初中阶段，学校不断尝试提供一系列体验性、生活化课程，将课程融入生活本身，实现生活育人。学校研发了“学中做、做中学”两大课程育人模块。

1. 学中做，反思生活，服务生活

“学中做”课程模块强调通过对生活的反思、研讨与共享，以来源于生活的“学”，服务于在生活中的“做”，“做”与“学”融入生活，相互促进。以每周一晨课为例，挖掘生活中的教育契机，结合学生发展阶段、学习阶段，将原有升旗仪式发展为晨课课程，开发“生活中如何做一名优雅的‘美食家’”等生活主题，由学生团队设计相关主题演讲活动，并拓展新闻播报环节（通过学生视角，播报国际、国家、校园时事），培养学生关注时事的大格局和政治意识，将培养未来建设者和接班人的责任感渗透在每一次对大事的关注和思考中。

2. 做中学，体验生活，服务成长

“做中学”课程模块则从发现生活爱好、感悟生活关系、服务他人生活、家国文化四个方面，通过渗透在不同生活节点的活动，让学生在体验中、实践中，培养可以延伸至未来的生活爱好，感悟师生交往、同伴交往

的乐趣及技巧，培养学生作为社会主义建设者和接班人的责任意识及为他人、为社会服务的服务意识，使学生拥有世界眼的视野、中国心的“内核”。例如，小镇农场课程既是体验式的劳动教育，更是生活化的全面育人。小镇农场采用承包制：签约租地、自主经营、自负“盈亏”。学生们在小镇农场的签约仪式中感受到了责任——对学校的责任、对土地的责任、对生命的责任以及对自己的责任；在寻找小组成员的过程中，学会了沟通、协商、处理不同意见、表达自己的观点、说服别人；在制定承包书的过程中，学会了调研生物习性、设计研究思路、研讨项目实施路径；在经营农场的过程中，体会劳动人民的智慧，感恩劳动者、父母的无私付出；在与老师、好友分享果实的那一刻，会有发自内心的快乐！

（三）“自主选择”与“导师指导”相结合的生涯育人新样态

初中阶段是学生身心快速发展的特殊阶段，他们对老师的安排及建议不再“言听计从”，而更倾向于独立思考和亲身实践。这对于学校育人而言，是挑战，更是契机。学生的自主思考需要引领、发动和实践。因此，学校将课程主体拓展到学生，开发了自主育人课程，该课程主要由启动自我、规划自我和提升自我三个模块组成，采用自选与必选相结合的方式，链接家、校、社多方资源。

1. 不同阶段，多样课程，启动自我，强化“自主性”

“启动自我”模块，帮助学生在不同阶段，通过体验、思考、研讨，适应不同时段的自己，寻找成长的动力，成为“自我管理者”。学校研发团队开发了新生学院课程和青春成长课程。新生学院课程致力于小初衔接，引导学生在选课走班模式下，在新的环境中养成良好的习惯。青春成长课程引导学生在青春期笑对青春，懂得尊重，学会处理亲人、朋友和异性之间的关系，乐观面对情感困惑和挫折，学会感恩、合作，学会面向未来寻找成长目标和方向，为幸福人生奠基。

2. 不同学段，多种方式，规划自我，明确未来方向

“规划自我”模块，使学生一进学校就有导师手把手指导如何做自我规划，就有咨询师指导如何管理时间。同时，专家、学长、社会单位、家

长讲堂、同伴等多样化资源，引导学生逐步进行生涯规划，确立远大目标，启发学生立志成为某一领域的领军人物或杰出人才，成为未来社会的行动者而非空谈家。

3. 唱响主角，多样实践，提升自我，锻炼综合素养

“提升自我”模块，使学校大型活动与年级、班级的主题活动都成为学生成长的课程，使学生成为策划者、实施者、组织者；引导学生在实践中创新，在校内社会化岗位的真实情境实践中履行职责，在实践中提升自身综合素养与能力，形成面向未来的“成长性思维”。

（四）“社区型学校”与“学校型社区”相结合的空间育人新样态

学校在空间设计上支持多样化教育与个性化学习的开展，为学生营造一个“高氧”生长环境，实现空间的育人价值。

1. 小镇场景、社区型学校，全景落实立德树人

小镇场景是指创造各种与未来接轨的生活空间，让每一个角落尽可能发挥教育作用，实现情境化的浸润式育人。例如，学校进门的大厅正中央，悬挂的是鲜艳的国旗，影壁上题写的是梁启超先生的《少年中国说》，旁边是一个大地球仪，上面悬挂的是社会主义核心价值观的条幅。这些环境布置告诉进来的每一个学生：要永远心怀祖国，担当国家责任，积极践行社会主义核心价值观；要有世界眼、中国心，为民族复兴而读书。学校还有“龙樾法庭”、“小镇农场”、“Hakuna Matata”咖啡馆、“龙市”、“龙樾商业银行”等真实场景，赋予空间新的含义和新的育人功能，使学生掌握未来生活需要的各种能力，注重学习过程的“体验性”。再如，学校的“龙樾闲余”是学生找回丢失物品和捐赠物品的集散地，自由存取，自我管理，营造“夜不闭户，路不拾遗”的教育环境。学生自己经营的小镇“cool 小铺”，平时无人看管，所需商品扫码支付，实施的是体验式的诚信教育。

社区型学校指学校为社区提供必要的文化支持。在建校之初，学校就致力于建设一所开放式的、没有围墙的学校，为学生开辟空间回馈社会，培养学生的感恩意识。例如，学校在西门广场上设置了“公益书站”，目

的是让更多的社区人员在西门广场休息的同时能够得空阅读，丰富精神世界。

2. “专业”“温暖”“研究”式学科研究场设计，支撑师生共同成长

当空间成为课程实施的一部分时，它需要表现出自己的学科精神和专业品质。从学生进入学习空间开始，学习就发生了。学校每位教师都拥有自己的学科教室，教室完全交给教师自主安排。每一间学科教室都有一个独特的名字，如“藏经阁”“数香苑”“悟理吧”“微世界”“达尔文号”“稷下学宫”。一个名字的背后是一位教师的自我成长以及对学科教育的自主研究和探索。

三、“未来小镇”的实践硕果

（一）育人课程实施给养充足，学生适性发展

学校在国家课程育人的实施过程中，为学生提供了 117 门学科的课程资源（含 36 门综合实践活动课程、72 门职业考察课程、9 门研学课程）。同时，加强技术与教育的融合，推进混合式教学，已建立线上学科资源 11088 项，实施混合式教学引导 14729 次。努力满足学生的个性化需求，支撑德智体美劳全面发展，全方位落实立德树人。

在丰富的课程资源支撑下，学生呈现出“会选择、会管理、会思考、懂感恩、讲诚信、有梦想、善合作、艺体双发展”的健康成长态势。学生在不断尝试并寻求适合各自发展的领域，并通过分类必选课程、高端课、书院课得到综合提升，相继在机器人、陶艺、数学、舞蹈、健美操、天文比赛中斩获市、区大奖。从 2016 年 9 月开学至今，千余人次获市、区奖项。

（二）教学相长，教师成长进入快轨道

在落实立德树人的过程中，教师也在这座“未来小镇”里与学生一起成长，共同进步。教师成长呈现出“生长性强，自主发展意识强”的良好

态势，很多教师都走上了设计精心、路径清晰的发展道路，学科骨干、管理骨干等“青年领袖”脱颖而出。

2019 年 12 月，中国教育学会组织的“未来教育家成长论坛 · 2035 学校行”第一站在学校举行。学校 9 名教师在大会上做关于学科育人、生活育人、空间育人等的发言。学校教师在实践基础上撰写的先进教育教学经验成果类和学术类文章先后被《中国教师报》《中小学管理》《未来教育家》《教学与管理》《海淀教育》等教育报刊收录。其中，《未来教育家》2020 年第 1 期刊发了学校 9 名教师和 1 名学生的文章。

（撰稿人：王海霞、呼建勇、胡志丹、潘雅婧）

“博学雅行”：办一所图书馆式的学校

广西民族师范学院附属第一小学

广西民族师范学院附属第一小学（以下简称广西民师院附小）是一所市直公办学校，位于中国—东盟陆路大通道交汇口——崇左市，是崇左市基础教育改革试验窗口学校。“一所图书馆式的学校”是其鲜明的教育名片。学校现有学生 2200 余名，教师 129 名。教师队伍中现有正高级教师 1 名，全国优秀教师 4 名，广西特级教师 5 名，广西名师 2 名，八桂名师 1 名；八桂教育家摇篮工程培养教师 1 名，自治区级校长领航培养工程教师 2 名，自治区级名师深蓝工程培养教师 1 名，市级学科带头人 32 名；10 年来，荣获国家级赛课一等奖的教师 1 名，荣获自治区级赛课一等奖的教师 19 名。学校先后获“全国未成年人思想道德建设工作先进单位”“全国民族团结进步创建示范单位”“全国优秀少先队大队”“全国创客教育名校”“第 33 届广西青少年科技创新大赛科技教育十佳学校”等荣誉称号，为崇左基础教育书写了新篇章。

广西民师院附小自 2011 年 9 月建校以来，始终把立德树人作为育人的根本任务，五育并举，以德为先。以“博学雅行、睿智通达”为教育理念，依托丰富的中华传统文化资源，通过对国家课程、地方课程的校本化实施，培育和践行社会主义核心价值观，建构具有鲜明边关民族文化特色的“博学雅行”德育课程，用心培育德智体美劳全面发展的社会主义接班人（见图 1）。

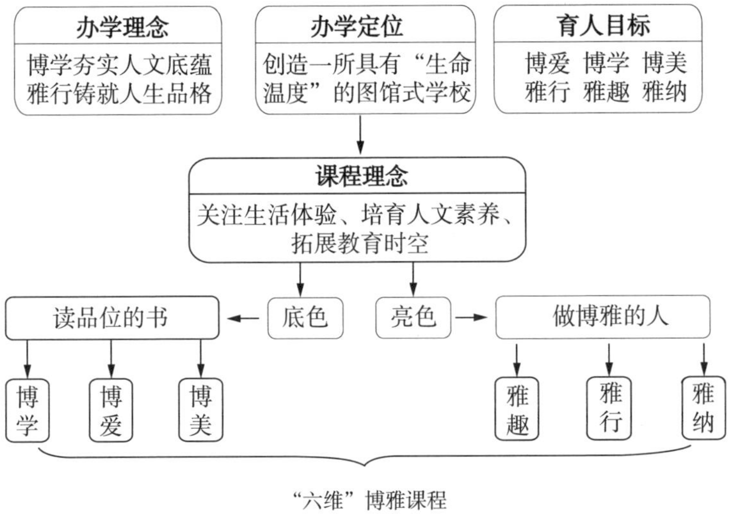

图 1　广西民师院附小“博雅教育”办学体系结构

一、以传统文化体验课程为抓手

学校以中华文化涵养为导向，充分挖掘本区域优秀民族传统文化教育资源，以“体验课程”为抓手，建构立体化校本课程，积极开展研究性学习和综合实践活动。

（一）厚植爱国情怀

传统文化体验课程在厚植爱国主义情怀上下功夫，让爱国主义精神在师生心中牢牢扎根，教育引导师生热爱和拥护中国共产党，立志听党话、跟党走，立志扎根人民、奉献国家。成立寻访中华文化导游小组，与文化和旅游局专业导游结成“一家亲”，定期或不定期请他们帮助培训边关文化小导游。学生通过网上学习、查找资料等途径，了解历史，了解本地文化资源。学生利用节假日，义务为游人导游，通过向游人介绍、宣传红色边关，不仅锻炼了语言表达和社会实践能力，还增强了德育素养和爱国情感。

（二）加强品德修养

传统文化体验课程在加强品德修养上下功夫，引导师生培育和践行社会主义核心价值观，踏踏实实修好品德，成为有大爱大德大情怀的人。优化主题教育，精心设计主题活动课程，力求活动课程化、规范化。通过开展以中华文化涵养为主题的素质教育实践活动，调动广大师生接受中华优秀历史文化教育的主动性和积极性，让学生深入了解社会、检验自我、锻炼自我，筑牢中华民族共同体意识，在祖国南大门筑起一道民族团结风景线，促进祖国边关和谐稳定。

（三）培养奋斗精神

传统文化体验课程在培养奋斗精神上下功夫，引导师生树立高远志向，历练敢于担当、不懈奋斗的精神，具有勇于奋斗的精神状态、乐观向上的人生态度，做到刚健有为、自强不息。通过建构边关传统文化拓展课程，设立经典诵读、民族手工艺、壮锦、扎染、剪纸、版画、山歌、南路壮剧、演讲、讲故事、骆越舞蹈、民族体育等多种民族传统文化兴趣小组，践行中华文化涵养培养目标，并在课程实施和评价上着力，形成“三步骤六环节”的活动模式。

二、以正向心理支持系统为线索

（一）根植中华文化，讲好“中国故事”

一是紧紧抓住爱国主义教育基地这本“活教材”，组建“中国故事”宣讲队，开展“学英雄、见行动、树理想”教育活动；开展“请老红军讲红故事”活动，让学生铭记历史，教育学生珍惜现在的幸福生活，努力学习；开展“讲红色故事”活动，让学生体验先辈英勇无畏的革命精神和今天幸福生活的来之不易，并将这种体验化为爱党、爱祖国、奋发图强的力量，让学生的心灵真正受到“红色的洗礼”（见图2）。

图 2　“红色足迹”寻访活动

（二）传承优秀文化，融合课堂教学

把中华优秀传统文化与学科教育、党史教育、道德教育、心理健康教育等巧妙融合，通过优秀传统文化进课堂教学，增强了新时代德育工作的针对性、实效性、吸引力和感染力，使学生综合素养全面提升，丰富了学校德育内涵，为实现中国梦打下坚实的基础。

（三）弘扬传统文化，促进行为养成

以传统文化培养学生行为习惯，在学生中积极开展养成教育，“冠必正，纽必结。袜与履，俱紧切”，培养学生良好的生活习惯；“用人物，须明求。倘不问，即为偷”，培养学生良好的行为习惯；“读书法，有三到。心眼口，信皆要”，培养学生良好的学习习惯。

三、以“办一所图书馆式的学校”为名片

“办一所图书馆式的学校”是广西民师院附小打造的教育名片。走进

广西民师院附小就像走进了“书的世界”，抬头便可看到几个显眼的大字“悦读让阳光住进心里”。走廊、大厅、风雨廊、教室图书角……，随处都能闻到书香。在广西民师院附小，每天下午放学，学校并不执行清校制度，向社会展示了一种大爱和担当。在空间与时间没有限制的背景下，很多学生不会立即离开学校，而是走到阅读体验区，徜徉在书海之中。学校在每个班级门口都放置了一排书架和长凳。博学楼大厅也被改装成了一个大书吧，校园成了“千兆Wi-Fi全覆盖、线上线下相得益彰”的立体阅读场域，学生可以爬上爬下地选择书籍，也可以通过滚动的页面寻找自己喜欢的刊物，享受阅读的趣味。除了每年举办阅读文化节，学校还特别关注学科间和课内外的整合融合，为学生提供“读—说—写—演”的体验平台。如今，“221 晨练晨读”“515 午间习字品书”已成为校园里最优雅的风景线，“悦读”让学生的生命更加鲜活。

四、以构筑博雅校园文化为堡垒

学校高度重视师德涵养工作，以构筑博雅校园文化为堡垒，建立健全德育管理“导图”，从“微”处着力，通过“微平台”“微服务”“微力量”等不同渠道与载体，夯实德育根基。

一是校园内精心设计展示中华优秀传统文化格言和励志名言，为每一个角落赋予优秀传统文化内涵，真正让一面墙壁、一堵围墙、一处景观都拥有文化内涵。这一切不仅能陶冶人的情操，净化人的心灵，还能鼓舞人的士气，久而久之成为一种强大的教育力量。

二是引领教师树立三种形象：政治形象——坚定信念、恪守宗旨、维护团结；工作形象——敬业、奉献、超越；生活形象——亲和、守法、自重。全面实施“三阶六级”强师战略，把培育具有“正气、才气、大气、灵气、底气”的复合型教师列为发展目标，助推教师专业成长。

三是以“师说新语”思想大讲坛、认识大讨论及专题教育为载体，强化政治理论学习，开展学科讲坛大比拼，进行现场点评，维护教育领域意识形态安全。创设“雅生文化”（即读文雅、说话雅、就餐雅、走路雅、着装雅、爱校雅、上课雅、课间雅、集合雅），着力建设一个学风淳朴、充满人文精怀的育人基地。

四是以现代教育技术为手段，通过以“寻找身边的正能量”“摒弃不雅行为”为主题的校园微信宣传、微电影，深入开展网络在师德师风与现代学校管理中的应用实践，定期评选校园忠孝之星、博学之星、诚信之星、洁美之星、劳动之星、礼仪之星、仁爱之星、感动校园十佳教师、学生最喜爱的教师，另外评选最高奖“博雅少年”和“博雅教师”，树立身边典型，传递正能量。

五、以建构和谐文明家风为平台

一个家族家风的建构，对成功塑造孩子、形成良好家庭生活方式、提高族人社会地位起着重要作用。学校从以下几方面入手促进家风建构。一是挖掘优秀传统文化，涵养好家风。二是开展书香家庭评比活动。帮助边境线上的村落建设文化站，指导乡村学校建设书香校园，打造专属空间，让孩子学会阅读。三是深化新时代“亲子教育”。编写《边境地区家庭教育指导》，开展“创建民族团结进步示范学校示范家庭”系列活动。四是开展家校联动的民族趣味性活动，让家庭有歌声和笑声，促进少数民族孩子健康快乐地成长。

在崇左市妇联、教育局的支持下，学校成立崇左市家庭教育指导中心，与家长共同探讨教育下一代的新方法，开展了亲子携手活动、家长参与的家庭课本剧表演活动，歌颂家乡发生的巨大变化。一次次爱国、爱党、爱家乡、爱校、爱家的社会实践活动，使青少年成长在一个健康安全、积极向上的和谐环境之中。

六、主要成效

（一）点燃教师激情，建德高艺强之队伍

广西民师院附小德育队伍建设卓有成效，初步建成了一支具有“正气、才气、大气、灵气、底气”的教师队伍。他们选择了崇左，扎根南疆，把青春献给了少数民族地区，献给了崇左的教育事业。师资队伍中有正高级教师 1 名、全国优秀教师 4 名、广西特级教师 5 名、广西名师 2 名，获得市级教坛明星、市级学科带头人等称号的教师 39 名，荣获国家级赛课一等奖的教师 1 名，荣获自治区级赛课一等奖的教师 19 名。师生素养全面提升，学校迅速崛起，被广西师范大学列为“博士生研修基地”，被崇左市教育局列为“全市小学课改示范校”，2020 年代表广西参加粤桂基础教育论坛。

（二）实施生本课程，素质教育硕果累枝

广西民师院附小努力实施生本化课程，素质教育硕果累枝，在国家级、自治区级各类知识竞赛中累计有 1200 多人次荣获一等奖。近年来，全校成功申报市级、区级研究课题 48 个，2017 年荣获广西基础教育教学成果奖一等奖，2018 年 1 项成果荣获基础教育国家级教学成果奖二等奖，2019 年 2 项成果分别荣获广西基础教育教学成果奖一、二等奖，2020 年学校申报的全国民族教育教学成果项目又入围了国家级评选。一系列的成果为祖国南疆基础教育开辟了新篇章。

（三）躬耕博雅教育，铸南疆品牌之学校

为总结经验，学校编写了《躬耕博雅在南疆》《沉淀后的理性表达》等 13 册校本教材，探索出一条清晰的学校德育之路；多次承办市级、区级未成年人思想道德工作现场会，在学校德育工作中发挥积极的辐射作用。广西电视台、《广西教育》、《左江日报》先后对学校“博学雅行”德育特色做了专题报道。近年来，累计接受区内外教育教学观摩团 60 余批

次，观摩人数超过 5000 人次，充分发挥了引领区域基础教育发展的作用。

近几年来，学校在德育方面做了一些工作，取得了一些成绩。今后，将进一步创新机制，以中华文化涵养为视角，充分认识学校德育建设的必要性和重要性，切实加强德育工作的责任感和紧迫感，努力把德育作为一项长期性工作抓紧、抓实、抓好。

（撰稿人：李丽燕）

“融爱教育”：特殊教育学校育人机制探索

江西省南昌市培智学校

南昌市培智学校创办于1985年，坐落于美丽的赣江之滨、百花洲畔的包家巷。学校是江西省第一所培智学校，占地面积3255.5平方米，校舍建筑面积4248平方米。学校把义务教育向学前教育和职业技能培训两头延伸，设立智障儿童学前康复部和九年义务教育康复职技部。在社会各界的关怀和支持下，在全校师生和家长的共同努力下，为落实立德树人要求，学校以“融爱教育”为办学哲学，设计了适用于学前与义务教育的“LOVES”课程体系，并通过建构“融爱课堂”，推行“融爱康复”，探索“融爱制作”，拓展“融爱体验”，落实“融爱辅导”，试图从价值导向、课程架构、多维实施三方面探索特殊教育学校的有效育人机制，让所有孩子以爱的名义生活，最终实现“境显温爱、行至仁爱、课漾关爱、师蕴慈爱、生盈可爱”的办学愿景。

一、价值导向育人：学校是爱心永不毕业的地方

学校价值导向育人主要从两方面进行：一是办学哲学，二是学校课程理念。学校的办学哲学为“融爱教育”，“融爱教育”是以爱若己出的情怀培育富有爱心的人的教育，是学校发展素质教育的实践探索，也是学校教育价值观和内涵发展方法论。狭义的“融爱教育”是充满爱心的教育，是教育者用全部的爱积极关注特殊儿童健康成长的教育。广义的“融爱教育”是一种情感教育，它强调教育者爱的情感付出，追求受教育者爱的情

感生成，强调人的价值、情感、尊严和权利。究其本质，“融爱教育”是心教育，直抵心灵；“融爱教育”是暖教育，爱心在场。

在办学哲学的指引下，学校形成了“爱到深处，生命尽是天籁”的办学理念，并提出了“让每一个孩子生活在爱的世界里”的课程理念。该课程理念可具体表述为四个方面。一是“课程即生命成全”。课程是对生命成长的一份关怀，是对教育核心价值的一种探索，因此课程应选取顺应身心发展需求的课程定位，谋求人格健全发展的课程目标，选择全人教育的课程内容，采用喜闻乐见的课程实施形式，使课程贴近活泼的生命。二是“课程即生活世界”。课程应致力于学生心灵能量的提升，为学生自主解决生活问题提供引导，帮助特殊儿童发现真相、回归自然本原，了解生活常识、掌握生活技能、感受生活责任，融入学校、融入社会、学会生活。三是“课程即文化融合”。学校力图打开特殊儿童的文化视野，使其进入“文化场景”，通过学校课程，让年轻的心灵与古老的文化相遇，使以建筑、文字等为载体的文化，通过与特殊儿童的对话，融入其生命场景，成为传递文脉的文化活体。四是“课程即美好期待”。课程具有回味属性，旨在表达一种美好的期许。课程的本质是给予孩子们无穷的爱。只要拥有一个充满爱的灵魂，孩子们就会生长出“最人性的蔓叶”。

二、课程架构育人：建构“LOVES”课程体系

学校育人目标为“培养至真、至善、至爱的少年儿童”。“至真”即纯真、自省；“至善”即健康、自信；“至爱”即有爱、自立。将这一育人目标分解成不同阶段的具体要求和表现，便形成了学校课程目标。为实现学校课程目标，学校依托课程理念，基于培智学校学前特殊儿童课程要求与义务教育课程标准，调动学校课程资源，在评估特殊儿童身心发展需求和兴趣、各年级特殊儿童能力水平后，分别建构了适用于学前和义务教育的“LOVES”课程体系，用以促进特殊儿童身心健康发展。

（一）学前教育段“LOVES”课程内容

学前教育段“LOVES”课程包含健康与科学（Life）、康复与训练（Overcome）、艺术与精细（Varied）、语言与文字（Enjoy）、社会与自然（Society）五大领域。其中，“L”课程对应健康与科学，包含手指谣、玩转球、神奇数字、寻宝记等；“O”课程对应康复与训练，包含有趣的纽扣、奇妙的声音、越过“小山丘”等；“V”课程对应艺术与精细，包含感心动耳、神奇的手指、心乐诚符、你追我跑等；“E”课程对应语言与文字，包含趣味儿歌、百宝箱、右脑识字等；“S”课程对应社会与自然，包含我能行、寻景之旅、好习惯等。

（二）义务教育段“LOVES”课程内容

义务教育段“LOVES”课程包含生活与适应（Life）、康复与训练（Overcome）、艺术与体育（Varied）、劳动与技能（Enjoy）、信息与技术（Society）五大领域。其中，“L”课程对应生活与适应，包含相亲相爱、欢爱时光、数字魔法、奇妙糖果、自理更生等；“O”课程对应康复与训练，包含推球大师、会听声音的耳朵、懂礼貌、小小生活超市等；“V”课程对应艺术与体育，包含童趣彩泥、足球小将、小小休止符、花样跳绳、投篮小能手等；“E”课程对应劳动与技能，包含清洁整理、洗涤晾晒、汽车美容、花卉园艺、家电使用等；“S”课程对应信息与技术，包含电脑绘画、打字小能手、扫雷大作战、趣味纸牌等。课程结构如图1所示。

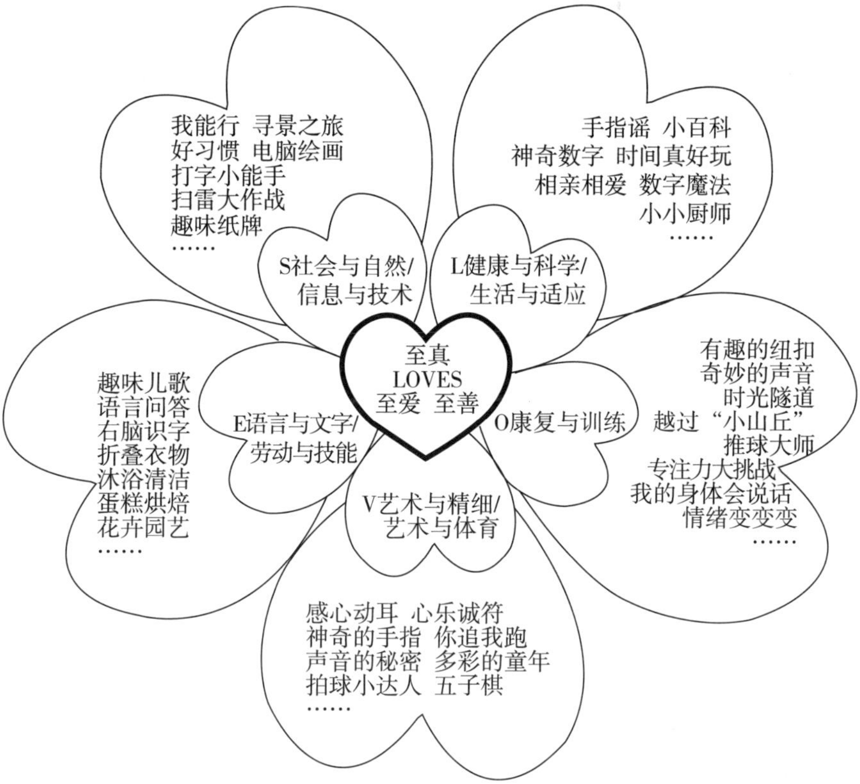

图1　南昌市培智学校“LOVES”课程结构

三、多维实施育人：让所有孩子以爱的名义生活

学校通过建构“融爱课堂”，推行“融爱康复”，探索“融爱制作”，拓展“融爱体验”，落实“融爱辅导”，以多维方式育人，全面践行“融爱教育”理念，推动学校课程品质提升，让所有孩子以爱的名义生活。

（一）建构“融爱课堂”：让每一个孩子在爱的引导下发现生活

培智学校面对的是一群学习能力有限、学习持续性较弱、记忆力较差、应用能力较低的孩子。尽管这些孩子抽象思维欠缺，领悟能力和理解能力薄弱，并且学习迁移能力不足，不能灵活运用所学的知识和技能，但是，只要给他们足够的爱，关心他们，用足够的时间去等待，他们也可以成为一个个独立的人。为此，学校着力打造“融爱课堂”。“融爱课堂”是尊重的课堂，了解差异，实施分层。学校要求教师公平对待特殊儿童的差异，通过对特殊儿童的综合评估与分析，明确教学目标、教学内容和教学重点，选择适合特殊儿童个性化需求的教学方法，促进特殊儿童的发展。“融爱课堂”是适应的课堂，目标明确，贴近生活。由于学校的教育目标是让特殊儿童学会生活、适应社会、提高生活品质，因此在教学中教师要重点关注特殊儿童生活与适应能力的提升，同时让特殊儿童学会运用已有的生活经验、知识和技能解决生活中的问题。“融爱课堂”是生活的课堂，遵循规律，学用结合。教育要遵循特殊儿童身心发展特点及规律，根据特殊儿童特质和能力，选择合适的教学方法，提供适切的支持，增强特殊儿童学习的适应性和有效性。“融爱课堂”是生存的课堂，实践应用，综合发展。教学要整合教育目标与内容，开展综合实践活动，促进特殊儿童全面发展；同时，充分利用学校、家庭、社区的资源，拓展学习空间，增加实践机会，立足特殊儿童生活经验，培养特殊儿童综合应用能力。“融爱课堂”是美育的课堂，重视导向，培育素养。重视情感、态度、价值观的正确导向，在教学中融入社会主义核心价值观教育，提升特殊儿童的公民素养，促进特殊儿童身心健康发展。

（二）推行“融爱康复”：让每一个孩子更好地适应生活

“融爱康复”是指综合、协调地应用各种康复措施与设施，对功能障碍儿童提供系列基础训练、专业技术和环境支持等方面的服务，使其达到并维持身心最佳的功能状态。“融爱康复”的具体要求包含六个方面：一是个别化康复训练方案，即根据特殊儿童生理和心理发展需要，在全面评估的基础上，制定并实施个别化康复训练方案；二是个别化康复训练举措，课程实施以特殊儿童现有能力为起点，遵循“小步子多循环”的原则，使康复训练形式符合特殊儿童的生活经验、认知基础与学习方式；三是个别化康复训练效果，教师针对孩子的每一发展阶段进行评估分析，确定孩子优弱项，制订适合每一个孩子最近发展区的训练计划；四是个别化康复训练拓展，要求康复课不能只关注动作、感知觉、沟通与交往、情绪与行为四方面的康复训练，还要全面关注综合能力的培养，特别是德育的渗透；五是个别化康复训练资源，安排学生有序进入感觉统合训练室、多感官训练室、动作治疗室、蒙台梭利工作室和言语语言康复训练室等功能房进行训练，并依托学校个别化康复校本教程保障个别康复训练质量；六是个别化康复训练总结，在康复训练结束后，教师认真总结与反思个别化康复训练实施过程中存在的问题，为更好地进行下一阶段的训练做好铺垫，同时对学生在训练中的理解与配合能力、教师的专业水平能力以及个别化康复训练的进一步推进策略等进行总结，必要时与家长进行沟通交流。

（三）探索“融爱制作”：让每一个孩子创造充满爱的生活

“融爱制作”是根据特殊儿童的身心发展特点及特殊需要，在适宜的条件下，让特殊儿童通过运用各种工具，采取造型、色彩、构图等艺术手段完成作品的制作，促进特殊儿童的手眼协调能力，培养特殊儿童的动手制作能力，发展特殊儿童的审美情趣，最终促进特殊儿童适应生活、融入社会。学校确定主题，要求特殊儿童围绕主题选择合适的颜料、手工材料进行简单的模仿制作。在制作的过程中，特殊儿童学习辨别范例作品中的线条、形状、色彩等基本元素，在辨别比较的过程中，逐步提升操作能力和想象力。作品制作完成后，要求特殊儿童与其他孩子分享自己设计、制作的方法，让特殊儿童在活动体验中学会分享，逐步提高其视觉感受力、表达能力及审美能力，激发特殊儿童求知欲。例如，学前中班通过“树叶变变变”“可爱的蜗牛”“美丽的大自然”等主题活动，让每一个孩子熟悉泥工、纸工以及自制玩具的工具和材料，培养特殊儿童对手工活动的兴趣；引导特殊儿童正确使用剪刀剪出长方形、圆形、三角形及组合形体，指导特殊儿童掌握折纸的基本技能。在义务教育阶段高年级，通过开展“我有一双巧手”主题制作活动，让学生使用各种废旧物品、黏土、秸秆等材料和工具进行制作，并根据生活物品的特征，就形状、色彩、用途等方面进行简单交流。

（四）拓展“融爱体验”：让每一个孩子快乐地感受生活

“融爱体验”从特殊儿童的身心特点、兴趣爱好、家庭环境等方面出发，开设实用、便于理解且对动手能力要求高的职业教育课程，让特殊儿童养成基本的工作习惯，掌握基本的职业技能、相关知识，形成端正的工作态度，为特殊儿童就业拓宽门路。职业教育课程如表1所示。

表1　南昌市培智学校“融爱职业体验”课程表

课程类别	课程名称	活动	课程目标
家政服务	小爱屋	家居打扫、清洗、整理等	培养特殊儿童的生活自理能力，使其逐步养成良好的生活习惯，加强对家庭和社会的责任感
烘焙、面点	小吃货	制作蔓越莓饼干、蛋挞、馒头等	加强特殊儿童的手部精细动作锻炼，发展其动手能力，提升其自理自立能力
奶茶	小饮堂	制作布丁、花茶、奶茶	提高特殊儿童手腕的灵活度，增强其上肢力量，使其掌握奶茶、布丁等饮品的基础制作技能
园艺	小花匠	植物修剪、浇水、种植	使特殊儿童具备基础的园艺植被审美能力，能进行简单修剪，掌握植物的基本栽培技巧、养护方法，了解常见植物的习性特点及病虫害的防治，同时培养特殊儿童珍惜劳动成果的习惯
超市	小导购	理货	使特殊儿童会按物品的功能进行分类理货
厨房	小厨师	家常小菜	使特殊儿童掌握基本烹饪常识，学会烹调简单菜肴和食物，培养特殊儿童动手能力，提高特殊儿童生活质量
洗车服务	小车童	汽车美容	使特殊儿童了解汽车的基本外形结构、洗车工具的使用方法，最终熟练掌握洗车的基本流程和操作技能

（五）落实“融爱辅导”：让每一个孩子因爱而更自信

“融爱辅导”是采用多样化且形式与时间相对固定的“微课程”对学校特殊儿童的心理健康教育进行强化与夯实，其主要做法涉及六大方面。（1）研制心理健康辅导课程方案。根据国家有关方针政策，结合培智学校特殊儿童实际，学校自行创编小学、初中两个不同学段的心理健康辅导课程方案，将心理健康辅导课程纳入课表并严格实施。（2）建立心理健康个别辅导档案。学校根据专业的学生诊断评估方案，结合学生的实际情况做出前期评估，制订心理健康个别辅导计划，进而根据每一个学生的个别辅导档案对其生活自理能力、认知能力、沟通能力、动作能力和社会能力五大领域的发展进行评估。（3）开展心理健康教育学科渗透。学校以四位国家级心理咨询师为点，以点带面地将心理健康教育辐射到班主任和科任教师，通过组织开展班会活动和各学科心理健康教育进行有机渗透。（4）进行心理健康教育实践活动。以“525 心理健康周”主题教育活动和心理社团活动为主，通过手抄报比赛、心理美术作品比赛以及观看心理电影等丰富的心理实践活动促进学生心理健康发展。（5）构建家校协作心理辅导模式。通过家校互访、教师家访、家长访校、家校通信、举办家长学校以及开展家长沙龙活动等家校协作模式，强化家庭教育效果，巩固学校教育成果。（6）举办心理健康教育社区活动。积极对接社区、联合周边社区协同开展心理健康社区联谊活动，深化与拓展学校心理健康教育工作的社会功能，提升心理健康教育工作的家校社联动作用。

（撰稿人：秦文英）

“红星闪闪放光彩”：在革命的摇篮里培育新时代好少年

重庆市南川区合溪镇中心校

红色基因凝神铸魂，其所蕴含的光荣传统、优良作风、价值追求是培养新时代社会主义接班人的优秀教育资源。重庆市南川区合溪镇被誉为“南川的井冈山”，合溪镇中心校（又称合溪镇中心小学校，以下简称合溪小学）充分挖掘地方红色文化资源，以传承红色基因为己任，以做好红色教育为目标，以培育时代新人为追求，推动健全立德树人落实机制，落实立德树人根本任务。

合溪小学既是南川的红色革命摇篮，也是川黔边教育的摇篮。合溪小学是南川区的爱国主义教育基地。在此基础上，学校紧紧围绕培养“红星闪闪、红心向党”的“红色五星少年”育人目标，充分挖掘和利用校内外的红色资源，开展系列红色教育课程和红色主题活动，引导学生树立正确的价值观和人生观，感受新时代青少年的历史使命与责任，激励青少年敢于担当、勇于拼搏，成为中华民族伟大复兴梦的接力者。学校“红色教育”落实机制流程如图 1 所示。

一、挖掘红色之魂，找寻“立德”之基

从学校历史出发，挖掘红色之魂。1928 年，共产党人韦奚成创办合溪场国民初级小学校，将其作为红色基地传播马列主义红色革命思想，开展革命活动。1942 年韦奚成等共产党人在学校创办“中共合溪特支”。目前，学校保存有韦奚成的手稿与遗物，“红五星校门”与“奚成图书馆”

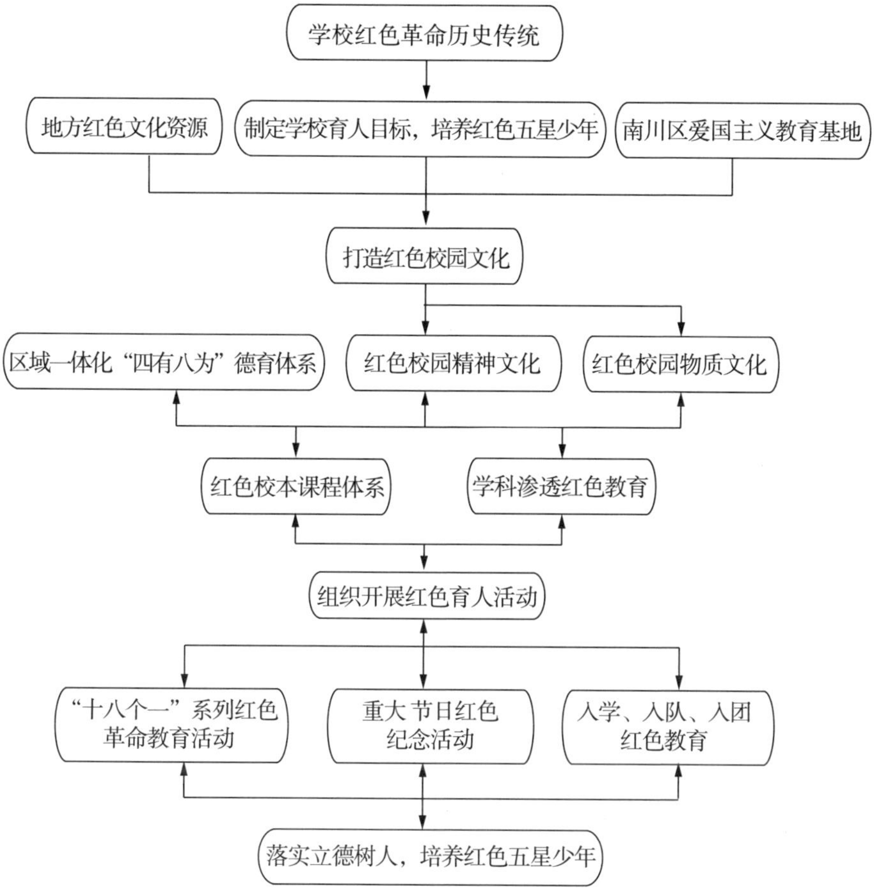

图1　“红色教育”落实机制流程

是学校的历史性标志物。学校校园文化始终以“红五星”为魂，彰显红韵，通过“奚成图书馆”展现书香人文之气。

新时期，学校结合办学历史与时代育人新要求，提炼出“红星闪闪放光彩”的办学理念体系，“修博雅之学，养浩然之气”的校训以及以“红韵·书香以致远”为主题的校园文化建设路径。紧紧围绕“立足红色教育，强化价值导向，落实立德树人”的总要求，构建了学校的育人目标——“培养身心健康、习惯良好、品德从善、知识渊博、红心向党的五星少年”，并配套开发了《合溪镇中心小学“红色少年”评选方案》和

《合溪镇中心小学“校园红色五星”评选方案》，通过开展周、月、学期、年度的评选工作，激发学生争星热情，为学生成长建立阶梯式的激励评价机制，构建并逐年完善落实立德树人的价值引领机制。

二、校园文化添“红韵”，处处书香树“立德”

为彰显以“红韵·书香以致远”为主题的红色校园文化，营造“立德”文化环境，学校积极采取措施改造校园文化环境，力求让红色文化渗透到每个角落，让校园的一草一木闪烁着红色之影，让师生的一言一行折射出红色之魂，让校园时时处处充满红色精神。学校具体文化环境改造措施如下。

（一）以先烈姓名命名建筑楼体

学校以中共合溪特支主要成员姓名来命名校园建筑楼体。“奚成图书馆”意在纪念革命烈士韦奚成，弘扬韦奚成爱党爱国爱人民的革命精神；“培根楼”意在纪念中共合溪特支领导人李培根，并取“培养扎实学识根基”之意；“群英楼”意在纪念中共合溪特支成员张琼英，并取“育群众英才”之意；“克宇苑”意在纪念中共合溪特支成员戴克宇，取“掌握科技，战胜宇宙”之意，学校将此楼作为青少年科技活动中心；“俊民楼”意在纪念中共合溪特支成员石俊民，取“学识渊博，英俊儒雅”之意，用于体现教师之风采。学校给原临河而建的办公楼挂牌“中共合溪特支旧址”，并修建文化亭，命名为“凯庭阁”，意在纪念中共合溪特支原书记温凯庭，同时也可起到提升校园书香文化品位的作用。

（二）打造校园红色廊道文化

学校采用体现革命精神和气节的中国传统书法绘画作品装点教学楼外廊道，既体现红色文化元素，又增添校园书香气息。具体而言，在各楼梯通道上布置一些精美且能够体现红色爱国文化的师生书画作品；设置红色人物廊道，以革命先烈、党史人物的简介、图片为背景，展现革命人物的丰功伟绩，以此实现中国传统书画和红色革命文化的有机结合，展现校园的“红韵 · 书香以致远”的底蕴。

（三）创建“红色班队文化”

围绕“红韵 · 书香以致远”，各班级和中队积极创建“红色班队文化”，并以适合学生学习的革命人物命名。在教室内挂特色化班级牌，围绕革命人物事迹进行学习宣讲，让每一个孩子心中都树立起英雄人物或革命烈士的光辉形象，从精神文化、物质文化两方面营造红五星少年健康成长的环境。

（四）加大红色宣传阵地建设

在校园内立起韦奚成烈士雕像；依托运动场围墙，打造合溪红色文化长廊，展现南川和合溪的红色革命历史，让学生时时学党史、知党史、感党恩。

三、开发校本课程，红色教育课程化

红色校本课程是落实立德树人、培养红五星少年的主阵地。学校围绕办学理念、育人目标，紧扣“立足红色教育，强化价值导向，落实立德树人”的总要求，结合南川区构建区域一体化“四有八为”德育体系，按照少年儿童身心发展规律，开发了红色校本课程体系——“红色传承”，分年段、分单元，按照不同的课程主题开展授课活动，实现培养具有特定气质的、“红心向党”的红色五星少年的目标（见表 1）。

表 1　“红色传承”校本课程体系

年级	单元	课程主题	课程内容
小学低段（一至三年级）	第一单元 红色知识 （一年级）	1. 升旗仪式	开展升旗仪式教育，学会唱国歌
		2. 我们的旗帜	开展国旗、队旗、校旗知识教育
		3. 我们的节日	开展中华传统节日活动，感受、体验中华优秀传统文化

续表

年级	单元	课程主题	课程内容
小学低段（一至三年级）	第二单元 红色校园 （二年级）	1. 革命中的合溪小学	举办红色讲座，参观红五星校门、红色廊道和墙壁、奚成图书馆、奚成烈士墓
		2. 校歌、红歌	了解校歌的历史并会唱校歌，学会唱一支红色歌曲，了解歌曲背后的意义
	第三单元 红色故事 （三年级）	革命故事	举办红色讲座，了解中国革命的红色故事
	第四单元 红色人物 （三年级）	1. 发现心中崇拜的一位英雄	观看歌颂祖国、英雄模范人物的影视作品
		2. 何为社会主义核心价值观	举办知识讲座，了解社会主义核心价值观的内容
小学高段（四至六年级）	第一单元 红色知识 （四年级）	1. 国旗下的风采展示	每周每班上台展示
		2. 家乡美	开展红色绘画比赛、红色征文比赛，参观家乡的风景名胜与红色历史遗迹
		3. 我们的旗帜	开展国旗、队旗、党旗知识教育和革命传统教育
		4. 我们的节日	开展中华传统节日活动，感悟、认识中华优秀传统文化
	第二单元 红色校园 （五年级）	红星闪闪放光彩	开展中华传统文化讲座，组织舞蹈、鼓号、唢呐表演，会唱一支红色歌曲，了解歌曲背后的意义，开展红歌赛
	第三单元 红色故事 （六年级）	1. 红色广播站	分三个专栏“红色家书”“品味红色经典”“诉说红色情”
		2. 革命故事	开展“红色在我心中”的红色故事演讲、红色图片展、红色电影展播
	第四单元 红色人物 （六年级）	1. 我心中的英雄	上一堂红色教育课，进行“红色”英模事迹宣讲报告
		2. 社会主义核心价值观	结合身边人物典型事例，开展社会主义核心价值观教育

四、强化学科融合，渗透红色教育

“五育并举，德育为先”是我国基础教育的重要原则，任何学科都应渗透道德教育，在潜移默化中培养学生的良好品德。学校的红色革命教育采用“‘5-3-2-6-3-X’学科融合模式”（见表2），将红色教育渗透于各学科教学中，要求各学科教师在教学中充分挖掘教材中的跨学科知识，结合生活实际，找到最佳结合点，引导学生横向联系，激发学生多角度、多方位掌握知识，从而有效地促进学生整体发展。

表2　“5-3-2-6-3-X”学科融合模式

学科	体系内容
语文（5）	每堂课前组织学生发表一条红色宣言
	每天至少读一首红色诗词
	每周至少背诵一篇红色诗文
	每月至少举行一次红色诗词朗诵会或红色故事演讲会
	每学期至少开展一次红色诗文征文比赛
道德与法治（3）	每学期让学生收集至少两个红色故事或红色案例等
	每学期举行至少两次红色革命故事会
	每年至少开展一次红色考察活动
音乐（2）	每学期教唱至少两支红歌
	每学期举行一次学生红歌比赛
体育（6）	按照革命军人的标准对学生实施队列、跑步、形体、仪表、速度、纪容等方面的训练
美术（3）	每学期至少安排一至两次画红色画
	每学期至少安排一至两次写红色字
	每学期至少举行一次学生书画展
其他学科（X）	教学中必须结合该科特点渗透红色文化理念

五、红色育人活动主体化、系列化

培养“红心向党”的红色五星少年，落实立德树人的根本渠道是组织红色育人活动。结合小学生身心发展规律与认知发展特点，按照“立足红色教育，强化价值导向，落实立德树人”的总要求，紧紧围绕“红心闪闪放光彩”的办学理念，学校组织开展了“‘十八个一’系列红色革命教育活动”“重大节日红色纪念活动”“入学、入队、入团红色教育”等一系列活动。通过组织开展丰富的红色育人活动，为培养红色五星少年搭建平台，使学生在活动中接受红色革命传统熏陶，成长为新时代好少年（见表3）。

表3　红色育人活动体系

活动名称	详细内容
“十八个一”系列红色革命教育活动	课前一支红色歌曲
	班级每周在黑板上更换一句红色名言警句
	学校每周开展一次以“弘扬红色文化”为主题的国旗下讲话活动
	班级每月开展一次班级红色文化主题教育活动
	每月举行一次红色班级文化评比与交流活动
	每学期每名学生在课桌上更换一条蕴含红色文化的座右铭
	每学年举行一次全校师生红歌赛
	每学期举行一次全校师生“革命英雄在我心中”的红色故事演讲
	每学期举行一次全校师生红色文化征文比赛
	每学期上一堂红色教育课，进行“红色”英模事迹宣讲报告，对学生进行榜样和励志教育
	每学期读一本红色革命书籍
	每学期看一部红色革命电影
	每月学唱一支红色歌谣
	班级每学期出一期红色革命教育手抄报，举办手抄报比赛

续表

活动名称	详细内容
“十八个一”系列红色革命教育活动	结合大课间活动，每学期学一段红色舞蹈
	每位学生以一位革命人物为榜样（了解其生平，学习其精神）
	在校园固定位置开辟“历史（党史）上的今天”栏目，每周宣传一位红色革命人物或大事件
	每年组织一次师生扫墓活动
重大节日红色纪念活动（“七一”“八一”“十一”“一二·九”等）	举办红色历史讲座
	开展红色知识问答
	举办红色诗词朗诵会
	举办红色故事演讲会
	开展红色文化征文比赛
	开展红歌演唱比赛
	举办红色图片展览
	开展红色实践活动
	举办红色电影观影活动
	……
入学、入队、入团红色教育	新学生、新队员和新团员都要了解家乡红色革命历史，参观陈列室，感受党的伟大
	新队员、新团员都要祭扫奚成烈士墓，并参加宣誓仪式
	学生要积极参加社区、社会实践活动，如去镇敬老院，开展“我为孤寡老人送温暖”活动

六、效果和影响

（一）红色教育特色化、品牌化、优质化发展

经过学校师生共同努力，学校红色教育取得系列成果。学校德育课程

“我为祖国骄傲”成功申报2020年南川区“德育教育品牌”；2020年9月学校获南川区“课程改革先进集体”“教学质量先进单位”“文明校园”等荣誉称号；2021年4月，学校德育课程“红色传承，我骄傲”被评为重庆市级德育品牌课程，学校党支部被评为南川区“先进基层党组织”。

（二）师生弘扬红色精神，落实立德树人价值引领

学校文化是学校的灵魂，指导着学校的办学方向，统一着学校的价值观念，引领着学校师生教与学的行为。学校通过红色校园文化的打造和系列红色教育活动的开展，弘扬了学校文化主旋律，培育了学生的爱国情怀和时代精神，对学生的发展起到了潜移默化的影响。同时，红色文化丰富了学生的内心世界，增强了学生的精神力量，促进了学生的全面发展，实现了立德树人的价值引领作用。

（三）坚持社会服务，强化辐射引领，实现价值导向

学校作为南川区爱国主义教育基地，是青少年和党员干部开展爱国主义教育的重要场域，有其独特的育人功能。学校充分发挥“爱国主义教育基地”的辐射作用，坚持实行对外开放制度，分别组建了学生“小红星讲解员”与教师“专业党史讲解队”，专门负责讲解红色故事、红色文化、红色历史，每年对外接待党员、群众以及学生8000余人次，协助他们接受爱国主义教育。

（撰稿单位：重庆市南川区合溪镇中心校）

博雅课程：引领学校优质发展

上海市华东师范大学第四附属中学

根据立德树人要求，华东师范大学第四附属中学（以下简称华四）以"博雅教育、精致办学、和谐发展"为办学理念，以培养"博学雅趣、自信乐学、尽责奉献"的现代学子为己任，致力于让每位学生实现七个"百分百"（人人艺术专一技、人人体育擅一能、人人有一个社团经历、人人有一次公开演讲、人人有一份科学探究认证、人人有一次浸润式职业体验、人人有一段义工服务经历）。学校以博雅六艺特色课程作为学校办学名片，着力培养"博雅学子"，在初中阶段，以"必修课程分层走班、选修课程志趣分类、特需课程定制服务"为课程建设指导思想，形成了博雅六艺校本课程体系，涉及诗、书、礼、艺、体、科等方面的60余门校本课程，努力满足学生多元个性的发展需求。

一、博雅课程内涵演进

（一）"博雅教育"核心价值体系

"博雅教育"是学校办学理念——"博雅教育、精致办学、和谐发展"的核心，围绕这一核心内容，学校形成了"博学、雅趣、敦行、致远"的校风，"博学雅趣、自信乐学、尽责奉献"的学风，"以博大的胸怀包容不足，循循善诱；以广博的学识启迪智慧，诲人不倦；以广博的思维科学思考，孜孜以求"的师风。"博学"的内涵是"胸怀广博、视野广博与学识广博"，实现方法途径是"博览群书、博闻强记与博采众长"；

“雅趣”的内涵是“举止文雅、气质优雅与情趣高雅”，从外在行为到内在气质、情趣给予定义。

（二）博雅课程内涵

博雅校本课程是学校实践博雅教育的重要组成部分。从 2009 年启动博雅校本课程（主要为拓展型及探究型课程）建设以来，学校通过项目驱动，聚焦课改瓶颈问题，以每三年一轮规划推动课程建设不断升级，经历了从无到有、从少到多、从陈杂到精致三个发展阶段（即实现了从“原生态”到“衍生态”再到“新常态”的发展）。在课程演进发展的同时，课程管理机制、学校运作机制都相应发生了变革，形成了较完整的与学校培养目标相匹配的博雅课程体系。

课程体系分为初中与小学两大阶段。在初中阶段，开展与“学校愿景”文化内涵相匹配的“文化性、体验性、探究性”博雅校本课程体系建设，形成博雅六艺课程体系。该体系集诗（现代诗创作、古诗文鉴赏、品读国学）、书（邂逅书香经典阅读、翰墨飘香、篆刻鉴赏与创作、汉字与文化）、礼（礼仪美育、人际交往、中华传统习俗、欧美习俗、生涯规划职业体验、金融创客）、艺（管乐、电钢琴、传统面塑、梦想舞台、百老汇歌舞）、体（皮艇、龙舟、攀岩、斯诺克）、科（3D 打印、电子积木、学做 App、智能机器人、影像采编播技术、微电影创作）的 60 余门课程于一体，努力满足学生多元个性的发展需求，为学生积累未来生活所需的丰富知识、积淀生活阅历常识、锻炼胆识和增长见识做好铺垫。

在小学阶段，注重激发兴趣、德行成长和习惯养成。根据小学生的身心特点和成长要求，将初中部较为成熟的博雅六艺校本课程下移“嫁接”到小学部的课程建设中，努力建构适合小学阶段的博雅“金三角”课程体系，它包括乐读（读书与习惯）、型秀（表达与表演）、创客（方法与工具）、看世界（游学与义工）四个维度，寓教于乐，帮助学生长知识、养习惯、改不足，为下阶段学习打下知识、技能、方法与思维发展的基础，积攒持续学习的动力与良好习惯。

二、博雅六艺校本课程实施

（一）课程重构——聚焦学生发展，优化学校课程蓝图

学校整合了国际上流行的STEAM课程体系和我国学生核心素养的六个维度，从人文素养、科学素养、社会实践、工具思维、艺术思维和运动技能五大方面重构博雅校本课程结构。课程内容主要围绕以下特征重新建构：问题驱动、任务合作、主动探究、实境体验、丰富经历、拓宽视野、发展思维、跨学科、多技术等。博雅六艺校本课程价值指向如图1所示。

课程重构

	五大类	价值指向
博雅六艺校本课程	阅读人生类	阅读素养、心理调适、意志品质、文化修身
	艺体技能类	艺术特长、审美情趣、运动技能、健身习惯
	社会实践类	民族认同、公民道德、规范养成、生涯规划
	工具思维类	知识拓展、学法指导、分层学习、工具学习
	科技环保类	创智谋略、创意制作、信息技术、环保可续

图1 博雅六艺校本课程价值指向

在课程内容上，学校以核心素养作为课程开发主轴，从三类课型（基础型、拓展型、研究型）出发，实现同一学科不同内容、不同课型的重构和整合。如：从基础型课程的国家部编语文教材的学习，到教师原创的《绘本乐读》的学习，再到为小伙伴选书荐理由、限时限金额购书讲统筹、小组算效益谋合作、寻觅书店海派文化、制作创意海报等拓展型课程的作业活动，从汉字溯源、中华习俗与成语故事、文化名人与文化溯源等探究项目，到校园文化阅读日、主题节邀请沪上知名作家与学生谈人生，再到亲子阅读竞赛、诗歌诵读、成语接龙比赛等，引导学生通过“阿基米德”“摩天轮阅读”“少年得到”等精品电子书库、阅读App学习，关联校内校外、线上线下资源，最大限度打破课堂、教材的限制，打通学习时空，

引导学生利用丰富的课程资源开展学习。

在课程组织形式上，充分运用校内外时空和各类教育资源做学习活动设计整合。以小学为例，将从小学会阅读、养成爱阅读的兴趣习惯作为出发点，在语文课的基础上增设以阅读课“乐读”为基底的拓展型课程，形成跨学龄段的包含低年级绘本乐读、中年级专题阅读、高年级经典品读的梯度阅读课程。在此基础上，引导学生用自己的话语讲一讲学到的内容，甚至用自己的理解演一演，由此设置第二个维度“型秀”（表达表演类课程）。“型秀”包括低年级学会讲完整的话与讲故事、中年级锻炼朗读技巧与诵读、高年级参与戏剧与形体表演。在能表达表演的基础上，引导学生学习记一记，学着记录学习的过程与成果，学会用科学方法、工具技术记录成长历程，积累学习经历，这便形成第三个维度“创客”。“创客”包括低年级巧手DIY与软件电子图文简报制作、中年级摄影摄像、高年级采编播制作与头脑OM。而将学以致用、尽己之力、服务社会、增加阅历纳入课程，便形成了第四个维度“看世界”。

此外，学校还探索不同范围和深度的跨学科课程整合实践，开发形成综合社会实践活动，如四大传统节庆习俗课程、“走中学”社会实践活动四维课程、金融创客等。以端午传统节庆习俗课程为例，语文教师讲端午诗歌、创作书法作品，美术教师绘龙旗，历史教师讲典故，道德与法治教师、地理教师论地域习俗差异，等等，端午元素被分解到不同学科，大容量、多视角开展寓教于乐的传统文化讨论，学生兴趣浓郁，每周翘首以待。学校与长风社区周边30多家企事业单位、机关、科创和新经济组织院所签约，开设融合公民教育、法治教育、心理教育、职业启蒙教育和各类调查研究方法为一体的生涯规划职业体验课程，通过理论学习、校内模拟经营超市、现场招聘和实地职业岗位体验等多个环节，触发学生对生命意义、社会责任和生活品质的感悟与深思。

（二）课堂再造——立足深度学习，创新教与学形态

课堂是重要的学习场所，学校努力探索、变革教学方式，在真实探究中培养学生的学习素养。实施超越课时和知识点的教学，探索情境化、探究式、深度学习的课堂形态，重视情境创设、知识整合、学生自主或合作建构知识的过程。

在教学内容上，学校形成了基于核心素养的主题式、项目式单元教学的理论框架和实践探索模式。例如，教师基于新课程标准，依据道德与法治课程特色，结合社会调研考察主题探究，创设组织极富华四课程特征的课堂；通过一个个专题任务探究——问题悬疑、线上线下调研论证、模拟情景角色扮演、价值判断等，将枯燥的说教融于鲜活的情境中。此外，学校对每年的爱心义卖活动做了教学升级设计，教师们围绕走廊缓冲区的模拟自营超市，策划设计了一门名为“金融创客”的实践课程，每个班级负责模拟自营超市一周的经营并将盈利用作善款。为了在这一周当好家，学生们要参与相关经济常识理论和经营管理理论的学习，并在理论学习之后开展市场调研、客户定位、商品选择、岗位分工、经营特色、营销策略等多方面的思考和安排，写出超市运行方案，在学校审议通过后才能获得运营资格。学生在这样的真实情境中尝试着通向成功的各种可能，表达能力、流程逻辑、应激反应都得到了锻炼，组织日趋周密，思路日益严谨，对规则、伦理、效益等的理解愈加深刻。

在价值特征上，一是关注真实的课堂，其关键是有助于提高学生学习成就的、有意义的学习任务，具体包括：触碰实境提出和解决真实问题，开展科学实验研究，基于文本资料的搜集研究，持续修改文本作品，团队讨论，有效表达、倾听和交流等。二是追求灵动的课堂，关键是赋予学生尽可能多的学习自主权，包含：有效设计引导问题，增强师生对话讨论互动；精心设计调控气氛，激发学生创意思维；对科目涉及的通识、公理规则、程序技术要领等应严格要求，坚守底线；对学生个体的学习进度、技能掌握、应用水平等的差异给予充分包容，创建宽松、自主、包容、同堂异质的学习环境，避免不恰当的“齐步走”“当堂清”等。此外，还形成了“计划周密、团队合作、遵守规则”的组织保障机制。

（三）评价引领——改进评价适应差异，引导每个学子持续成长

学校努力架构有意义、有价值的评价体系，“有意义的评价=多元+及时+交互”，“有价值的评价=线上+线下”。学校着力发展“互联网+”的电子评价体系，目的有三：一是关注学生在（跨）学科任务情境中提出和形成问题，发现、收集和利用信息，权衡不同方案，产生新想法或发现新途径来解决错综复杂问题的能力；二是改变关注碎片化知识和标准答案的状态，构建促进核心素养发展的过程评价体系；三是形成开放、互通、可持续的评价生态空间，实现数据共享、人际互通、评价过程与结果及时反馈等。

学校从2016年开始着手开发集资源共享、信息传递、交互评价为一体的学生综合素质成长和测评电子平台——“校内外”，并将其定义为：写实记录系统；以促进发展为导向的数据系统，通过行为分析发现教学过程中的问题，通过数据分析比照常模辅助教育智能诊断；拓展学习资料库、互动交流区，专为课程推进、教学互动、学习拓展和家校沟通而设计的App。该平台逐渐成为师生和家长的交互体验新空间。

三、博雅课程助推学校优质发展

（一）文化育人成效显著

学校德育坚持以“立德树人”为核心，促进学生健康成长。学校注重学生主动体验，诸育融合，注重公民教育、心理健康教育等与生涯规划职业体验的统整，使学生在行为规范、文明素养、社会实践等方面均取得了新的发展；在利用契机整合资源、精心设计和组织主题教育的推动下，学科教师的育德意识和班主任的育德能力有了较大提高；注重德育科研，家校社多方合作，精心策划组织，实现了从德育系列化走向德育课程化，受到了专家和同行的好评，也为提升学校德育品牌奠定了良好的基础。

（二）教学质量持续提高

在社会各界的帮助和支持下，华四全体师生直面问题、珍惜机遇、务实创新，学校“成为上海一流、国内知名的公办中学，成长为上海市新优质校、家门口的好学校”的三年规划目标基本实现。学校教学质量持续稳定提升，多年位于区初中校前列；历届初三毕业生考入市、区实验性示范性高中的比例超 55%。

（三）师资素养稳步提升

学校通过引进自培、专家引领、伙伴互助，引导教师主动发展、持续改进、务实创新，由此涌现出“长三角优秀班主任竞赛金奖班主任”“上海市十佳班主任”“上海市金爱心教师”等一批优秀教师。学校始终坚持“教学研”一体教学研究实践，以教学问题瓶颈突破、统整资源、研发实施更多元的课程为导向。学校有市、区立项课题 14 项，其中“初中学校学生艺术素质测评机制的研究”“家校合作家长督学机制研究”分别获得市优秀科研成果奖、市德育课题一等奖。

（四）课程特色愈加明显

学校基于博雅学生培养目标，聚焦核心素养培育，对国家课程进行校本化的调整、补充、拓展和整合，对博雅六艺课程内容分类进行梳理、完善，努力提升课程品质。初中部基本完成博雅六艺向中国式“STEAM”课程架构的深化转型，形成与博雅学生培养目标相匹配的完整的课程体系。同时，学校统整校内外社会资源，应对学生素质养成和中考转型，深化形成“走中学”社会实践活动四维课程（含科学实验系列、生涯规划职业体验系列、博物馆系列、英国游学系列）。

（五）办学声誉不断提升

学校坚持落实素质教育的要求，围绕学校的阶段办学目标，为各项工作制定了明确的发展目标与举措，基本完成阶段任务。办学理念的转化实践促使学校不断走向优质，获得了社会的广泛认可。学校先后荣获全国文明校园、市新优质学校、市依法办学先进校、市家庭教育示范校、市行为规范示范校等 20 余个先进称号。学校入选教育部青少年法治教育协同创新中心首批实验校，挂牌市优秀学校少年宫，区高中生义工服务基地，区青少年攀岩、皮艇项目基地校，华东师范大学多学科实习生基地学校等。学校办学总体水平跻身上海市同类学校前列，受到上海市及兄弟省市教育同行、家长和社会各界的广泛认同，影响力不断提高。

（撰稿人：眭定忠）

“向宽而行”：让视野更宽，与世界更近

浙江省温州市瓯海区外国语学校

浙江省温州市瓯海区外国语学校（以下简称瓯外）创办于2016年9月，是一所九年一贯制公办集团学校，有教学班101个。学校现有专任教师260人，其中教育硕士39人、省特级教师2名、获评市“三坛”及以上62名，各类骨干教师占比达70%。学校秉持“宽教育”哲学，秉承“向宽而行”的校训，坚持致力于培养大视野、大格局的未来社会主义建设者和接班人，坚持“让视野更宽，与世界更近”的办学理念，带领全体师生朝着现代化学校的发展方向前行。

一、顶层设计，明确立德树人落实目标

“宽教育”办学哲学，倡导的是“格局+质量”的教育。习近平总书记多次指出，培养社会主义建设者与接班人是教育的根本任务。建设者与接班人要拥有一颗中国心，扎根中国，融通国外，面向世界。面对一个不确定的世界，学校往哪儿走、教师从哪儿发力、学生的情感及品格如何塑造都需要以立德树人为根本遵循。瓯外希望通过“宽教育”的实践，找到一条立德树人的阳光之路。

（一）构建宽容的生命理念，直抵心灵深处

苏霍姆林斯基指出，每个孩子都是一个完全特殊的、独一无二的世界。我们的教育则要抛开“大一统”的标准，尊重和欣赏学生的多样性，让教育充满对生命的尊重和关怀。要把理想信念教育放在首位，培养“革

命理想高于天”的崇高追求，筑牢广大青少年思想文化根基，培养一代代社会主义合格建设者和可靠接班人。瓯外充分尊重学生的主体地位，努力培养学生的社会责任感、创新精神和实践能力。在多元的世界里，润泽一份中国心是瓯外“宽教育”的首要特征。

（二）营造宽松的人性氛围，把握人性所需

心理学研究表明，人在轻松愉悦的环境和状态下，才会产生丰富的想象，创造思维中的灵感一般是在松弛状态下出现的。瓯外以营造自由宽松愉悦的氛围，鼓励学生独立思考、积极讨论、自由探索、标新立异，让学生的思维活跃起来为宗旨。暖心的人才能爱世界，暖心的人才能向未来，暖心的人才能迸发蓬勃的生机与活力，暖心的人才是视野开阔之人。

（三）搭建宽广的课程体系，集聚大千世界

陶行知先生说提出，民主教育的教材，应从丰富中求精华，在教科书以外求东西，并且要到大自然、大社会中求得活的教材。瓯外从“宽教育”哲学和学生需求出发，用海纳百川的胸怀去整合各种各样的资源，主动地、创造性地利用一切可用资源，搭建宽广的课程生态体系，真正落实学校课程，促进学生全面发展。瓯外致力于发挥好基础课程与拓展课程的不同功用，处理好育分与育人的科学关联，走一条更加公平、更富活力、更有贡献力、更有竞争力的质量提升之路。

（四）注入宽厚的文化力量，多元群体参与

优秀的学校文化给人力量、催人进步。精神文化是学校发展的方向和核心，瓯外以制度文化建设为基本保障，以师生文化为载体，以环境文化建设为物质基础，构建学校文化体系。教师在教学实践中坚持品位高雅和大度从容，形成了善思力行、高雅大气的教风。

（五）给予宽心的教育引导，引导教育回归

真正的好老师都喜欢孩子，感到和孩子在一起是一种乐趣，相信每个孩子都能成为好人，善于跟孩子交朋友，关心孩子的快乐和悲伤，了解孩子的心灵。一直以来，瓯外的教育追求即“做学生生命中的贵人”，只有教育中有爱，才能让学生坦然和释然，才能使学生的心更宽。

二、课程推进，拓宽立德树人实施途径

（一）明晰课程目标

以立德树人为根本任务，从九年一贯制的办学实际出发，瓯外将育人目标确定为：树正气、透大气、露朝气、展才气、有志气、显灵气（见表1）。通过丰富教学资源、扶持改革实践、推广研究成果等多种手段，为学校教师的研究与实践提供咨询服务及专业支撑。

表1　学校育人目标

育人目标	核心素养	关键评价项目
树正气	责任担当	遵守规则，具备社会美德；积极锻炼，拥有健康身心
透大气	学会学习	学会学习，激发求知欲望；理性思维，掌握学习方法
露朝气	健康生活	热爱生活，养成良好习惯；乐观向上，诚心关爱他人
展才气	人文底蕴	发展才艺，形成审美品质；学会欣赏，形成高雅情趣
有志气	科学精神	家国情怀，散发书香气质；善于合作，学会与人分享
显灵气	实践创新	乐于探究，具有创新精神；勇于实践，能够独立创造

学校围绕“宽教育”办学哲学和育人目标，构建了“宽课程”课程模式。“宽课程”由六个课程体系构成，每个课程体系均指向“让每个孩子经历一百个世界”这一课程理念。根据课程结构与九年一贯制学校特征，小学课程被命名为小文人课程、小博士课程、小能人课程、小健将课程、小达人课程、小公民课程，初中课程被命名为全语言课程、全科学课程、全思维课程、全运动课程、全艺术课程、全人格课程（见图1）。

（二）落实劳动教育

好的劳动教育是好教育的基础，“五四三二一”九年一贯制劳动教育课程就是学校小公民课程和全人格课程的具体表现。

“五”即劳动教育课程五大目标，包括：以劳树德、以劳增智、以劳

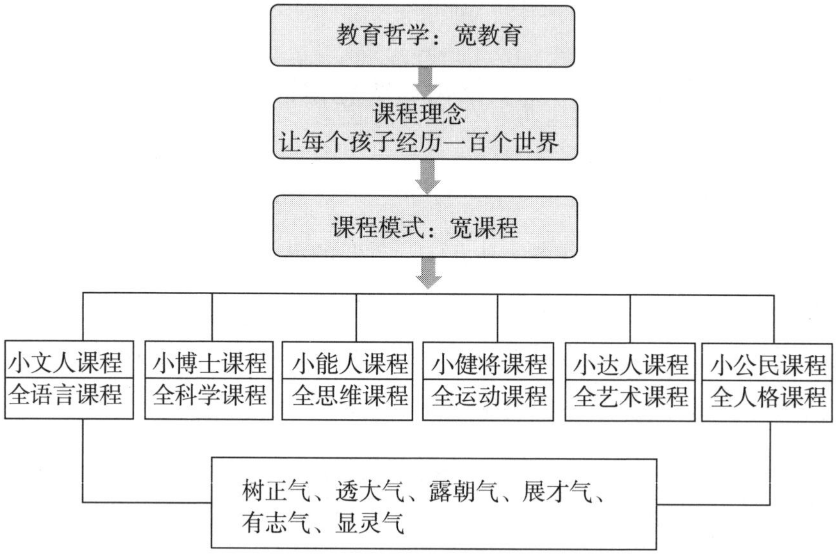

图1　学校课程结构

健体、以劳益美、以劳悦心。它们涵盖德智体美劳五育，真正实现了五育并举。

“四”即四大劳动实践基地，包括：以学校十亩地为依托的榉园乐活星球农场；以劳动启蒙、养成劳动习惯为追求的榉园家庭劳动实践岗；榉园工坊创造营，含龙舟基地、陶艺基地、冠盛车学院、烘焙和茶艺基地；榉园小当家服务岗。

“三”即三大劳动教育内容。学校将劳动教育分为三大板块，按照不同学段设置不同目标。小学低段以生活劳动教育为主，注重劳动启蒙，培养学生劳动习惯，使学生体会劳动乐趣。小学中段以传授农事、农耕的相关知识为主，进行劳动卫生、劳动安全、劳动习惯的养成教育，使学生形成劳动光荣的劳动价值观。小学高段和中学阶段则以劳动实践为主，传授劳动技能，开展劳动探究，引导学生发现并解决劳动问题。

“二”即二大课程评价体系。一是过程性评价体系，二是评定性评价体系。例如，“我是班级劳动小能手”“家庭劳动小助手”“开心农场小能手”等评选活动不以学习质量为评价标准，具体采用自评、小组评、师评等方式开展。“劳动小达人”的申报也是在个人完成学期所有活动的基础上，由教师结合开放式评价进行审核，最终形成终结性评价。此外，学生在申请其他先进荣誉的时候，也需要提交本学期的相关劳动材料。

“一”是指学校的课程理念，即“让每个孩子经历一百个世界”。学校通过开设丰富的劳动类探究性课程，创设丰富的劳作活动，带领孩子在不同领域的课程中不断成长。

三、现代治理，深化立德树人策略方式

学校是一个让人敬畏的地方，因为它是传授知识的场所，是人类文明薪火相传的通道，是教人求真、求美、求善的圣地。瓯外坚持育人先育心，让每个孩子都顺应自己发展的优势，在多元的学习场、活动场中获得成长。

（一）每天有期盼

周一“洗涤心灵日”，唱国歌、校歌，升国旗、校旗，颁奖；周二“突破日”，解决自己心理、学习、运动、交往等方面的一个难题；周三“分享日”，食堂美食、图书馆阅读会、课间微舞台异彩纷呈；周四“拓展日”，在完成学习活动基本任务后，发现更好的自己；周五“整理日”；周六“劳动日”；周日“自主日”。

学校之所以设计“每天有期盼”，目的就在于让学生有一颗爱国的红心、容人的宽心、前行的信心、坚持的恒心。每个人的生命都是一条完整的河流，每个人都是自己生命流域的唯一开拓者。学生的生命河流和教师的生命河流互相补充、交错，成就彼此的波澜壮阔，这是师生关系的最高境界。

（二）教师是保障

落实立德树人，教师是根本。瓯外坚持把教师队伍建设作为基础工

作。学校按照教师专业成长规律，对新入职教师的“规”与“范”、名优教师的引领辐射与突破提出高要求。学校制定了“新教师入职前十条法则”，即新教师必须成为有宽视野的人、熟悉育人环境的人、有规矩的人、能够自我规划的人、教学基本功扎实的人、会管理的人、具有课程意识的人、具备研究基本功的人、拥有满满正能量的人、有发现创意的人。在名优教师发展方面，瓯外实现了浙江省特级教师网络工作室、温州市名师工作站、瓯海区名师工作室、学校名师工作室四级联动与辐射。

（三）暖心是根本

学校治理的目标是走向优质，而一所优质学校应该有这样一些特质：坚定的学生立场、丰富的课程体系、浓厚的学术氛围、舒适而友好的人文氛围。这其中校长是关键。每一个教师节学校都会组织全体教师相聚，校长为每位教师准备一张“美丽心情卡”，作为请假“代课单”，使用与否由教师个人决定。一学年结束后，校长为每位教师赠送一份有个性签名的“感谢卡”，以及一个带有教师肖像的钥匙扣。2019 年的个性化书签“环环相扣”、2020 年的个性化相册“榉园印象”等都被媒体关注与宣传。如此等等，让教师感受到“向宽而行”的真正要义，体会到自己工作在一所有安全感、不媚俗、求实求真、有责任感与使命感的学校。

四、学科建设，实现立德树人跨越生长

在技术发展日新月异的当今，仅仅记住事实性知识是远远不够的，学生要开展有效的学习。“发现课”便应运而生。它让师生主动打开思想和观念大门，让学生在真实社会生活中进行社会化学习，在价值观碰撞中凝聚价值共识。

第一阶段的发现课指向活动。其目的是让学生发现校园、发现自我、发现自然、发现社会、发现更多有趣的事物。学校秉承“儿童的主体性、整体性与生活性的学习能力多元发展”原则，制定了“一个中心”“三个主题”的发现课思路，即以孩子的“自我”为中心，以“发现自我”“发

现伙伴”“发现节日”为主题，旨在培养学生的三类智慧——规整智慧、发现智慧、创新智慧。

第二阶段的发现课指向课堂。随着发现课的实施，发现课的愿景也逐渐发展与深化，学校充分利用校内的课程基地、家长与社区资源以及校外实践基地等，将课程内容与学生的经历、经验紧密结合，探索各学习领域的整体设计，实现课程内容的有效整合，进而从“小我课程”迈向“全科课程”。学校从“关注儿童、关注生活、关注学科、关注素养”的角度，为学生提供了多样化、可选择的课程，力求满足学生个体发展需要，促进学生主体性、整体性与生活性能力的多元发展。

第三阶段的发现课指向课程。这一阶段的发现课以学科结构统领学习活动，是一种独立的课程类型，有着独立的时间单元与课程目的、独特的内容体系与实施方式。它关注视野的拓展、课程的统整以及资源的共享。它致力于引导学生认识自己的学习状态，在各学科中去寻找自我、发现自我。

学校以发现课为设计方向，启动“问题速学、目标导学、沟通助学、运用创学”四步骤课堂实践，综合培养学生解决问题、协同合作、创新实践等方面的能力。“问题速学”是利用互联网开展线上学习，课前预学与问题链接会被一并呈现在教师备课环节，供教师在设计教学目标时参照。“目标导学”的学习工具是课堂的学习单，被用作学生课堂的学习目标。而“沟通助学”的学习工具是教师的教学单，依据乔哈里视窗理论，分析“问题速学”环节的数据处理，在设计学习单的同时落实课堂教学目标。“运用创学”的学习工具是师生的课堂生成。上述四步骤建立起直观的教学模型，让教育研究成为教师日常教育活动的一部分，从而帮助师生科学地提高教学与学习质量。

（撰稿人：潘春波）

“和融”：让教育更明亮

山东省临沂市第九中学

山东省临沂市第九中学（以下简称临沂九中）始建于1982年，现有本部、南昌路校区和西安路校区三个校区。其中南昌路校区位于北城新区，是市政府“名校进北城”的重点工程，共设从幼儿园、小学到初中的120个教学班；西安路校区是市政府“名校进西城”工程实质性入驻办学的第一所学校，现已达到80个教学班的规模。三个校区共有师生8800余名。经过近40年的风雨洗涤，经过几代九中人的辛勤耕耘，“和融”教育已融入学校的办学理念和教育教学实践中。学校通过“走和融发展之路，育融会行思学子，建融慧智达校园”，最终达到“和而相融，融而不同”的境界，为学生的全面发展奠基。

一、“和融”教育的选择

“和融”教育的理念源于苏联著名教育家苏霍姆林斯基提出的培养全面和谐发展之人的教育思想。“和融”更是中国文化中被广泛认同和接受的人文精神，体现了中国文化的精髓，也是中国文化完美而富生命力的体现形式。“和融”以承认事物的差异性、多样性为前提，既是中国传统文化的基本精神，也是中华民族不懈追求的理想境界。2014年教育部发布的《关于全面深化课程改革落实立德树人根本任务的意见》指出，要“着力培养学生高尚的道德情操、扎实的科学文化素质、健康的身心、良好的审美情趣，努力使学生具有中华文化底蕴、中国特色社会主义共同理想、国际视野，成为社会主义合格建设者和可靠接班人”。这就要求从各个维度构建全方位、立体化的育人体系，实现全科育人、全程育人、全员育人，培养德智体美劳全面发展的人。“和融”教育重视受教育者的内外兼修，强调内力与外势相融、内在修养与外在气质相融。

在长期的实践中，建立和谐的师生关系，塑造和谐的校园氛围，已成为临沂九中的办学方向。打造“民主平等，尊师爱生，情感交融，努力合作”的新型师生关系，交融师生情感，进行情感教学，激发学生学习兴趣，提高教育教学质量，这些都与“和融”不谋而合。临沂九中选择了“和融”，“和融”润泽了临沂九中。

二、“和融”教育的内涵

“和”。和谐——学生、教师、家长的和谐，学校、家庭、社区的和谐；和乐——创建多维发展空间，在丰富多彩的活动中，激发学生参与兴趣，促进学生健康、快乐、成功、收获，全面发展。

“融”。融合——集大成、多元开放的中西文化的融合，和而不同、追求大同的学校各项工作的融合；融汇——将多种教育元素、教育信息融入育人的场地，实现知识的融会贯通，整体提升学生学习能力、知识素养；融洽——将自然、人文、情感体验、技能融入育人的场地，实现教育主阵地的延伸，拓宽育人渠道，发挥多种教育形式的功能。

“和融”强调和合、融洽，在融洽的氛围中体现生命的和谐。其核心思想为“和而相融，融而不同”。“和融”教育就是学校力求为学生提供学习、生活、成长的乐园，给予学生快乐的学习享受；学校的每一位教师以明净的心灵、包容的胸怀、奉献的情怀融然乐教。“和融”教育主要包括三个层面：生活和融、教学和融、管理和融。生活和融是“和融”教育的基础，是指人与人之间融洽的关系，即人人要合群。教学和融，即树立帮助别人就是帮助自己的理念，鼓励师与师、师与生、生与生相互关心，在工作学习中相互帮助。学校要充分发挥集体优势，在“和融”中达成共识，达到进步。管理和融的目标是构建和谐校园的和贵、和合、和谐。学校管理的终极目标是促进人的发展，努力使管理者与教师、教师与学生、理念与行动、教学与研究、责任与能力、工作与生活等各种关系有机融合、协调发展。

三、“和融”教育的实践

（一）“和融”德育：和谐尚融助成长

培养有中国魂、世界眼光和现代意识的综合型人才是学校的育人目标。学校不断创新载体，搭建平台，以丰富“和融”内涵，立足规范、导航人生，文化浸润、涵养人生，力量融通、激扬人生，从而有效加大学生生命的厚度，拓展学生生命的宽度，也奠基学生生命的高度。

学校通过组织丰富多彩的活动，发展学生的综合素养。德育序列化，立足学生的习惯养成教育，人生观、价值观教育，职业规划教育；体育季，倡导全员参与、全面健身，让每一个学生都能选取展示自己特长的项目，体验个人竞技、集体合作带来的身心愉悦；科技季，“机器人大比拼”“航模展”“小小发明家”等活动培养学生创新精神和动手实践能力；读书季，“好书漂流”“经典诵读”“名家进校园”等活动，营造了浓郁的读书氛围，掀起了全校师生的读书热潮；艺术季，“红领巾讲红色故事”“经典咏流传”“舞台课本剧”让更多的孩子登上舞台，让每个孩子都有施展才艺的机会。通过开展形式多样的传统教育活动，礼仪教育旨在让孩子学会尊重、谦恭、遵从规范。新冠肺炎疫情期间，学生在家中学习的同时，心系国家，怀揣感恩之心，用文字抒发对“逆行者”的敬意。临沂市第二批援鄂抗疫医疗队成员李秀萍、刘相蛟等收到多封来自临沂九中学生的信，他们通过回信隔空传递力量。每年的果实课程，让学生在诚信、慎独、分享、探究、尊重并珍爱生命的体验中，提升了品德修养和综合素养。

（二）“和融”课程：和乐共融扬个性

课程体现着一所学校的特色。学校紧紧围绕课程标准和学生培养目标，逐步形成“和融”课程体系，助力学生全面发展。

一是学科教学，彰显和融价值。和融课程实施的价值就是让学生在课堂上、在不知不觉中感受和融、体验和融，形成和融的取向，并促进学科教学质量的提高。近几年来，学校以课堂为基地，以集体教研为纽带，实施课题带动科研、科研促进教学的策略，积极探索基于情境的、问题导向的自主式、合作式、探究式、体验式课堂教学，打造和融课堂。学校推动现代技术和课程教学深度融合，提升师生信息素养，不断加强教育信息化和智慧校园建设。学校被山东省教育厅评为山东省首批人工智能教育试点学校。课堂教学突出学生的主体地位，体现学生的主体作用。学生对和融的习得以及和融力的培养是由自我探求而实现的，学生不仅获得了和融的结果，还经历了和融的过程。

二是校本课程，渗透和融思想。学校制定了校本课程的总体目标，编写校本教材并实施。基于学生的发展需要，学校不断完善课程体系，为学生设置个性化课程，实现学生课程的选择性、多样化和个性化。从2014年开始，学校坚持每周三拿出半天时间，让学生按兴趣选课走班。学生根据自己的意愿，通过选课平台选择自己喜欢的课程。课程覆盖文学修养、实践与探究、才能拓展、艺体类等。选课走班，开发了孩子的智慧潜能，为其终身发展增加了可能性。学校关注学生志趣，组建各类社团，“漱玉清泉”“蒙山清泉”“艺术之家”“爱摄影”“生态沂河”“墨香九中”“3D打印”“无人机自主社团”等活跃在校园的各个角落。每个孩子都在享受这份属于自己的、独一无二的快乐天地。

三是创新发展，拓宽和融天地。为拓展学生体验的活动空间，开发与利用学生独特的生活体验，培养全面发展的中学生，充分发挥研学课程在立德树人中的重要作用，学校积极推动研学课程建设，逐步形成了参观游学、社会考察、自然观察、科学探究四大主题的研学课程。课程内容主要有社会实践、学科探究、科技研学、红色沂蒙、世界研学等。

例如，学校家委会利用寒暑假组织开展了赴日本、韩国和新加坡的国际研学课程，“航天科技创新与草原生态人文”主题研学课程，青年志愿者活动等。

（三）家校“和融”：和乐融力筑平台

一是系统建构家校合作规范化体系。家校合作在构建“全员育人、全过程育人、全方位育人”立德树人体系的过程中扮演着重要角色。学校以“家有初中生”家长沙龙为载体，创造性地推进家校合作规范化建设，发挥家校合作在立德树人中的基础性作用，构建了家长必修课、选修课和自修课相结合的，线上线下相统一的，规范化、常态化的家校合作模式，实现了家校合作的系统性、专业化、精准化，并取得了较好的成效。

二是精准实施抓住立德树人的根本点。当前，家庭教育在立德树人中的基础性作用远远没有得到发挥。国家治理现代化提出的“精准思维”，为学校走出家校合作专业性、实效性不足的困境，切实发挥家校合作对学校教育的基础性作用指明了方向。学校以“初中学校家庭教育精准化实施”作为切入点，探索构建家校合作精准化实施的理论体系和实践框架，实现了家校合作的目标、理念、内容、课程、师资及各种机制的科学化和可操作化，实现了家校合作从经验型向专业型的转变，提升了家长与教师的教育水平和效能感。

三是建立立德树人的家庭教育课程体系。学校以初中生成长规律和常见问题梳理为核心，结合初一至初三学生思想、生理与心理发展特点和家庭教育规律，确定适合每个年级家长学校的学习内容，研发了针对初中三个年级的立德树人家庭教育校本课程，实现了家长学习内容的课程化、体系化和规范化。

学校以“魅力家长进课堂”活动为载体，广泛征集家长意见，评选“魅力家长”；通过邀请家长入校担任“家长教师”，面向各年级学生开设“生活技能类”（七年级）、“常识类”（八年级）、“社会类”（九年级）校本课程，发挥家长的个性专长，拓展学生的社会视野。

家长学校规范化助力立德树人。家长学校的办学宗旨、价值取向、课程设置与实施、师资水平、教学内容与组织、效果评估等走向规范化，基本职能得到应有发挥，从而真正成为普及家庭教育知识、提高家庭教育能力进而优化家庭氛围的重要场所，成为立德树人的沃土。基于立德树人的家校合作理念在教师和家长层面得到统一，保障学生全面成长的家校合作模型初步建立。

制定和实施“教师家校合作指导能力课程培训方案”。学校结合实际，本着“关注全面，自主发展”的指导思想，邀请专家指导，研发以班主任、学科教师为对象的家校合作专业课程，系统拓展教师尤其是班主任的德育、心理学、家庭教育专业知识结构，提升其观察、倾听、理解能力以及促进学生发展所需的专业技能。其中，初级课程重在心理学、教育学、自我发展等基础内容；中级课程重在教育的专业技能；高级课程重在帮助教师梳理教育观、学生观、课程观等。打造立德树人的专业化品牌，家校合作指导队伍的专业化，使得学校较好地适应了家长群体对子女教育的复杂诉求。

四、“和融”教育的收获

通过多年的实践与总结，学校的“和融”教育理念逐渐趋于丰富和完善，使广大师生形成了植根于心的文化自觉，带动学校各项工作全面提升。学校的经验做法先后被《人民教育》、《中国教育报》、光明网等多家媒体报道，其中家校和融更是被教育部收录到《中小学德育工作指南实施手册》之中，向全国推广。学校先后获得新世纪中国特色学校、全国奥赛金牌学校、全国中小学节约型校园建设示范校、全国青少年校园足球特色学校、全国青少年校园篮球特色学校、全国青少年校园网球特色学校、全国航天特色学校、国防教育特色学校、山东省德耀齐鲁道德示范基地、山东省规范化学校、山东省首批教学示范学校、山东省教育工作先进单位、山东省素质教育实验学校、山东省校本研究先进单位、山东省创新教育研究先进单位等 100 余项殊荣，是国家、省市重大课题实验基地。

和融是一种行为，是产生正能量的行动，它作用于学校的每个老师、学生、家长。和融是一种教育理念和教育信念，它影响着学校的每个教育者。临沂九中正以和融文化为养料，在滋养学生成长的同时也涵养教师的素质，给予师生和融的力量。

（撰稿人：洪善理）

第二编 以“模式创新”提升学校德育效能

“具身德育”：皮影德育的实践探索

浙江省海宁市斜桥镇中心小学

具身德育基于具身认知理论，是使身体经验与道德认知和道德判断等心理过程相互嵌入和相互影响的过程。具身德育将抽象的道德落实到现实生活与具体情境中，让学生全身心参与其中，在实践中体悟，突出了德育过程的现实性。为贯彻党和国家新时代立德树人根本任务，浙江省海宁市斜桥镇中心小学将皮影艺术作为小学德育的载体，创新德育路径，将德育与皮影艺术有机结合，传承、挖掘、提炼皮影这一优秀非物质文化的精髓并将其融入中小学德育，以“类皮影”的形式，让学生得到感染和熏陶，将德育具体化与实践化，使德育工作真正成为学校和谐发展的增长点。学校皮影德育实施路径如图 1 所示。

一、“皮影+德育”融合目标

皮影德育是根据具身认知理论提出的将地方优秀传统文化与德育相结合的一种具身德育模式。皮影德育以皮影戏为载体，以“以演促知，以戏育德”为理念，使学生在寻戏、创戏、制戏、演戏的过程中亲身参与道德实践，将修养德性变为其自觉的意识、自身的习惯、自动的要求。

二、“事例+剧本”采集内容

创新是对皮影艺术最好的传承。皮影戏素材来源于学生生活。学生在

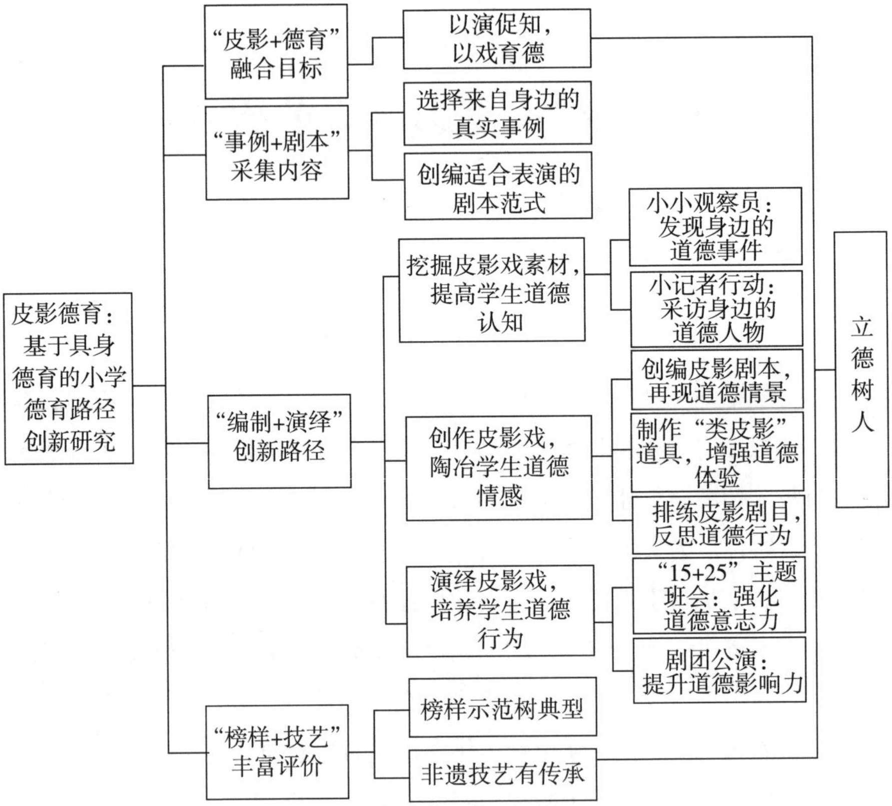

图 1　皮影德育具体实施路径

生活中寻找身边的故事，挖掘皮影戏素材的过程正是学生发现生活中道德元素的过程。

（一）选择来自身边的真实事例

为帮助学生对真实事例进行判断与筛选，学校制定"小学生道德行为标准"供学生判断事例能否入戏。标准分为"知识求真、心灵向善、个性尚美"三个维度，借助该标准，学生将自己或身边的人可以入戏的真实道德事件记录下来，在观察、思考与选择的过程中，建构自身的道德知识体系，提高自身的道德素养。

为提高实施成效，学校面向全体师生征集身边的道德故事。学校教师踊跃参与，记录了许多同事默默无闻、为学生辛勤付出的感人故事；中高年级学生积极投稿，虽然文稿尚不成熟，但都能详细地记录下他们眼中的道德故事；低年级学生以口述自己看到的事件，让父母代为记录的方式参与征集活动。

（二）创编适合表演的剧本范式

接下来，需要将收集的道德故事改编成剧本，为此学校向师生提供可供参考的剧本范式，帮助其将一个个小故事编写成一份份可以排练的剧本。剧本时长不一，短则2—3分钟，长则10分钟。对于短剧本，教师放手让学生自己改编，而长剧本则由教师辅导修改。由于学生对皮影戏知识把握不足，在前期写作中语言较为粗糙，陈述性语言较多，因此教师会结合前期的采访稿对学生进行修改指导，使对话更能表现人物特点，符合皮影戏表演规范。

三、“编制+演绎”创新路径

（一）挖掘皮影戏素材，提高学生道德认知

学生皮影戏素材源于发生在他们自己身边的真实事例，除反映传统美德的事例外，还体现了学生身上存在的问题，如劳动教育问题、手机使用问题等。此外，生活中学生感到困惑的问题，如二孩问题、亲子沟通问题也被纳入素材中。皮影戏素材的挖掘主要依托小小观察员和小记者行动全面展开。

小小观察员：发现身边的道德事件。学校启动小小观察员行动，鼓励学生人人参与，将看到的偶发事件、听到的道德故事（包括反映学生的优秀个人品质的行为、逾越底线的不良行为）通过记录与整理发展成为皮影戏素材。例如：上课时忘带了尺子，在不知所措时，眼前“飞”来一把尺子，学生便写下了《“飞”来的尺子》来记录一份友谊；吃完午饭，发现草丛里躺着一块香蕉皮，便通过《香蕉皮找家》来宣传保护环境的意识，

培养个体公德。

小记者行动：采访身边的道德人物。中高年级学生在发现道德事件后，可化身小记者，采访当事人，在了解事情的前因后果以及当事人当时的心理活动和周边人的评价后，写成采访稿记录下来。学生在采访过程中，真正走近身边榜样时，他们的切身体会与内心感触将远胜过教师说教。例如，在了解到我校金老师被评为××好人后，小记者去采访了金老师。这位同学在采访稿中写道："我真的没想到，平时如此朴素低调的金老师，竟然做了如此轰轰烈烈的好事，十几万元，对于老板来说，可能都还要考虑一下，而金老师却毫不犹豫地捐了出去。金老师说，'能真正帮到沙雅的孩子们，我觉得这点付出是值得的'。看着眼前穿着褪色外套，腰间绑着护腰托的金老师，我瞬间觉得他的身影是如此高大！"

（二）创作皮影戏，陶冶学生道德情感

皮影戏的制作过程包括剧本创作、人物形象刻画、道具制作、动作设计与说唱合成等多项步骤。皮影戏的创作过程是用皮影戏还原道德生活的过程，它借给学生"第三只眼睛"来看情景中的自己，以此陶冶道德情操。

创编皮影剧本，再现生活中的道德情景。皮影剧本的创作过程是对生活事件的再加工过程。在这个过程中，学生对前期已有的素材进行审视，重新回顾现实生活中发生的情景，并对事件进行深加工，体悟生活中的道德情景，更加深刻地认识事件背后蕴藏的道德元素。

制作"类皮影"道具，增强学生的道德体验。真正的皮影道具制作极其复杂，费时费力，因此学校采用"类皮影"的道具制作方法，即利用纸板、手偶等材料制作简单道具。学生在制作或选择道具的过程中，可根据剧本主人公的性格、品质进行区分。新冠肺炎疫情发生后，学校一年级的许同学用自己的1000元压岁钱购买鸡蛋并在家长的帮助下煮成茶叶蛋，送给卡点上的工作人员。基于这一事例，学生创作了《用茶香暖人心》的剧目。对于许同学这个人物，有的学生把他塑造成一只小白兔，因为觉得他善良；有的学生将其塑造成小猴子，因为觉得他仗义。学生在制作道具的过程中进行深度思考，在身体力行的动手制作中真切地感受人物内在情操，这些过程大大增强了学生的道德体验。

排练皮影剧目，促进学生反思道德行为。在剧本和道具准备完成后，便要开始排练剧目。人物的动作、声音是其内在性格的外化体现，在动作设计和说唱的合成中要通过不同的行为、语气语调表现出人物的不同的性格特征。学生在排练的过程中，深入思考生活原型在事件发生时的心理过程，反复体会主人公的思想情感，从而反省自身的日常行为。

（三）演绎皮影戏，培养学生道德行为

上述工作完成后，学生根据剧本排演皮影戏，进行展演。学生可以做观众，可以做演员，也可以做评委。皮影戏把学生带入戏中，体验道德情感；帮助学生联系生活，实践道德行为；教会学生发现问题，提升道德认知。

“15+25”主题班会：强化道德意志力。演绎皮影戏常用的平台是班会课。在课上，师生采用“15+25”的模式开展活动，即根据活动主题，进行 15 分钟左右的皮影表演，然后用 25 分钟针对故事表演中的问题展开深入研讨，也可以邀请故事中的人物原型进行访谈。这一过程可以简单概括为“演—看—评”。

（1）演——学生体验道德情感。德育的实效性通过其在现实生活与具体情境中的展现得到大幅提升。学生演皮影戏的过程是将自己投入进去的真正的德育过程。通过皮影表演帮助学生解决日常生活中的问题是学校德育路径之一，皮影表演给学生搭建了换位思考的平台，使学生获得了道德情感的切身体验。

（2）看——学生实践道德行为。作为皮影戏的小观众，学生可以从皮影戏中人物的行为、表现以及事态发展的结果中获取信息，通过辨析、加工与内化，将习得的行为在日常生活中反映出来，也就是在现实生活中践行道德行为。

（3）评——学生提升道德认知。让学生做皮影戏的小评委，培养学生的道德敏感性是皮影德育的另一实施途径。学生在观看完皮影戏后，对戏

中角色进行评价，发表自己的观点。学生的评价过程是对照自身行为找差距的过程，也是改正自身失范行为的过程，该过程能够提升学生的道德认知。

剧团公演：提升道德影响力。学校皮影剧团先对班级报送的皮影剧目进行筛选，然后排练，最后进行校外公演，以此扩大德育的辐射面。“送戏”不仅传送传统的经典曲目，还传送新时代的德育故事，希望借此提升道德影响力。在学校师生的共同努力下，皮影戏先后被送进乡村、城镇乃至首都北京。

（1）送皮影戏到乡村，强化自身道德内驱力。开展文化走亲、送戏下乡，可以促进地区间的优秀文化成果交流，实现区域资源共享，丰富当地百姓的精神文化生活。学校皮影剧团每年都会到乡村进行皮影戏表演，学生们在全身心投入表演的同时，深化了自身对道德的认知，增强了自身的道德内驱力。

（2）送皮影戏进城镇，提升自身道德影响力。学生创演皮影戏，通过自身的行动推动家庭和谐氛围的形成。在传统节日、重要节点，学校皮影剧团为养老服务中心、城镇兄弟学校带去讲述德育故事的皮影剧目，实现“家庭、乡镇、城市”三方联动，提升自身道德影响力。

（3）送皮影戏上北京，增强家乡文化自信力。学生排演的剧目多次参加首都北京举办的皮影戏展演，并取得全国金奖的好成绩。登上北京舞台拓宽了皮影德育的辐射面，扩大了皮影德育的影响力。在全国性的皮影文化发展过程中，与德育事件相结合的皮影戏带起了一股皮影创新风潮，增加了表演学生与观看学生对家乡文化的自信心、认同感与自豪感。

四、“榜样+技艺”丰富评价

学校对皮影德育的评价主要从“榜样示范树典型”和“非遗技艺有传承”两方面进行。

（一）榜样示范树典型

皮影德育旨在引导学生学习身边的优秀榜样，提高自身的道德认知，养成良好的道德行为。学生将收集的道德故事进行演绎传播后，经全校师生投票，每学期分别评选出“和美少年”（故事人物原型前十名）与“和美教师”进行表彰，并在学校宣传橱窗进行宣传，树立典型榜样。

（二）非遗技艺有传承

由于皮影是非物质文化遗产，而学校又是浙江省非物质文化遗产传承基地，评价的另一维度便是技艺传承。根据素材的创作、演绎水平，每学期评选出最佳故事、最佳剧本和最佳皮影小使者等，以此激发学生传承非物质文化遗产的兴趣与热情。

五、效果与影响

（一）学生方面

切实提高学生道德素养。课题实施以来，全校学生人人参与，从小小观察员、小记者到小观众、小评委、小演员，不同身份的转换使学生的道德认知得到了提升，身边的真实事例使他们的内心有了真实触动，进而反思自身的行为，学习榜样，提高自身的道德素养。

全面发展学生艺术素养。皮影创作与表演涵盖音乐、美术、文学等多方元素，皮影德育课题展开后，学生的艺术审美和创造能力得到发展。皮影剧团的 11 位成员在第二届全国少儿皮影传习成果展演活动中被评为“皮影传承小使者”，皮影造型设计班的学生也有多幅作品获奖。同时，创作和表演皮影戏增强了学生的民族自豪感与传承非物质文化遗产的责任感。

（二）教师方面

教师专业得以发展。各科教师明确分工，全程参与皮影德育的整个实践过程。参与皮影德育过程使教师的教育教学观念发生了转变，专业自主发展意识得到增强。同时，依托皮影德育课题，教师们发表了多篇论文，一项课题在浙江省立项，多项课题在市、县立项，教师的科研水平有了质的提升。有教师被评为“嘉兴市非遗传承人”，执教的《走进家乡的皮影戏》获得浙江省创新实验室课例评比优秀奖，同时也获得了“第二届全国少儿皮影传习成果展演优秀指导老师”等荣誉称号。

课程教材获得肯定。除了教学、科研外，教师们还自主开发、编写课程教材，编写的《皮影戏》教材被省教研室评为第二届“浙江省义务教育精品课程”，获浙江省义务教育综合实践活动实施材料评比三等奖，获县市级中小学优秀校本课程评选一等奖，被评为海宁市中小学精品课程。

（三）学校方面

表演传播文化。经过这几年的努力，学校皮影德育工作取得了积极的社会效益与影响。学校皮影剧团多次应邀赴杭州等地演出，如参加浙江卫视少儿频道开播文艺晚会的表演、“浙江好腔调”专场演出。此外，学校每学期都安排送戏到敬老院、幼儿园、社区、兄弟学校等，每学期都安排10场次以上。

比赛提升品质。《最美女司机》剧目分别在第二届、第三届全国少儿皮影传习成果展演活动中荣获金奖、银奖；《美猴王孙悟空》剧目在市“戏曲阅读经典”大赛中荣获“特殊表演奖”；《贪得无厌的下场》剧目在“浙江好腔调”传统戏剧展演中荣获“浙江好腔调奖”和“优秀展演奖”。学校成为“县皮影戏传承教学基地”“第一批市非物质文化遗产传承教学基地”“浙江省非物质文化遗产传承教学基地”。学校的皮影剧团被评为县首届优秀学生社团。

宣传打响品牌。同济大学、浙江工商学院、浙江财经大学东方学院、浙江传媒学院、浙江大学紫荆港校区、浙江电子科技大学、嘉兴职业技术学院等高校先后来剧团做皮影传承交流。同时，剧团的非物质文化遗产传承活动也引起了多家媒体的关注。中央电视台、凤凰卫视、东方电视台等来学校采访、拍摄。《中国文化报》、《浙江日报》、《教育信息报》、《嘉兴日报》、《南湖晚报》、《海宁日报》、人民网、华东网、海宁大潮网等十几家新闻媒体进行了专题报道。学校的皮影德育作为德育品牌在省、市、县各级各类活动中进行专题交流，已享有一定的知名度。

（撰稿人：许桂华）

“数字导行”的德育新探索

上海市普陀区中山北路第一小学

《上海市中长期教育改革和发展规划纲要（2010—2020年）》明确指出：“未来上海教育的改革和发展，要以育人为本，把‘为了每一个学生的终身发展’作为核心理念。”面对信息化时代的到来，上海市普陀区中山北路第一小学以深化“人文化校园和信息化校园”的建设为支撑，全面落实育人目标，通过制作多种多样的视频，让学生从视频中了解行为规范教育内容，使其在强烈的兴趣支配下规范自身行为举止，进而将行为规范内化为一种自觉行动意识。学校建构了崭新的教育模式，实现了多媒体网络环境下教育方式的有效变革。

一、“数字导行”德育内涵

“数字导行”是指通过数字化微视频的开发与运用，将德育与信息技术有效结合。学校以“基于数字导行，提升学生行为规范品质的实践研究”课题为抓手，围绕“星星亮晶晶，规范伴我行”主题，制作与利用“数字导行”资源，系统性地进行“情景导行、明理导行、自主导行”系列研究。

（一）整体架构，细化要求，情景导行

学校根据学生的一日生活作息，将文明习惯划分为十大礼仪好习惯、十大学习好习惯、十大生活好习惯和十大卫生好习惯，并根据小学生的年龄特点进行细化，通过动画片、漫画、图片、视频等多种形式，创设体验

情境；精心制作相关的教育视频，自编适合低年级学生心理特点的儿歌，并配以训练和检查；利用班会和十分钟队会，开展自上而下和自下而上的教育实践活动，引导学生适应新环境、新生活和新要求。

学校在实践指导中细化每一个好习惯的具体要求，如在“认真倾听”的训练中，提出了“五心”的具体要求：一要专心，无论是听老师讲课，还是听同学发言，都要听清老师或发言人说的每一句话，脑中不想其他事；二要耐心，不随便插嘴，要听完别人的话，再发表自己的意见；三要细心，当别人的发言有错时，要学会评价其发言，做到不重复他人的意见，自己的意见要建立在他人发言的基础上，或者提出新颖的想法；四要虚心，当别人提出与自己不同的意见时，要能虚心接受，边听边修正自己的观点；五要用心，在听取他人意见时不能盲从，要有选择地接受，做到“说”“听”“思”并重，相互促进。

（二）激发兴趣，循序渐进，明理导行

学校紧紧围绕“激趣、明理、导行”的制作总要求，将十大卫生好习惯、十大学习好习惯、十大礼仪好习惯和十大生活好习惯的具体内容制作成视频，并在实践中从规范入手、从细节入手，让“看与学”“做与练”“学校与家庭”同步进行，让学生在学习、实践、感悟中提高认识、激发情感、自觉实践。

一方面通过让学生自己担任主角，在示范引领中进一步明确好习惯的基本要求，另一方面通过自上而下的班会课、一年级新生入学主题教育课，自下而上的中队队会、十分钟自主队会课等渠道，丰富主题教育形式。例如，在“游戏礼让”教学中，教师首先自编适合低年级学生心理特点的儿歌——“上课铃声响”，让学生朗读感悟，并结合“老鹰捉小鸡”的游戏，组织学生体验规则。教师利用班会、午会等各种时机，通过玩“搬球”游戏，让学生知道每一种游戏都有规则，规则给社会带来了秩序和公平、安全和信任，无论在生活中，还是在学习、游戏中，小学生都要自觉地讲规则，把“不以规矩，不成方圆”的道理铭刻在心中。

（三）主题活动，实践体验，自主导行

责任教育是养成教育的基础，也是养成教育追求的价值所在，小学阶段应特别注意基于爱心的责任教育。学校开展了三个主题的系列实践体验活动：在家庭生活中体验——“我爱我家”，培养学生的家庭责任感；在少先队集体生活中体验——“我爱我校”，培养学生的集体责任感；在社会生活中体验——“我爱社区”，培养学生的社会责任感。通过“争做‘中一’小先锋，共筑五彩少年梦”系列丰富多彩的活动鼓励学生自主参与学校的管理，让每一个学生体会到为集体、为他人尽责的辛苦和甘甜，从而进一步培养和提高学生的责任意识与责任感。

二、“数字导行”德育特点与应用

“数字导行”德育模式将德育与信息技术有效结合，充分运用“数字导行”微视频资源，从信息化、生活化和人文化三个方面将“数字导行”德育落到实处。

（一）信息化——变简单重复说教为形象生动的榜样示范

学校结合信息化校园建设背景，创建“数字导行”的“德育+信息化教育”模式，将过去班主任反复说教行为规范转换为生动有趣的视频场景，通过录像、动漫、图片等表现形式开展丰富的主题教育与行为规范教育，让学生在观看、互动和体验中习得规范。情境的创设激发了学生主动学习、自主实践的积极性，有效促进了学生的自我约束和自主矫正，使其不断规范行为，养成好习惯。以“认真倾听”为例，从《熊宝宝听故事》的动画片入手，让学生明确认真倾听的重要性，激发学生的学习兴趣；接着根据学生的年龄特点，以儿歌的形式明确认真倾听的基本要求；最后用一段小视频（学生自己担任小主角）示范上课如何认真倾听，生动形象的榜样示范推动了学生行为能力的发展。

（二）生活化——变单一行为规范要求为多维综合的育人场景

通过“数字导行”微视频实施生活化育人。以小学生生活实际需求为

起点，在多维度场景的转换下培养学生良好的行为习惯，积极落实立德树人的根本任务。在“上下楼梯”的生活习惯培养上，学生通过“看与学”“做与练”，在学校中养成了上下楼梯有序走的良好习惯，并逐步延伸至公共场所的自觉行为——能做到放学后在居民楼的楼梯上靠右行走，双休日在商场的自动扶梯上扶好扶手有序站立，在乘坐公共交通工具时学会礼让，乘坐电梯时知道先出后进，在医院时不占用手术专用电梯等。可以说，学生在学校中习得的文明上下楼梯的规则意识，使其逐渐对自己的行为进行规范和约束，能从上下楼梯迁移延伸到乘坐电梯等相关联的行为的规范养成中，在学校、家庭以及社会等不同的场景中做到将规范内化于心、外化于行，做到知行合一。

（三）人文化——变“单打独斗”为“三位一体”的共育共营

校园文化环境具有强大的育人功能，学校通过物质文化熏陶人、精神文化凝聚人、制度文化规范人、行为文化塑造人，进一步加深对学生的影响。通过校园环境的打造，发挥学校文化的引领作用，促进学生行为规范的养成。文化育人，持续持久地浸润学生的心田，并伴随他们整个学习生涯。学校积极组织“大手牵小手”活动，让学生积极行动起来，同时充分整合校内外资源，积极营造人文化的校园环境，培养学生的规则意识和责任担当。

例如，在“垃圾去哪儿了”的项目化学习中，校园墙面、黑板报等宣传阵地都对学生发挥着影响作用。学生自主设计的编程游戏对垃圾分类的规则进行强化，学生通过游戏化的场景体验，在游戏中习得规范。结合“垃圾不乱扔”的微视频明理导行，学生用自己的实际行动践行正确的垃圾分类。学生不仅在校园中明理践行，还走出了校园，走向家庭并走进社区，对垃圾四分法进行宣传。通过做社区小小志愿者的机会，学生用实际行动影响了身边的人。垃圾分类的主题教育使得学生在学校用餐时能够自觉践行“光盘行动”，减少湿垃圾的产生，从开展普通的垃圾分类逐渐上升为认同低碳校园环保理念，并逐渐延伸至在家中就餐、在外就餐也要“光盘”，形成习惯。学生在自我意识支配下规范自己的行动，形成一种规范自觉。

三、“数字导行”德育成效

（一）实践升华，提升课题研究实效

“星星亮晶晶，规范伴我行”的行为规范视频为学生提供了很好的榜样。通过看视频、学视频、用视频，学生身上发生了可喜的变化。学生的行为规范不断养成，自主性和责任担当意识不断增强。在校内，学生逐渐养成轻声细语的习惯，集体活动后的操场、影院、公园再也不见往日的纸巾和纸盒；在家庭中树立自主明理的意识，自己的事情自己做；在社会中践行习得的理念，规范自己外在的行为表现，并影响身边的人，最终将行为规范内化为自身的习惯。家长也在学生行为的提升中感受到了运用“数字导行”微视频的成效。

学生的一系列变化体现了课题研究的实效性，学校也因此连续四届被评为“上海市中小学行为规范示范校”，获得“上海市文明校园”“上海市文明单位”“上海市安全文明校园”“上海市依法治校示范校”等多项荣誉。多位学生获得普陀区“学雷奖”“社区小小志愿”荣誉称号。学校的德育成效得到家长和社区的普遍肯定。

（二）共研共享，拓展课题研究宽度

近年来通过有效运用“数字导行”微视频，学校学生行为规范得到多方位提升。从 2018 年开始，“基于数字导行，提升学生行为规范品质的实践研究”课题主持人、特级校长徐梅芳带领普陀区信息团队，携手兄弟学校，将课题研究成果在区域内进行推广运用，转变教师育人方式，丰富主题教育形式，为提升小学生行为规范品质的研究贡献力量。

此外，学校不断探索深化研究成果的运用和转化。例如，2020 年新冠肺炎疫情发生后，课题组将“入学路线、保持一米线距离、测温、消毒洗手、午间用餐”等内容制作成“防疫微视频”以有效指导学生复学返校，同时将“防疫微视频”共享给区域内的多所学校用作开学指导。课题

研究不以结题为终点，而是要在新的挑战面前，转化和创新研究成果，实现研究成果的共研共享，使研究成果的运用与延伸最大化。

（三）辐射引领，达成课题研究广度

课题研究在全国和市级层面起到了辐射引领作用。学校是上海市见习教师规范化培训基地，承担了上海市郊区县班主任的培训工作，徐梅芳校长每年运用“数字导行”微视频对新上岗的教师和骨干班主任进行培训。此外，学校还承担了 50 多批来自全国各地的校长、教师团队的跟岗培训，将德育信息化的理念传递给更多学校，课题成果“数字导行”微视频在被推广到其他省市的学校进行应用后，得到了大家的一致好评。学校还承接了“世界校长日”的招待工作，学生的行为规范面貌得到了国外友人的赞誉。

今后，学校将继续以“数字导行”为载体，通过“情景导行、明理导行、自主导行”的方法，将学生的日常行为规范要求落实到学校、家庭和社会生活之中，培养讲文明、守秩序的小学生，为其成为新时代的小公民打牢根基。

（撰稿人：徐梅芳）

“率性德育”的理论与实践

吉林省长春市东北师范大学附属小学

根据“立德树人”的要求，东北师范大学附属小学校长于伟教授提出“率性教育”的办学理念，明确了“率性教育”的内涵、内容、路径、方法，并勾画了生动直观的“学校像”“教师像”“学生像”，将抽象的价值导向进一步转化为具体的工作任务和学校图景。

“率性教育”的基本内涵是“保护天性、尊重个性、培养社会性”。保护天性，即遵循儿童“性之自然趋势”，保护儿童愿意探究、愿意想象、好问、好动、爱学习、喜创造的天性；尊重个性，即要尊重学生的差异，尤其强调在课程开发、教学、教育活动等多个层面的实践中尊重学生的个性；培养社会性，即主要利用知识技能习得、行为规范养成以及价值观念形成等途径，培养学生的自主精神、合作态度、规则意识和责任观念，为学生未来成为合格公民奠定价值基础。在“率性教育”的理念下，根据教育规律、学生成长规律，以及新时期国家对德育工作的整体要求，学校进一步提出了“率性德育”，紧紧围绕“立德树人”要求，科学构建德育课程体系，创新德育路径，回归教育本真，让儿童成为儿童，力争润物无声地用国家层面的价值导向、个人层面的价值规范润泽儿童的心灵。

一、率性德育的基本内涵

（一）有过程

率性德育的“有过程”不同于速成教育与功利教育，后二者的教育过程是揠苗助长式的过程，是对儿童成长规律的无视，也是对儿童天性的戕害。率性德育提倡的“有过程”重视从学生的成长过程出发，不是追求迅速达到某种结果，而是关注德育过程的每一个细节，关注德育过程中学生自主精神、合作态度、规则意识和责任观念的培养。因此率性德育的“有过程”，不是有说教的过程、服从的过程、提要求的过程，而是有帮助学生解决思想矛盾、不断进行自我教育的过程，有在学生活动和交往中给学生多方面教育影响的过程，有对学生道德层面上的知、情、意、行的培养过程。

（二）有尊重

率性德育的“有尊重”，体现在尊重儿童道德品质发展的规律、尊重儿童个体差异、尊重儿童人格人性、尊重儿童主体性等方面，是对教育中普遍存在的追求“完美主义”倾向、“千人一面”的培养目标模式和“整齐划一”式教育观念的深度反思。“有尊重”体现在“育人观”上就是教师心里有学生，能用科学的理论和方法研究学生，理解学生所出现的行为，尊重学生的人格人性，尊重学生的成长规律与特点。尤其在对待需要特殊帮助的学生方面，教师应表现出更多的宽容、理解和尊重，不急于求成，而是静待花开，让儿童在和谐、民主的教育氛围中率性成长。

（三）有道理

“有道理”的核心是以理服人，包括从国家的道理、学校的道理到个人发展的道理。强调“有道理”就是要把学生作为整个德育过程的主人，而不是一个服从的、听话的对象，不靠权力来压制学生，不靠命令让学生服从。只有通过讲道理、摆事实说服学生，使他们明白为什么这么做，才能使他们做得自觉、持久。一个人优秀品格的真正形成要依靠自觉，知理、明理、达理才能自觉。所以，“有道理”的核心就是要以理服人，让儿童在知理、明理、达理中学会做人、学会做事，明辨是非。

二、率性德育的实施路径

（一）实践与体验

没有实践和体验，道德教育便无从谈起。率性德育所倡导的“实践”与“体验”是建立在总结前人经验的基础上，基于一种实证主义的，重视学生现实生活模拟的，促进学生道德认知发展的道德实践过程。教师在道德教育过程中更加关注学生经历“实践”“体验”而获得成长，对学生主体性表现出充分的尊重。没有实践便没有体验，没有体验就不会有成长。因此，率性德育强调学生通过各种实践性活动丰富体验，受到教育，获得经验。例如，校内的日常文明习惯养成教育注重学生的劳动实践，主题教育活动强调情感体验，志愿者活动关注公益服务体验，年内大型活动凸显学生的主体参与实践。而校外活动走向社区、走进大自然，开展社会实践项目已成为一种教育生态。

（二）对话与唤醒

没有对话就没有教育的尊重，没有唤醒就没有情感的升华。对话、唤醒在道德体验过程中是不可或缺的关键环节，充分体现了“有尊重”的率性德育基本内涵。率性德育所强调的对话目的不是劝说、说服而是阐释观点、碰撞思想，教师表明自己的道德框架，给予学生理解的时间与选择是否认同的权力。同时，率性德育的对话和唤醒，不仅存于师生间，更关注生生间的对话交流过程，强调双主体或多主体的平等交流。多年的道德教育形成了“心灵对话”模式，注重运用生活中的道德两难问题创设师生间、生生间的平等对话机会，唤醒不同角色的内心情感。以最受学生欢迎的“校节”活动为例。班主任在活动的各个环节都是通过提出问题、商讨、辩论、求同存异的方式去组织和设计，指导思想是把活动的自主权交给学生，同时又不失教师应有的指导作用，而不是教师事先设计好方案让学生被动地去执行。

（三）明辨与省思

明辨、省思是道德行为内隐与外显的转化过程，是体现“有道理”的率性德育内涵的重要环节。有了这样的思辨过程，儿童才能逐渐明白要怎么做、为什么要这么做，由他主过渡到自主。在明辨与省思的教育过程中可借鉴纽约大学拉斯（L. Raths）教授的方法来帮助学生进行辨析训练，从特定的团体经验，逐渐转移到有关学生个体的自我知识和自我觉知的一般观念。这一过程涉及几个基本因素：第一，教师必须诱发学生的态度和价值陈述；第二，教师必须无判断地、无批评地接受学生的思想感情、信念和观念；第三，教师必须向学生提出问题以及帮助他们思考自己的价值观。帮助学生辨析其价值观的基本策略是辨析反应，一般是回答一些口头提出或写在纸上的问题。比如：你认为你是从哪儿第一次产生这一想法的？在你产生这一想法之前，你经常考虑其他什么事情？每一个可选择途径的后果将会怎样？你为这一选择感到高兴吗？明辨和省思使学生对道德冲突有深入的理解和认识，进而做出道德的选择。

（四）立志与笃行

无“志”则“行”无方向，无“行”则“志”难落地。“志”包含信念、信仰、理想、目标、志向等。树立了崇高的道德理想，坚定了人生的信念，就能够在道德实践中方向明确，行动笃实。“笃行”要求言行一致，知行统一，脚踏实地。率性德育所倡导的“笃行”是在学生道德认知发展中重要的“行”的过程，这一过程需要学生将以往的道德认知转化为具体的、坚定不移的道德行动。人的思想品德不能单靠传授，要想形成道德认识，还要付诸实践和加深理解，如此才能进一步形成相应的道德行为、道德习惯。任何道德观念、道德准则，只有付诸实践，才能体现其价值。

三、实施率性德育取得的成效

在率性教育理念的引领下，学校率性德育工作取得了可喜的成绩。学校“像”的文化，反映了学校发生的变化，生动直观的“学校像”“教师像”“学生像”体现了学校将抽象的价值导向进一步转化为具体的工作任务和学校图景的德育成效。

（一）学校像：率性教育的价值体现

学校像是基于率性学校的愿景及对“儿童是科学家”“儿童是哲学家”“儿童是艺术家”“儿童是梦想家”的多学科研判而确立的。率性学校是有利于学生发展的场所，是尊重学生自身成长规律的空间。

率性学校是儿童喜欢的“漫步调自由空间”。率性学校，是能够让儿童慢下来，集中精力去思考、去探索，有一整天、一周乃至更长时间的沉思体验的学校。因此，率性学校是能够让孩子有沉思空间、探索环境和自由研究时空的地方，是儿童喜欢的“漫步调自由空间”。

率性学校是儿童兴趣发展的沃土。兴趣是儿童最好的老师。儿童喜欢绘画，用画笔通过涂鸦的方式舒畅地表达对自己、对世界的理解；儿童也喜欢游戏，通过游戏认识世界、理解世界，并在游戏中满足自己的需求，不断成熟和发展。因此，率性学校是充满涂鸦、童趣和游戏精神的地方，是儿童兴趣发展的沃土。

率性学校是儿童可以体验探究的“智慧之家”。好问与探究是儿童之天性，也是智慧之源。儿童的好问与探究是创造教育的起点。对于儿童来说，好奇与好问是自主学习发生的原点，是持续学习、持久思考的内在动力。因此，率性学校是能保护好儿童好问与探究欲望的地方，是儿童可以体验探究的智慧之家。

率性学校是儿童想象力、创造力发展的“梦工厂”。童年是想象力发展的黄金时期，想象力是创造之基。有梦想，是儿童的权力，是儿童的能力，更是儿童的价值所在。他们在梦想与现实中不断建立连接，不断成就他们自身的成长。因此，率性学校是支持孩子发现梦想、拥有梦想的地方，是促进儿童想象力、创造力发展的梦工厂。

（二）教师像：率性学校的教师定位

教师是培养人才的人才，是教育事业的第一资源，是学校发展的第一要素，是学校内涵发展、可持续发展的核心竞争力。一所学校的理念能不能弘扬，能不能转换，能不能切实指导学校的教育教学，能不能真正在学校落地生根、开花结果，关键在教师。东北师范大学附属小学树立了“四有”教师像。

有情怀——教师要“有情怀”。第一，要有志业之思，对教育事业充满热忱，立志以教书育人为己任，既要有当教育家的大情怀，也要有基于教学改革大背景，将个人追求和学校教育理念的践行结合起来的大智慧；第二，要有高尚的道德情操，不断提升自身道德素养、人文素养，焕发人格魅力，用自身的人格力量去感染、影响和教育身边的学生；第三，要有仁爱之心，热爱学生，善待家长和同事，用真、善、美影响学生，用理智的爱带动和促进学生发展。

有功夫——教师要有“真功夫”。一要深入了解学科知识，要有深厚的基础，要对知识在学科中的地位、提出的背景、研究的进程等问题不断追本溯源，寻根问底；二要有过硬的教学基本功，能够灵活运用适当的教育方式和方法，做到心中有学生，指导有实效，学生有发展；三要有匠人精神，要不断拓宽知识领域，不断改善和优化教育教学方式和方法，做精心教书、潜心育人的典范。

有风格——教师要“有风格”。不仅要完成教学的基本过程，更要走出属于自己的道路。教育教学是艺术，要让知识传承、师生交流、课堂氛围都充满艺术的韵味，要让自己的教育教学充满艺术感；教育教学是创造，同一个内容，因为师生的准备不同而时刻有着可创造的空间，要用创造之心给自己和学生“新”体验、“新”期待；教育教学也是有个人特色的，要将个人教育思想、教育艺术和个性等有机结合，形成稳定的个人教育风格。

有研究——教师要“有研究”。研究是学校立校之本，更是学校教师的发展之基。学校的研究氛围浓厚。在多年的改革发展中，学校一直重视研究在教师发展中的作用，让学习和研究变成教师自我发展的内在需要。时至今日，“有研究”已经成为学校教师的一个标志。

（三）学生像：率性学校的育人目标

培养什么样的学生是一切教育改革的出发点和归宿。面向未来，学校要培养什么样的人？率性教育源于儿童，基于儿童，为了儿童。学校从儿童视角出发，重视儿童的身心发展与需要，发掘儿童的价值与潜能，以儿童的学习和成长为取向，致力于让儿童成为儿童，让儿童以其自身发展的节奏和步骤，逐渐实现他们的率性成长。

阳光自信。这是东北师范大学附属小学的学生多年来积淀下来的显著特质，也反映了学校基于尊重儿童个性的教育思考。学校活动的组织均以自主探究为原则，充分尊重学生的个性发展，使学生对自己有明确的认知和自我肯定，坚定“我能行”的自我概念，形成阳光自信的个性品质。

好问多思。“好问多思”是基于保护儿童天性的视角提出的。学校在教育教学活动中，注重保护、激发和维持儿童好奇、好问、好探究的天性，给儿童独立思考的时间，鼓励和支持儿童进行有深度和广度的思考，培养学生好问多思的学习品质。

手脑相长。学校注重儿童经验的积累，教育教学活动的设计都是基于儿童已有经验，致力于让儿童通过具有实践性、操作性、创造性、反思性的活动，促进手脑协调统一发展，形成既能“学以致思”，更能“学以致用”的手脑相长的学习能力和健康生活技能。

友善乐群。“友善乐群”反映的是率性教育对社会性培养的关注。在小组学习、实践性学习、班级和学校活动中，学生礼貌待人、亲和沟通、善于合作、乐于交往、乐于助人、相互协作，愿意与同学共同游戏玩耍，形成了友善乐群的品质。

敢于担当。率性教育关注儿童规则意识和责任观念的培养，弥补儿童在家里和社会中担当机会的缺失，利用公益体验活动、社会实践活动、班集体活动、学科课堂教学等多种渠道，提高学生面对困难、接受挫折的勇气，迎接挑战、承担责任的能力，培养其敢担当、愿担当和能担当的责任担当意识。

（撰稿人：张婷、李颖、付静莲）

“微德育”：让德育无处不在

安徽省合肥市五十中学西校教育集团

五十中学西校教育集团在贯彻落实立德树人根本任务的过程中，创建了独具特色的微德育课程。微德育课程的开设，使学生树立了热爱自然、热爱生活的情感，建立了生命与自我、生命与他人、生命与社会、生命与自然的和谐关系，形成了健康安全、积极向上、快乐自尊的生活态度，使学生真正成为有大爱、大德、大情怀的人。

学校将“大爱教育”作为教育哲学，秉持“大爱于心、致真于行”的办学理念，并由此确定了“LOVE”课程模式。L 代表 Life，即“生命”；O 代表 Obligation，即“感激、感恩、义务、责任”；V 代表 Varieties，即“变化、多样性”；E 代表 Expansion，即“扩大的、扩展的、伸展的”。“LOVE”课程的目标为：通过有生命的、有效的特色课程的建立与实施，培养学生爱真理、求真知、做真人的品质。“LOVE”课程包含新体艺（L）、大科学（O）、全拓展（V）与微德育（E）四项子课程。其中，微德育（Effective Moral Education）即有效的情感与道德培养课程。经过学校师生的不断探索与实践，它由最初的“微讲坛、微剧场、微银行、微超市、微报社、微电台”六大微平台逐渐整合发展为微节日、微平台、微网络、微共享、微公益和微安全六大课程群。

一、聚势而为，德育工作课程化

五十中西校教育集团的微德育课程包含两层含义。一是无微不至、即时渗透的德育。学校的每一节课、每一次活动、每一个空间都时刻对学生进行无处不在的德育渗透，力争将德育生活化、常态化、细致化。德育很小、很细、很具体，看似随机随性，实为精心设计，涉及道德、思想、心理、人生观等教育的方方面面、点点滴滴。二是设立微德育平台，以全体学生为德育对象，进行德育创新，让德育不再是说教或者直接灌输，而是通过各种平台让学生产生兴趣并主动积极地参与进来，让学生不仅成为德育的受益者，更成为学校德育的管理者和参与者。

（一）传播知识、展现自我的微讲坛

五十中西校教育集团的微讲坛被师生们形容为学生版的“百家讲坛”。微讲坛的开设，旨在培养学生的核心素养，引领学生德雅双修。它是学生成长论坛活动，学生可以自主报名、自主选题。选题内容十分广泛，时事法律类、行为养成类、科学自然类、文化艺术类、成长分享类等都可以选择。微讲坛每周一定期举办。每次微讲坛开始前，学校都进行认真的安排和计划，力求使学生花最少的时间得到最多的收获。通过微讲坛活动，五十中西校教育集团努力实现“爱真理、求真知、做真人”的育人目标，增强学生的成就感和幸福感，让学生在分享中展示自我、传播知识、规范行为。

（二）直面缺点、正确引导的微剧场

微剧场让学生化身编剧、演员、创作者，每个学期排练2—3个短剧，面向全体同学进行公演。微剧场注重学生的养成教育，通过再现学习和生活中的小细节，帮助学生直面自己。教师对学生成长中出现的各种问题进行引导，帮助学生改正错误，全面提升学生的综合素质，培养其正确的人生观和价值观。

（三）多元评价、动力十足的微银行

在五十中西校教育集团的校园里，不设垃圾桶已经成为一种常态，偌大的校园里没有一个零星的垃圾，这都得益于微银行的开设运营。微银行实际上就是垃圾兑换银行。学校给每个班级发放一张存储卡，每天放学之前，学生将自己收集的垃圾以袋装形式存入微银行，每袋可换一枚印章。每月底统计班级印章数量，并进行盘点清算来兑换班级活动用品，这不仅是班级的共同财产，也是班级的重要荣誉。微银行运营以来，学生积极主动参与，学校的垃圾越来越少，校园比之前干净了很多。

（四）培养诚信、自助投币的微超市

如果说微银行是有标准的评价，那么微超市则把评价的尺子装进了学生的心里。在学校教学楼一楼的中廊，有一间售卖各种常用学习用品的超市，与一般超市不同，这间超市没有售货员也没有监视器，墙上一行红黑相间的粗体字格外醒目：“诚信，在这里，你被信任！”微超市的所有物品都是明码标价，包括套尺、笔、练习本、固体胶等在内的商品都是由学校提前垫资购买，投币箱就放在商品架的旁边，学生根据货架上的标价投币。学生购物、结账全程都是自我监督。微超市也招募了一些超市店员，他们只在放学后做每日的账目盘点，刚开始运营时微超市稍有亏损，但是后来越来越好了，达到了收支平衡，这反映出学生的诚信意识越来越强。除了设立微超市之外，学校还设立了诚信阅览室、共享书吧等，进一步让学生建立诚信观念。

（五）独具匠心、挥毫泼墨的微报社

每个学校都有校报，但是五十中西校教育集团的校报《竞帆》与众不同：不用排版软件，四个板块的配图全部由学生一笔一画地亲手绘制出来，文字也是由写字特别工整的学生一个字一个字誊抄的。每期编委会会提出创作目标，确定主题，然后向全校征集稿件，内容涉及国际大事、文化历史、校园新闻、好人好事、美文欣赏等。微报社的学生利用每周三课程活动时间一遍遍打磨自己的作品，然后交付彩印。如今，《竞帆》手绘校报成了学生展示才华、拓宽视野的一种新途径，深受广大师生喜爱。

（六）了解时事、传递讯息的微电台

同样是聚焦新鲜话题或者老话新说，学校的微电台也很火爆。微电台向全体学生招募主播，在每天下午第二节课前进行五分钟的播报。学生对微电台分板块进行资料搜集和稿件撰写。栏目主要有每日要闻、校园新鲜事、班级检查通报、好人好事表彰、安全知识传递、古诗词欣赏等，此外也会针对一些关键节点做话题播报。例如，元宵节的时候，微电台讲到了古人虽然注重吃汤圆与元宵，但是更注重添一盏灯火，因为这盏灯火可以驱散整个漫长冬季的沉闷和严寒，也能开启新一年的希望和温暖。学生自己完成稿件的撰写，再由负责老师进行审批，在这个过程中学生的能力得到大大提升。广大学生通过微电台及时了解到国家大事与学校情况，同时促进了良好行为习惯的养成。

二、触点变革，课程发展集群化

随着微德育课程的不断深入推进，仅有的微平台已不能满足学校及学生的需求。学校在牢牢把握习近平总书记“将‘立德树人’作为根本任务”的指示的同时，不断思考探索。三年来，微德育课程从最初的六大微平台逐渐整合发展为微节日、微平台、微网络、微共享、微公益和微安全六大课程群（见图1）。

（一）微节日

以学生为主体，以每月一节为依托，以各类活动为表征的精神环境和文化氛围为引导帮助中学生树立适应时代发展的核心价值观提供了有利契机。学校十二节分别为：一月诚信节、二月文明节、三月互助节、四月追思节、五月劳动节、六月毕业节、七月爱党节、八月拥军节、九月开学节、十月爱国节、十一月法治节、十二月恩情节。

（二）微平台

微银行：争做环保达人。微电台：发出孩子们自己的声音。微剧场：孩子们的专属舞台。微超市：诚信在你的拿起与放下之间。微讲坛：学生版的“百家讲坛”。微报社：全手工制作，拥有完整知识产权。

（三）微网络

在科技高度发达的今天，网络是时代的标志。各种智能终端被应用于

图 1　微德育课程群图谱

人们的生活，文字、语音、图像、视频等各种形式的信息在网络上传播，不仅简洁高效，还便于用户即时参与互动。在这样的背景下，学校借助网络发声，用好线上媒体，打造全媒体德育工作平台。

（四）微共享

“共享”，顾名思义是“大家一起用”，其本质是实现资源共享与分享。具体而言，是对大家的闲置资源进行再分配利用，提高闲置资源的使用效率。这一过程要求每个参与共享的人都能爱惜物品，保证物品能再次使用。如为保证共享书吧正常运行，学校要提前对学生进行教育，避免公共资源被私占。

（五）微公益

微公益由三个项目组成：微捐赠（献出一份爱心）、微服务（力所能及服务他人）与微传播（践行校训，传播大爱）。

（六）微安全

为使安全工作常态化、规范化，学校按照全年12个月的自然分割，赋予每月一个安全主题，把校园安全工作课程化。12个月的安排如下：一月、二月寒假安全教育，三月食品卫生安全教育，四月交通安全教育，五月防溺水教育，六月禁毒宣传，七月、八月暑假安全教育，九月入学安全教育，十月消防安全教育，十一月自救自护教育，十二月冬季安全教育。

三、集腋成裘，铸就理想精神家园

德育是素质教育的灵魂。如果没有课程，没有资源，让教师泛泛而谈，其作用不大。另外，由于学生人数众多，想要大面积开展德育活动，涉及的班级多、人员广、周期长、效率低。而微德育课程的实施，细化了德育目标，从细微处入手，探讨德育新途径，通过教育者组织的和学生自发的实践、合作、交往等活动，有效地促进了立德树人根本任务的落实。

（一）丰富多彩的德育活动

红领巾致敬祖国华诞。2019年九月开学节正值伟大祖国70周年华诞前夕，五十中学西校教育集团的学生在开学节上用胸前的红领巾组成了一面长15米、宽10米的巨幅国旗，表达对祖国母亲的祝福与热爱，此举点燃了学生的爱国情怀，使五星红旗飘扬在每位学生的心间。

“九一八事变”爆发88周年爱国主义教育系列活动。为贯彻落实习近平总书记“革命传统教育要从娃娃抓起”的指示精神，提高全体师生铭记历史、不忘国耻、实现中华民族伟大复兴的思想意识，学校利用升旗仪式、微讲坛宣讲、主题班会等形式，开展“九一八事变”爆发88周年爱国主义教育系列活动。系列活动的开展让学生深刻了解了中华民族那段苦难屈辱的历史，愤怒于日本帝国主义侵略者在中华大地上所犯下的滔天罪行，激励鼓舞学生铭记历史、不忘国耻、努力学习、奋发有为，为实现中华民族的伟大复兴不懈奋斗！

“祖国我想对您说”国庆主题活动。2019 年 9 月 30 日上午，学校举行了“祖国我想对您说”国庆主题活动。学生们纷纷走出教室，走向印有中国地图的展板前，贴上写有自己对祖国母亲祝福的贴纸。一排排整齐的文字，书写的是爱国爱党的火热情怀，传递的是学生对于祖国的美好祝福与期许，展现的是西校学子奋发进取的精神风貌。全校师生深深体会到了作为炎黄子孙的自豪感与使命感。

国庆节演讲比赛。在国庆节演讲比赛中，学生结合自身的经历和感受，或讲述中国从历经磨难到现在繁荣强盛的华丽巨变，或歌颂祖国 70 年来取得的辉煌成就，或表达对祖国的无限热爱和身为中国人的无比自豪，或表示要为祖国的强大而努力奋斗，等等。学生表示将更加热爱我们的祖国，用扎实的科学知识与一颗火热的心去谱写祖国未来的华彩乐章！

（二）多管齐下的育人途径

2019 年正式成立的中学生模拟政协，让学生了解了我国的政治制度，体会到政治协商会议中的民主性和科学性。学生通过参与模拟政协活动，提升了社会责任感、公民意识和参与意识，并纷纷参与到学校的管理中来，为学校的发展出谋划策，同时也在模拟政协调研中学习了各种知识，锻炼了自身能力。

五十中学西校教育集团通过渗透思政因素的“大思政课程”、触动学生心灵的“微德育课程”、促进教师专业化发展的“青训工程”等一系列育人途径，坚持“不忘初心、牢记使命”，发扬“大爱于心、致真于行”的理念，不断创新，屡获佳绩，受到了社会与家长的一致肯定，并在 2019 年获得“全省教育系统先进集体”的光荣称号。

如今，微德育课程已经在五十中学西校教育集团得到了生活化、常态化、细致化的实施，学生的思想道德品质也由此得到了显著提高：校园里不文明的行为和语言减少了；校园环境更加洁净了，乱扔垃圾现象基本得到了遏制；助人为乐、拾金不昧屡见不鲜；学生积极参加公益活动和社会实践；等等。对于五十中学西校教育集团的学生而言，他们正在通过捕捉身边的“微现象”，预防生活中的“微问题”，获得成长中的“微体验”，并在此过程中，逐步让健全人格成为生命的本色，让诚信友善成为人生的自觉，让追求卓越成为永恒的志向。

（撰稿人：吴玲玲）

基于“一带一路”主题的国际理解教育

浙江省杭州市南肖埠小学

在全球化时代和贯彻“一带一路”倡议的背景下，如何着眼于国际化主动探索国际理解教育成为当代中小学教育的重要主题之一。南肖埠小学在推进国际理解教育的多年实践中，形成了“课程创生、空间突围、云梯搭建”三大路径，通过开发实施多层多类课程、营造国际理解教育特色环境、驱动教师自主发展等策略，探索开展极具特色的国际理解教育主题活动，拓宽学生的国际视野与文化理解，形成了中小学实施国际理解教育的新样态、新思路与新局面，为探索国际理解教育的行动路径提供了启示。

一、南肖埠小学百年历程与“一带一路”倡议的关系

南肖埠小学是一所办学历史悠久、办学特色鲜明的江干区属公办小学，其前身可追溯至成立于清宣统二年（1910 年）的东郊学塾，至今已有 111 年办学历史。2013 年加入凯旋教育集团时，南肖埠小学以国际象棋为基础进行国际理解课程建设，逐步构建起学校国际教育体系。2013 年杭州国际化步伐明显加快，新签约两座国际友好城市，出台了各项政策推进以杭州为主体的中外教育、科技、艺术、商务等领域的交流合作，例如《杭州市推进教育国际化行动计划》《杭州市加快推进城市国际化行动纲要（2015—2017 年）》等，这为南肖埠小学开展国际理解教育提供了政策基础。

习近平总书记在党的十九大报告中强调，要推动形成全面开放新格

局，“以‘一带一路’建设为重点，坚持引进来和走出去并重”、“一带一路”的丝路精神和学校“培养具有国际视野的现代中国公民”的目标不谋而合，因而学校借丝绸之路的特殊历史地位，将国际理解教育整合进学校教育体系中，通过课程开发、环境创设与师资队伍建设为国际理解教育的实践提供多样途径。

二、课程创生：开发实施多层多类课程

学校着眼于未来世界的发展形势与需求，倡导融通中外、畅行世界的具备全球胜任力的未来人才培养，在已有国际象棋特色基础上，主动探索国际理解教育。2015 年，经杭州市江干区教育局牵线搭桥，在华东师范大学基础教育改革与发展研究所的引领下，南肖埠小学系统设计开发了“丝路春雨”拓展性课程；2017 年以来，南肖埠小学基于综合实践活动课程整合开发了“快乐考察日”等系列活动课程，基于国家学科课程开发了“我与世界”专题课程。学校不断优化国际理解课程，已进入学科整合渗透的“3.0”新阶段。学校以“3I”核心素养——“自我理解素养”（Identity）、“沟通合作素养”（Interpersonal）与“跨文化理解素养”（Interculture）为课程目标，积极进行国际理解教育多层多类课程的创生与实施。

（一）理解世界：开发实施专题课程

学校在整合语文、数学、英语、科学、艺术、道德与法治、综合实践活动等国家课程内容的基础上，开发了《我与世界》一套三册国际理解教育专题读本。读本设置了四大板块——自然地理世界、社会生活世界、文化艺术世界、历史文明世界，下设 40 个主题。《我与世界》是国内中小学较早开发的学科渗透型国际理解教育的专题课程教材，旨在让学生了解多元文化、全球问题等国际背景知识。此外，学校开发了“丝路春雨”课程，将“一带一路”的历史、沿线国家的文化等丰富资源引入课程，通过课程知识的整合，使学生形成正确认知世界、连接世界的知识经验。

（二）开阔视野：创设实施活动课程

多年来，学校先后开设了40多门拓展性社团活动课程，分校级、年级两级实施。其中年级课程在周五下午集中推出，校级课程在周二至周五分别推出，两类课程分别定位于“普及”和“提高”，以期满足学生的选择性需求。其中，“走向世界”“国际礼仪”等校级课程致力于凸显学校国际理解教育特色，通过世界文化教育与国际礼仪教育活动，让学生了解多元文化；“儿童快乐足球”“丝路星空”“能力风暴——Wear机器人”“情趣书法”等年级课程通过游戏活动，力求培育学生的国际视野，为他们将来参与国际竞争与合作打下扎实基础。

（三）体验丝路：探索实施综合实践活动课程

学校将原有的“品德+”大德育课程、“丝路春雨”国际理解教育课程、“研学旅行”课程进行整合，纳入“南小娃儿西游记”课程，努力让学生走出校门，走出城门，走出国门。“南小娃儿西游记”课程以“一带一路”倡议为线索，引导学生以“一班一国”为载体，了解对应国家的政治、经济与文化，努力提升对“一带一路”沿线国家的跨文化理解能力。

三、空间突围：营造国际理解教育特色环境

空间的设计会影响到身临其境者的认知与情感体验，国际理解教育不能仅仅停留在知识教学和活动上，还需要通过环境的创设，让学生浸润在国际理解教育的特色环境中。作为一所中心城区小学，南肖埠小学利用有限的物质空间，开辟虚拟空间，以此形成国际理解教育环境。

（一）世界文化大观园：班级环境建设

班级是学生学习的主要空间，班级环境建设能够加深学生对“一带一路”沿线国家文化的理解。学校每个班级“认领”一个国家或地区的历史文化，进行深入挖掘，并以黑板报、学习小报的形式分享研究成果，使学生漫步校园时仿佛进入了世界文化大观园。各班级之间进行定期交流探

讨，形成“南小娃儿西游记”“南小娃儿的模拟联合国”等特色空间项目。

（二）丝绸之路 3D 地图：校园环境建设

学校对校园空间进行整体设计改造，将不同国家的文化风俗融入校园建设中。学校将“一带一路”沿线国家进行分类并概括出三条路线，学生按照低、中、高年级段各“认领”一条路线，之后每个班级在组内路线上选择一个国家，对其文化、饮食、服饰、风土人情等进行探究，再现该国的真实情况；开展“一千零一夜”活动，让学生聆听丝路故事，探索相关的人物故事，并表演丝路故事；通过“一个红石榴的旅程”，让学生体验西市买卖，探索丝绸之路上的贸易往来，品尝丝路美食。通过丝绸之路 3D 地图设计，让学生对丝绸之路有直观的体验，理解丝绸之路的历史文化。

（三）国际理解教育信息化：网络环境建设

学校主动以网络信息化手段开启虚拟空间，实现“空间突围”。学校以泛在网络、智慧教室和数字资源为基础，突破校园围墙的限制，拓宽学生认知和实践的边界，运用信息化、网络化、智能化手段让课堂与世界，学生与资源、与他人、与世界获得必要而充分的连接，以连接培育智慧。在信息化时代，互联网的运用能够让学生突破学校地理空间，成长为具有批判思维的世界公民。

四、云梯搭建：驱动教师自主发展

一所学校最核心的教育力量是教师。学校基于国际理解教育，积极打造党员教育、干部培养、教师研修三位一体的特色化教师发展品牌——步云师院，帮助学校教师队伍快速成长，形成国际理解教育的重要支持力量。

（一）评选“最美教师”，强化师德师风

学校对照“四有”好教师标准，深入推进“清廉教育”“清廉学校”

建设，以“寻访南小最美教师”为抓手，挖掘和培育典型人物、典型细节、典型经验，选树榜样，构建南肖埠小学教师文化，全方位树立南肖埠小学教师美好形象。

（二）构建“五心课程”，赋能专业发展

精心设计师训项目“国际视野下基于学习科学的教学改进 24 学时培训”，以“五心课程”整体框架为指导，优化师训内容结构。“五心”具体可阐述为：爱心——职业感悟和师德修养；诚心——学校文化和团队精神；慧心——教育艺术和管理技巧；匠心——实践技能和科研素养；童心——情趣特长和儿童心理。此外，学校创设微步加油站、新步管理课、逸步分享会、云步大讲坛等不同载体，融合报告讲座、课堂问诊、师徒结对、跟踪指导、网络研修等多种形式，分层分类分龄精准研修，实现教师专业能力的提升。

（三）建立“学分银行”，驱动自主发展

在运用“互联网+校本研修”实施线上线下相结合的 O2O 研修过程中，学校不断完善教师研修的督导考评制度，将教师学习态度、学习积分、学习成效与综合考评相结合，整合原有“基础性积分、选择性积分”评价制度，尝试建立虚拟“学分银行”，探索实施“积分兑换”，激发教师主动参与研修、力求精进的内驱力。同时，学校进一步加强校级骨干、校级名师培养，优化骨干教师梯队，激活“百步穿杨社”，定期开展活动，唤醒资深教师的职业幸福感。

五、主题探索：“南小娃儿西游记”

基于人类命运共同体建设的“一带一路”倡议，对学校而言具有非常重要的课程价值。南肖埠小学紧紧围绕“一带一路”倡议，以“和平合作、开放包容、互学互鉴、互利共赢”的丝路精神为引领，聚焦“一带一路”沿线国家的历史文化，实施“南小娃儿西游记”主题活动，通过对

“一带一路”沿线国家文化的学习比较与体验理解，培养学生的中国心、民族魂、世界眼。

（一）活动目标

经济合作与发展组织（OECD）提出了新实践全球素养的四大维度：具备关于世界和他文化的知识；理解世界并采取行动的技能；开放的态度，对不同文化背景的人的尊重以及全球化思维方式；对人类尊严和多元性的价值认同。借鉴这四大维度，学校将“比较、理解、开放、认同”定为活动主题，并将活动目标设定为：了解“一带一路”沿线主要国家的地理位置、历史文化知识；初步认识海上丝绸之路和陆上丝绸之路；通过活动体验当地风土人情，拓展学生的国际视野，培育比较、理解、开放、认同的思维品质。

（二）活动设计

活动对象：南肖埠小学全体师生、家长，区“种子教师”与长三角国际理解教育联盟。

活动整体思路：营造活动氛围，从“比较、理解、开放、认同”四个层面设计主题活动。按照“一班一国（地区）”原则，以海上丝绸之路和陆上丝绸之路为线索将班级代表的国家连接起来，以班级为单位聚焦学习一个国家或地区的风土人情与历史文化。

（三）活动实施

学校从环境改造与特色活动两方面开展国际理解教育之“南小娃儿西游记”主题活动。

1. 环境营造

要让“南小娃儿西游记”主题活动真正落地，学校首先要进行校园环境的打造：从校园到主题走廊，再到孩子们生活的教室，由远及近，全方位营造“一带一路”情境（见图 1）。

精心架构丝路地图楼宇文化。在教学楼前设计制作展示沿线国家地理位置以及相对应班级的丝路版图，让全体师生对“南小娃儿西游记”有一

图 1　“一带一路”环境营造路线

个整体了解。

打造海、陆丝绸之路走廊文化。学校德育走廊按照主题，分别设计以蔚蓝海洋为底色的海上丝绸之路图案与从绿洲到沙漠再到绿洲颜色渐变的陆上丝绸之路图案。同时，以火车和飞机为载体制作南小娃儿的西游图片。

设计“一班一国”教室外墙文化。各班教室外墙为展示区域，按照“一班一国（地区）”的形式进行主题内容的展示和分享。

2. 特色活动

学校围绕“比较、理解、开放、认同”四大主题设置特色活动，具体包含艺术节活动、仪式教育、模拟活动、闯关游戏等。

艺术节活动——比较各国文化。以“丝路春雨”为主题，让学生通过参观学习各个班级丝路特色墙面展与表演带有丝路特色的艺术节目，比较各国文化的异同。

仪式教育——融合理解文化。举办以“共沐丝路春雨，传承中华文化”为主题的开学典礼，学校大门口以红包墙的形式开展“丝路小知识竞赛”和“走好每一步”的集校训活动，帮助学生理解各国文化。

模拟活动——国际开放视野。以班级为单位进行展示，24 个班级代表 24 个丝绸之路上的国家或地区，让学生通过服装、国旗、口号、表演等展示他们了解到的丝路文化和特色，培养学生的开放态度。

闯关游戏——增强文化认同。以“丝路寻宝，南小芽儿齐跨年”为主题开展相应的闯关活动。在活动中呈现多元文化的魅力，增强学生对文化的价值认同。

总结提升——走进场馆。开展“南小芽儿探寻丝路奇迹”的活动。

多年来，南肖埠小学深耕学科渗透型国际理解教育，构建了有深度的课程体系，打造了有广度的校园空间，培养了有响度的师资队伍，探索了有特色、有成效的主题活动。学生们体验到从“世界是平的”到“世界是通的”的全球互联，拓展了从“思考世界”到“从世界思考”的全球共生，深化了从“各美其美”到“美美与共”的文化共鸣。南肖埠小学作为一所历史悠久的公办小规模学校，在创设呼应“一带一路”倡议的特色国际理解教育体系的过程中，不断呈现出新样态、新思路、新局面，先后被评为浙江省“千校结好特色学校”、杭州市教育国际化示范校、杭州市国际理解教育特色品牌，成为中小学校国际理解教育的示范窗口，为同样面临转型困境、校园规模小与培养目标宏大的矛盾，亟须在“一带一路”背景下革新教育理念的学校开展国际理解教育提供了可资借鉴的路径。

（撰稿人：林霞）

追寻“根文化”：国学教育的实践路径

广东省珠海市珠海容闳学校

秉承“绿色教育”的办学理念，珠海容闳学校始终坚持围绕孩子终身发展需要设置课程，用心理课程（呵护生命）与国学课程（礼敬生命）这“双手”助力学子学业达成，使学生成为一个有根魂筑底、格局人生、智能未来的人。新时代，结合立德树人的根本任务和育人目标，珠海容闳学校对课程进行了整体规划，以国学教育为例，形成了“普适浸养课程”“阶段浸润课程”“视觉浸泡课程”相辅相成的立体育人体系和民主共创的学生评价生态机制，以推动国学教育学科课程全覆盖、教学环节全覆盖、教育人群全覆盖，探索和建立起国学教育可持续发展的长效机制。

一、普适浸养课程

普适浸养课程着力打造整体的国学氛围，让全体师生、家长浸润其中，使之在体验中感悟生命之源、教育之源、文化之源、文字之源等，进而自觉追寻“根文化”，养其品行和品位。该课程体系主要包括一书、两礼、三餐、四课、五节和六艺。

（一）一书

学校以“立德树人”为国学教育根本目标，遵循学生的认知规律及经典学习次第，规定一至九年级，每学年诵读一本经典书籍。学校期望以这种方式引导学生研讨明理、内察自省，从而使学生将古人智慧应用至日常生活，达到知行合一。具体要求是：每班每周安排一节国学课，每天早晨全体学生诵读经典，沉淀积累，熟读成诵，使学生在点滴积累间将其融入身心。由此，学校建立起一个学段（小学、初中）通读一本经典书籍、一个学年段讲读一本经典书籍和一个学年诵读一本经典书籍的“一书”课程体系。

“一书”课程体系包括通读课程、讲读课程和诵读课程。通读课程包括《弟子规》《大学》，要求全体教职工熟读成诵、明理导行。学校每年协同工会，组织一次全校教职工国学会操。讲读课程依学年段而定：小学低段、中段和高段分别学习《弟子规》《礼记（节选）》《孝经》，初中一、二、三年级分别学习《大学》《论语》《老子》，要求学生课堂明义、研讨明理、内察自省、知行合一。诵读课程具体到每一年级，要求学生在一到九年级分别研习《弟子规》《三字经》《千字文》《礼记（节选）》《孝经》《孟子》《大学》《论语》《老子》，在晨读时熟读成诵。

（二）两礼

1. 入学礼

在每个新学年开学之初，为所有新入学的学生（一年级、七年级新生及其他年级插班生）举行隆重的入学礼、开笔礼。全体新生身着礼服，敬拜先师、朱砂开智、描红开笔、击鼓明志，洗礼身心的入学仪式为学生今后的学习奠定了基调。

2. 出学礼

学校为六年级和九年级毕业生举行隆重的出学礼。在学生毕业之际，学校会播放毕业生在校成长的画面（重要活动），毕业生则会表演手语舞《谢谢你》，感谢老师的谆谆教诲之恩。除此之外，全体毕业生还会向恩师献花，行谢师礼，并向学校赠送纪念物件。最后，学弟学妹在道路两旁欢送毕业生步入“起航门”，祝福他们开启人生新征途。

（三）三餐

1. “晨诵时光”——读经典悟道

全校同学晨读国学经典 10 分钟，或以吟诵的方式诵读经典，在诵读经典中悟道、论道。每至年末以加试或国学会操等形式进行评价。

2. “午书时刻”——写汉字做人

每日中午跟随教师及书法教学录像练字 10 分钟，通过练字立人品、调习性，在书写一撇一捺间学会做人。学校通过“中华·文字·瀚”百人书法大赛和回馈社会的“喜迎新春送春联”活动搭建展示书法成果的舞台。

3. “暮省时分”——思善念成长

每人一本“暮省本”，每天晚上在雅乐中思考记录，反省一天之中学习的对错得失及言行举止的不足之处，“日行一善”，以修身养性、完善自我。班主任每学期至少组织两次班内的互相观摩及评价，在国学会操中进行展示。

（四）四课

通过学科课、班会课、体验课、生活课等系列课程实现国学教育学科课程全覆盖、教学环节全覆盖、教育人群全覆盖，促进国学教育进校园、进课堂、进大脑，促进国学教育与生活、与自然、与教育、与学生身心发展特点相结合，从而提升国学教育的针对性和实效性，探索和建立国学教育可持续发展的长效机制，把国学教育思想转化为全体教师的积极行动，让每一个学习者拥有中国式的思维方式、行为方式和生活方式。

1. 学科课（知）

各科教师运用中国传统教育教学中富有成效的方式方法开展教学，同时在教学内容中渗透中华优秀传统文化的基本知识和基本要素，让学生学习和运用中华传统智慧来解决现实问题，理解中华文化精神的内涵。

2. 班会课（德）

结合学生身心发展阶段的特点，围绕“孝、悌、忠、信、礼、义、廉、耻”等展开教学，让学生体悟到中华优秀传统道德观念的合理性与重要性。

3. 体验课（行）

让学生在参与、体验中切身感受中华优秀传统文化对自身生命成长的滋养，从中领悟中华优秀传统文化的独特魅力，激发传承文化的责任意识。

4. 生活课（用）

设计与模仿现实生活中的种种场景，引导学生把有关修身、齐家、立功、立言、治学、治国等的传统思想化为思维方式、行为方式和生活方式，从中体验如何在生活中做一个有根的中国人。

国学进课堂要在行政力量推进下实现常态化，在计划中体现，在常规课堂中落实。学校开展“国学四课”观摩展评活动，以研为主，打造国学特色课，评选国学“名课”和“明师”。

（五）五节

所谓“五节”，是从中华传统节日中挑选具有代表性的五个节日——元宵节、清明节、端午节、中秋节、先师节作为课程内容，以“我们的节日”为主题，精心设计符合各个节日特点的活动，让学生于在校期间把重要节日的活动经历一遍，从节日文化中认识人类之源、文化之源和教育之源，在活动体验中体悟中华传统文化的博大精深，从而增进他们对中华传统文化的认同感，增强作为炎黄子孙的自豪感和使命感。

（六）六艺

在中华传统“六艺”课程——礼、乐、射、御、书、数的基础上，学校据其古义，择其精华，结合实际，巧妙今用，使学生在领略中华优秀传统文化魅力的同时培养起当今社会所需的基本能力。

“六艺”的课程体系以“礼”为先，将“礼”的课程融入两礼及五节中，以礼仪作为学生最基本的道德实践，以礼修德，培养学生的价值观念和责任意识。“乐”的课程由吟诵入手，并与古琴、古筝、编钟、二胡、笛、箫等民族乐器的学习相融合，提升学生的艺术修养。“射”在今天可诠释为项目竞技之道和技能培养，知行合一、学以致用。“御”在今天可诠释为领导力、自信心、自律性和团队合作精神。在当前的语境下“书”的外延可扩大为人文科学，辅之以选修课的专业书法训练和“午书时刻”

的通用书法练习。从《易经》《河图洛书》等中寻找与“数”相关的内容，有机融入常规数学课，扩大学生对“数”的认知范围，培养他们对自然科学和科技的创新探索精神。

二、阶段浸润课程

国学教育是品性的教育，是成人的教育。因循学生成长规律，凸显学生成长阶段化，学校建构了“乐以养性”“礼以养正”“孝以养品”“仁以养德”“辨以养智”“恩以养责”的课程体系，分别施教于不同学年段，并编制了独具特色的校本教材（见图 1）。这个体系以“德行教育”（采用信息化的动态评价手段）为核心，润化于学生的生活、实践和活动中，由年级组具体细化执行，形成级本课程特色。

图 1　珠海容闳学校校本教材

（一）乐以养性

采用学生喜闻乐见的“诗乐课程”，以“吟诵”为突破口，逐渐把古琴等民族乐器引进课堂，激发他们热爱国学、向慕传统的人文情怀，塑造优良品性、培养高雅情趣、怡养君子之风、熏陶淑女气质，使他们迈进传统文化的大门。

一年级以“乐”为主线，以“自然之乐”“童真之乐”“读书之乐”

“亲情之乐”“友情之乐”“仁爱之乐”为主要载体，着力兴趣激发。二年级以“性”为主线，以“怡养天性”“培养德性”“长养慧性”“涵养定性”“滋养灵性”“展养个性”为主要内容，着力必备品质提升。

（二）礼以养正

从“礼”着手，以养正之功，启蒙教子。在童蒙时期，通过家庭、学校的礼节教育，教导孩子习得生活中各种场合的合宜礼节，从生活中最平凡的仪规学习开始，最终成就圣贤人格，即正思、正言、正行、正见。依托《礼记》等国学经典，按照“明礼篇”“主敬篇”“礼让篇”“礼爱篇”“交友篇”“礼节篇”六个部分安排国学教育课程。按照“正思篇”“正见篇”“正言篇”“正行篇”“敬业篇”“乐群篇”六个主题单元择经典片段学习。

以晨会、班会、国学课、家长会为主阵地，循序渐进设计“礼”主题活动，如“礼在课堂”“礼在餐厅”“礼在家庭”“礼在交往”“感恩父母礼”“我是礼仪示范生”等。

（三）孝以养品

“孝”是中华民族传统美德，孝敬父母则是礼仪之根本。针对小学高年段学生的基本特征，学校注重激发学生对生命的认识，对孝道的践行和感悟，对自身的品格修养和生命价值的追求，以“总论”“孝亲”“孝治”“圣治”“孝道”“孝养”六个主题引导学生识孝、行孝、敬孝，传承孝道文化，并从“仁爱”“道义”“守礼”“勤勉”“磨砺”“爱国”六个方面引导学生培养品德、锻炼品行、涵养品性、形成品格。

（四）仁以养德

七年级是初中的起始年级，也是中小衔接的重要阶段，学生良好的学习习惯和浓厚的学习兴趣将对整个初中学习产生重大的影响。为此，学校从“仁者爱人”“立志”“八德”“知行”“修身”“交友”六个方面，正面引领学生道德精神成长。通过演讲活动让学生从先哲的光辉思想中汲取人生智慧，激发生命内在自觉，唤醒潜在能量，从而获得人格的提升。此外，学校还组织了全体师生“寻先师足迹，探儒学之源”的曲阜一周研学活动，开展没有围墙的教育实践，让学子叩响儒学之门，践行儒家思想，以必修课形式完成“传统文化课程”“综合实践课程”“常规文化课程”。

（五）辨以养智

八年级学生正处于思维迅速深化发展、内心矛盾剧烈变化的青春时期，提升其判断善恶是非的能力十分必要。“辨以养智”课程引领学生明是非（“明辨是非”）、辨善恶（“隐恶扬善”）、知美丑（“尽善尽美”），帮助学生树立人生目标和明辨是非，呵护与引导学生健康、茁壮成长。此外，学校还设置了“读书心法”“教育之道”“中庸之道”等教学内容，并通过课堂辩论赛引领学生开启心智，把握规律，规范自己的行为。

（六）恩以养责

九年级学生面临着人生第一次重要的抉择，学校要引导学生直面人生的选择，激发学生冲击更高平台的奋斗精神，同时还要让学生时时怀着感恩之心，教育他们学会如何回报老师、回报父母、回报社会以及回报人生。以“恩以养责”为指导思想，从父母的恩情（分为“百善孝为先”“知恩反哺”）、同学的情谊（“君子之交”“感恩图报”）与自然的和谐（“道法自然”“民胞物与”）三个方面来开展教学，突出感恩的主题。学校每年举行感恩教师活动，组织学生制作三代家谱，举行毕业生出学礼，这些活动都为助力学生获得成功、满怀信心地奔向新的学习领域奠定了基础。

三、视觉浸泡课程

天地有大美而不言，教育有大美而无痕。外设环境，让学生生在美中、长在美中，让生命个体不缺乏美的体验，以美化心、以美立德；内设机制，让学生崇尚积极力量，让生命个体崇尚美的秩序，以美自量、以美自正。教育空间设计是教育理念落地必不可少的一部分。如何通过课程将周边资源与学校内部环境进行有效连接，创建建筑、人与教育的生态关系，使三者组成一个和谐的能量场，是教育工作者必须要思考的。

（一）风格

学校门第参照历史上将军府宅的规格营造，由外观望，青山、绿水、白墙、黛瓦是其主要特征，在质朴中透着清秀。整座庭院集徽派建筑与苏州园林建筑特色于一体，内设高端现代化教学设备，可谓古建筑艺术与现代美学的完美呈现。

（二）建筑

教学区由三个院落组成，每个年级一个院落，层层递进。一号院落取名为“澄心阁”，意指初一孩子初入学堂，静心澄意，定能生慧。二号院落取名为“践行阁”，意为知行合一，强调实践精神。这里设有誓坛，学生可在此进行集会、演讲、社团展示，入阁登坛，自由争鸣。三号院取名为“博雅阁”，“博雅”有素质教育的意思，与国家素质教育目标相契合。这里设有“龙凤照壁”，期望孩子们知书达理、学兼中西，暗含着家长望子成龙、望女成凤的期许。

（三）装饰

1. 楹联

漫步校园，无论是教室回廊，还是亭台楼阁，学校到处布满富含教育哲理的对联。校联、从各大书院撷取的名联与亭台楼阁相互辉映、相得益彰。比如，教师读书交流之处，名为“不染堂”，喻教师当“出淤泥而不染”。堂内正中一副对联写道：“翠盖远香出淤泥不染，德门长庆与兰竹同馨。”竹、书、松、棋为君子之友，有清雅读书、静虚修心之禅趣。这都不是简简单单的装饰，而是承载着环境的育人作用。这一副副对联，也许就在不经意间，成了某个学生的座右铭，影响其一生。

2. 砖细

景门圆方有致，门头上多有砖细，刻有“祥和”“仁爱”“通达”“坦荡”“慎独”“厚德”“崇真”等字样。刻文运用了篆书、隶书、行草以及祥云纹等中国传统字体及符号，将儒、释、道文化在有限的空间里进行了交融。

3. 壁画

校园共设计了七处壁画，以中西合璧方式展示文化传承。如大厅的壁画选用天然石材，采用浮雕、阴刻等综合艺术手法，体现传统文化与现代文明的融合。这个作品以中国汉字造型艺术为设计母题，通过画卷的形式展开，对多种“文化符号”——甲骨文（片）、钟鼎文、古印、汉简、瓦当、雕版、罗盘、星象、老皇历等进行融合、重构，融入各个历史时期最具代表性的书法作品（如龙门石窟魏碑“龙门二十品”、王羲之书法作品等），以及众多杰出文人雅士的收藏印记。“清高”二字选用汉白玉精心打磨，以醒目方式镶嵌于壁画之中，作为教师“为人师表”道德操守的象征。壁画于此不是纯粹的美学装饰，而是传播思想、传承文明的使者，将文化的种子播撒在教育场的任一角落，不强迫人去学，但给人创造学的可能，使教育润物无声。

4. 室内装饰

以传统文化为基础，结合现代技术，学校的室内设计既富有中国传统文化内涵又符合现代中国人的审美要求。厅、堂、廊、室等都是既隔又通，学生可以在此休息、聊天、看风景，开阔视野。室内装饰在选材上常用木、砖、石、竹等自然材料，偏爱材料的本色和自然纹理，重视文化意蕴；用字画、古玩、盆景等加以点缀，处处皆文化。

四、评价体系

对美的感知因人而异，教育有使命维系大众审美标准，担负其社会责任，毕竟优良的生态不是随意发展而形成的，而是要受阳光、雨露等环境因素的约束。珠海容闳学校以“适度导教、充分信任、高度自正”为原则，自主研发“专利产品”——“我的成长树”（绿叶、黄叶、红花、绿果、红果、毛毛虫等)、“我的成长银行”（红币、黑币、金卡、白金卡、VIP 等）德育评价体系，促进家校动态联动，提倡“和善而坚定、鼓励与诫勉”的理念，以勋章奖励、VIP 校园特殊体验项目等开展进阶实施、分级评价，引导教师与家长通过正面启发、正面诱导、正面教育的方式，遵循“规则立教—正面导教—自律自教”的教育规律，自然达成师生、家长的育人目标，实现学生从“他律”到“自律”的转变，形成从外在管控到民主共创的学生评价生态机制，让每个学生都成为一个积极的社会人、一个负责任的合格公民。

（撰稿人：宋丹）

“做最好的自己”：博雅德育生态体系

山东省济南市山东师范大学附属小学雅居园校区

山东师范大学附属小学雅居园校区（以下简称雅校）在山东师范大学附属小学悠久的办学历史和先进的办学理念的陶染下，始终坚持“育人为先，回归教育本原，关注每一个学生的身心健康和个性发展”的办学思路，形成了“做最好的自己”的办学理念，并据此建构起指向学生核心素养的博雅教育体系，旨在为未来社会培养具有“民主意识、科学精神、人文素养、全球视野”的优秀人才。在新时代，雅校又根据立德树人根本任务赋予办学理念、育人理念新的内涵，对学校德育工作进行了整体规划，构建了具有学校特色的博雅德育生态体系。

一、德育内涵

该体系首先明确了学校德育工作的内涵：勤学以致博，笃行而达雅。这一德育内涵融合了“做最好的自己”的办学理念，具有强大的生命力和成长根基，使得德育工作能够上连愿景、下接特质，从而育化深刻，不断焕发新机。

二、育人理念

在育人理念上，雅校建立起全员育人、全程育人、全维育人的“三全”德育育人理念（或称 3A 育人路径）。“全员育人”是指家（家庭）、校（学校）、社（实践资源与机构）联合育人；“全程育人”是指将育人工作贯穿到校园生活、家庭生活、社会实践全过程中；“全维育人”是指关注学生认知、体验、感悟等各方面的发展。“三全”德育育人理念以培养学生“学会生活、心存敬畏、遵守诚信、内化感恩，做一个有德性的人”为目标，是在遵循学生身心发展规律的基础上，调控德育体系诸要素之间的关系，使之发生和谐共振效应，从而促进学生思想品德与人格和谐发展的一种德育运行机制。它的价值在于发挥德育在学生全面发展中的灵魂统帅作用，促进学生认知与身心、认知与行为、智慧与品德的和谐有机发展。

三、学校德育工作管理机制

在学校德育工作管理机制上，雅校建构了系统完善的工作机制，包括德育生态主体链接系统、德育培育层次目标、德育工作制度、德育主题内容、德育实施途径规范、德育实施科学方法体系和德育工作评价反馈机制。

（一）德育生态主体链接系统

新时代对于学生成长的要求更加全面和系统，与社会实际相结合的标准更高，教师自有的知识技能素养及人生阅历很难实现这一要求。此外，随着人们生活水平的不断提高，物质生活越来越丰富，学生的生活体验广度和所面对问题的复杂程度有时远远超出了教师的体验和认知。为了更好地了解学生成长情况，家校沟通、社会助力、教师认知升级都是当前教育必须考虑的问题，因此，我们主张学校、家庭和社会三方形成一个有机的育人整体，融合发展，而不是单纯的三方合力。基于此，我们尝试建立了学校德育的生态系统，学校的义务、家庭的爱与社会的责任最终共同凝结于学生的成长之中，形成高效的链接系统。

（二）德育培育层次目标

我国各级各类学校德育的总目标是：把全体学生培养成热爱祖国，具有社会公德、文明行为习惯，遵纪守法的好公民。在此基础上，还要引导学生逐步树立科学的世界观、人生观、价值观，不断提高其社会主义思想觉悟，使之成为有理想、有道德、有文化、有纪律的社会主义现代化事业的建设者和接班人，为成长为具有共产主义觉悟的先进分子奠定基础。

小学阶段德育目标是：帮助学生树立民族意识、国家观念，培养其民族自尊心、自信心、自豪感，让学生热爱祖国，立志为祖国的社会主义现代化努力学习；帮助学生树立公民意识，使其具有良好的道德品质、劳动习惯和文明行为习惯；引导学生树立法制意识，遵纪守法，懂得用法律保护自己；让学生讲科学、不迷信，培养其自尊自爱、诚实正直、积极进取、不怕困难等心理品质和分辨是非、抵制不良影响的能力。

各年级德育目标是在遵循上述目标要求的基础上，结合各班级特色和学生身心特征制定的自主德育目标。各年级各班致力于尝试根据国家德育目标，建立具有家风、班风、校风特色的层级德育目标体系。比如，六年级确立了红色传承主题的德育目标，在此目标引领下，本年级各班成立红旗中队，开展了“走访济南战役纪念馆”“学习身边的老战士”“讲好红色革命故事”等一系列班级德育主题渗透课程。

（三）德育工作制度

1. 健全德育工作领导体制

坚持和完善党组织领导、校长负责、齐抓共管的德育生态工作机制，把德育生态工作摆到学校工作的首位；加强对德育生态工作的领导，建立健全德育工作领导小组，明确德育工作领导小组职责；以德育干部、团队干部、班主任为骨干，以全体教职工为主体力量，整合学生、家长和社区各方面的力量，努力形成全员、全程、全维育人的格局，促进学校德育全面、协调、可持续发展。

2. 建设德育工作队伍

加强班主任队伍建设。班主任是学校各项德育工作最直接、最主要的组织实施者，是学校德育制度规范执行的主力军。班主任在学生全面成长过程中起着人生导师的作用，并负有协调本班各科教育工作和联结学校与家庭、社会的责任。要不断完善学校的班主任制度，不断加强班主任专业化校本培训，贯彻学校德育生态内涵和“三全”德育育人理念，提高班主任队伍的整体素质和工作水平。

加强德育导师制的队伍建设。引导全体教师树立立德树人、德高为范的教师观，塑造德智体美劳五育并举、为学生全面发展奠基的教学观，加强品德修养，完善人格，提高境界。要加强德育导师队伍建设，确立班级德育导师小组和学科教师德育导师相结合的德育导师制的工作思路，树立人人都是德育工作者的理念，发挥“三全”德育育人理念和德育生态体系在学校德育工作中的巨大作用。

加强心理辅导员队伍建设。要努力提高教师自身的心理健康教育水平，积极鼓励教师参加心理健康教育教师资格培训，落实专职或兼职人员，确保心理健康教育课时、教育内容的落实。关注学生的心理健康，并通过形式多样的教育活动培育学生健康的心理，做好普及性的心理辅导和针对性的心理疏导。

进一步强化家委会等的桥梁和监督作用。学校要利用家长学校不断提高家长的教育认知和能力，使家长更多地了解学校育人理念，与学校形成合力，保障教学顺利进行。建立健全学校、年段、班级三级家委会，通过家委会、家长学校、家长会、家长接待日、家长开放日、家访等形式同学生家长建立经常联系，大力普及家庭教育知识，吸收家长参加学校全员育人活动。同时重视家长资源及社会公益机构的力量，建设一支由热心家庭教育、具有较高文化教育素养的社会各界人士组成的家庭教育志愿者队伍。

完善优秀学长制。少先队组织是学生“自我管理、自我服务、自我教育”的重要组织，在学校德育生态体系建设中起着不可替代的作用。少先队学生干部既是德育工作的对象，又是德育工作的反馈者和建议者，更是学校德育成效的最大受益者和形象代言人，是全校学生的榜样。学校要加强各级各类学生干部的培养，不断提高学生干部的素质和能力，充分发挥学生干部在学校、班级管理中的重要作用。

3. 完善德育工作规章制度，形成学校特色德育品牌

进一步完善工作制度，包括《生态教育工作领导小组例会制度》《德育活动制度》《班主任工作职责》《德育工作表彰制度》，最终形成一贯的工作流程和机制。

4. 形成学校、家庭、社会三位一体的“全员育人”网络

进一步巩固以学校教育为中心、家庭教育为基点、社会教育为依托的三位一体的生态系统，强化其德育功能，进一步凸显德育生态的特色。健全和落实班主任、任课教师家访制度，进一步办好家长学校，不断提高家长的教育理解力和教育技能，推进家庭教育工作。充分发挥社区教育的作用，建好“全员育人”社会实践基地。

5. “全员育人”环境建设

学校通过建立社会实践基地，开展丰富多彩的课外活动，建立各种课外活动小组，创设“全员育人”的环境氛围。

（四）德育主题内容

开设以公民基本素质教育为主的道德与法治课程。语文、数学、科学、信息、音乐、美术、体育和其他各类课程都要蕴含德育内容。1—2年级要在各学科课程中渗透德育，关注学生的健康安全，引导学生愉快积极、负责任有爱心、动脑筋有创意地生活，逐步养成良好的生活习惯；3—6年级要在各学科德育课程中，着重介绍个人成长，介绍家庭、学校、家乡、祖国，介绍世界，引领学生逐步认识自我、认识社会，为形成良好的品德奠定基础。

（五）德育实施途径规范

德育实施以完成德育任务、提高德育实效为目的。学校依据德育目标、德育内容，构建六大平台，规范德育实施途径，提高学校德育工作的整体效果。以课程教学为平台，强化德育课堂教学主渠道的作用；以主题教育为平台，开展丰富多彩的德育活动；以社会实践为平台，全面提升学生的综合素质；以校园文化为平台，构建校园主体文化；以网络德育为平

台，不断创新德育生态工作新途径；以家长学校和家委会为平台，拓展学生德育工作的深度和时长。比如，学校利用家长学校开设家长未来学院，让家长们讲述自己的职业内容和社会价值，让学生了解父母的职业生活和辛苦，实现与父母的共情共知，最终完成家庭教育的双向建构。同时，这还将学生对于未来生活的认知前置，便于学生将当下所学知识技能与未来对接，提前规划，不至于在角色认知阶段出现混淆，继而产生叛逆和无助心理。我们对学生的要求越多，就越应该给他们足够的尊重和耐心，陪他们一起成长。

（六）德育实施科学方法体系

德育实施主要借助三类课程，即基础类德育课程、主题德育活动课程以及拓展型特色德育课程。

1. “博学德育课程”：深化基础型德育育人实效

学校充分挖掘可渗透于各学科课程中的德育资源。学校以国家德育课程为统领，对地方与学校德育课程进行优化整合，将各年级的“道德与法治”“综合实践活动”等国家课程与传统文化、安全教育等地方课程和学校自主开发的儿童哲学、心理健康、家长讲堂等学校课程整合起来，形成关于学生道德成长的“道德（道德与法治）与实践（综合实践活动）”综合课程。这类课程融合了人文类、艺体类、科学类、综合实践类以及班队会等全学科课程特点，充分发挥了人文学科独特育人优势，形成了广义、全方位的基础类德育课程，有助于全面落实德育目标，提升各学科育人价值。

2. “雅行德育课程”：优化系列主题德育活动课程

“雅行德育课程”在“博学德育课程”基础上，创新德育形式，丰富德育内容，从学生发展需要出发，不断拓展德育工作的外延，形成系列主题德育活动课程，包括“雏鹰小队校外实践课程”“雅行习惯养成年级主题化成长课程”“博雅校园节日”“博雅社团课程”“博雅新时代特质劳动教育”等。雅校通过创新、研发校本德育课程，从内涵上推进德育课程体系建设，立足“博学”“雅行”的德育氛围，形成积极、丰富、有效的发展态势。

3. 完善“+课程”拓展型特色德育课程

在“博学”“雅行”德育课程基础上，学校重视拓展型特色德育课程开发。通过书法、茶艺、经典诵读等传统文化类课程，播撒中华传统文化的种子；通过心理咨询、团体活动课程提升学生管理情绪、健全心理的能力；通过“1530”安全教育课程，增强学生的安全意识；通过丰富多彩的“家长别样课堂”，大大开阔学生视野。以上四种拓展型特色德育课程，对学生生命成长和人文素养实现了有效补充。

（七）德育工作评价反馈机制

2014 年，学校开始调研开发、设计实施“博雅评价一卡通”评价机制，全面推行以“博雅卡”为标志的成长储蓄活动。成长储蓄活动打破了学生评价方面的班主任主导机制，实现全科育人，推行全员育人，做到全程育人，建立评价体系新维度。“博雅卡”的运用指向学生在学校生活中各层面的成长，对于学生在学校中的品德、行为表现，均可以通过“博雅卡”的适时发放进行评价，通过累计、升级的形式，实现由终结性评价向过程性评价、由单一评价向多元评价的转化。另外，学校对学生的学科学业评价突破了一次测试定评价结果的模式，重视过程性评价，引导学生重视日常学习与积累，督促学生养成良好的学习习惯，从而让学生真正从六年的小学学习生活中受益终身。

（撰稿人：刘兆成）

融合视域下的爱国主义教育

浙江省杭州市茅以升实验学校

为培养学生爱国主义精神，发展其素养，提升其能力，增强“四个自信”，杭州市茅以升实验学校以“融合”“创新”为路径，从课时融合、课程融合、活动融合、评价融合四个方面，以及空间和文化创新等方面，开展了融合视域下新时代爱国主义教育的新探索，丰富了新时代爱国主义教育的内涵和实施路径。

一、明确新时代爱国主义教育的内涵

2019年，中共中央、国务院发布了《新时代爱国主义教育实施纲要》；2020年，杭州市江干区教育局启动“新时代爱国主义教育”工程并下发《江干区中小学新时代爱国主义教育实施指南》《江干区中小学新时代爱国主义教育读本》。在原有爱国主义教育前加上“新时代”的定语，表明现阶段的爱国主义教育与原有的爱国主义教育应有不同，应有新的释义和解读。首先，新时代爱国主义教育应在保留原有的培植爱国主义精神的基础上，结合新时代的要求，增强“四个自信”，即激发学生的道路自信、理论自信、制度自信和文化自信。其次，新时代爱国主义教育还应该指向学生价值取向的培养。《新时代爱国主义教育实施纲要》中明确指出，“引导人们深刻认识中国共产党为什么‘能’、马克思主义为什么‘行’、中国特色社会主义为什么‘好’”。这就意味着新时代爱国主义教育是与学生发展核心素养融合的，实现的是德智体美劳的全面发展和融合育人，最终达成立德树人目标。综上，新时代爱国主义教育应该以社会主义核心价值体系为主线，在社会主义核心价值观引领下，将德育、智育、体育、美育、劳动教育有机融合，促进学生核心素养的养成。

二、探索新时代爱国主义教育的实施路径

新时代爱国主义教育的校本实施，首要的是整体思考实施的路径，从上至下有序推行，而不是采用装填的方式。学校围绕“融合”“创新”两个关键词，对新时代爱国主义教育进行了整体规划，将其融合到课时、课程、活动、评价中，其载体则是基础课程、一馆三院和五彩少年评价体系。学校还以茅以升文化为基础，围绕两个事迹展览馆和精神宣讲团建设创新内容。

（一）四项融合：保障实施的根本

1. 课时融合

新时代爱国主义教育在学校真正落地生根，应该有充分的课时保障。但是，由于国家基础课程课时数是固定的——低段为 26 课时，中高段为 30 课时，所以，要做到课时保障，不是去建立新的课时数，而应该是进行课时融合，采取长短课、活动课等形式。学校在课时融合部分做了三个区分，分设专用课时、活动课时和融合课时。专用课时是将新时代爱国主义教育与综合实践活动课时、少先队活动课时融合，主要利用《江干区中小学新时代爱国主义教育读本》来进行课堂教学，因此专用课时所占比例较大；活动课时主要与学校一馆三院的系列活动融合；融合课时主要指与基础课程融合，比如与语文、道德与法治等融合，所占比例相对较小。三者间的层次关系是：专用课时是基石，活动课时是延展，融合课时是补充。

2. 课程融合

新时代爱国主义教育实施的最主要关键词是融合，这种融合育人的方式是将课程与教学作为融合日常化的基本路径，让融合进学科、进课程、

进教学，实现“学科化”“课程化”“教学化”，进而走向“体系化”。所以，新时代爱国主义教育要与国家基础课程融合，做到有机聚集和渗透。教师要充分挖掘基础课程的教学内容的融合点，打破学科壁垒。

例如，学校组织教师进行了语文学科教材的整理和读本内容的梳理，找到两者间能够融合的点，寻求适切的开展形式，包括课前导入、课中补充、课后拓展、活动延伸等。以二年级教学《黄山奇石》一课为例。教师将读本中的《“国”的故事》引入课堂，在导入阶段，通过学习“国”，了解“国”的内涵，激发学生对祖国的热爱之情，做好情感铺垫，最后引出河山之壮美，引出黄山奇石，进入课文学习。这样的融合方式，既有效保证了读本在课堂中的实施，也增强了学科间的粘连性，达到了在爱国主义精神统领下的以“一育引各育”的目标，实现“你中有我，我中有你”的自然渗透，实现日常教学过程中的融合。

3. 活动融合

新时代爱国主义教育是融德、智、体、美、劳为一体的课程教育。学生通过参与各类需要完成的活动，在与同伴的合作中培养世界观、人生观、价值观，促进智力的发展，增强身体素质，提高审美能力，锻炼基本的劳动技能等。

其一，基于体系构建的融合。五育融合是新时代爱国主义教育背景下的目标，也是一种实践形式，即“融合实践”，这是一种独特且重要的“育人实践”。因此在实施新时代爱国主义教育的过程中，我们首先应该运用顶层思维，整体架构或重构活动体系，让其渗透在学校活动的方方面面。例如，学校在2020学年第一学期初就围绕五育融合的理念，重新建构了红领巾学院这个重要的载体，并有意识地运用融合理念策划了“点亮心中星”“三寻”等活动。

其二，基于身心健康的融合。新时代爱国主义教育的最终目标是培养学生的爱国主义精神，这是学生正确的世界观、人生观、价值观的集合。我们要关注学生身心健康，让学生能在身心健康的情况下参与活动，发挥主体作用。比如学校的“小提案中的梦想定格”活动，在少代会这个真实情景下，以“作为学校的小主人，你在学校发展过程中，对学校以及周边环境有什么建议”这一核心问题为驱动，引导学生聚焦学校、社区问题，观察并提出解决问题的方案。该活动最终形成了 20 余份提案，包括“食堂咖喱使用”“二胎孩子间情谊培养小板凳”“学校雨棚建设的多种方式”“学校门口等候亭设计”“学校外围马路美化设计”“地铁 LCB 钥匙设计”“未来社区创想”“一米书包”等优秀的提案。该活动设计旨在由小见大，让学生将知识与技能相连接，将自我与社会相连接，将本土与中国和世界相连接，将过去与未来相连接，让学生在自身的经历与体验中领悟爱国主义精神。该活动还促使学生自主参与学校管理，培养了学生自主思考、自主管理的意识和能力，并使其在参与过程中锻炼了写作、计算、绘画、表达、审美、实践等方面的技能。这种以一个活动带动五育融合发展的模式，让培养目标更加立体、更加丰盈。

其三，基于区域优质资源的融合。新时代爱国主义教育应该让学生与社会连接，要充分挖掘区域内的优质资源，合理利用优质资源，让学生利用课余时间，利用小队等形式“走出去”和“走进去”。比如在红领巾学院“思想引领”的要求下，根据各学段研学旅行课程目标，充分挖掘杭州区域文化资源，打造“五彩”研学课程。以分年级工作内容为根本任务，坚持分层的教育模式，精心制定以“红色研学”为基础的，围绕劳动、科普、生命等主题的，从属于红领巾学院的研学课程体系，即包括红色基因研学、橙色劳动研学、绿色生命研学、蓝色科普研学、紫色诗词研学的“五彩”研学课程。并以“理论学习+实践体验”为策略，以“集中研学+小队研学”为形式，以线上学习和线下参观为主要方式，制作实践活动手册，精心设置驱动性问题，根据各年级学生的年龄特点与结构差异，生成类型不同的成果。线上学习主要利用本地网上博物馆资源推送和线上参观；根据学习内容，制作博物馆讲解微课资源；小队拍摄、讲述寻访过程，分享小队视频博客资源。在线下学习的呈现方式上，低年级段以简单的绘画、图文为主，中年级段以摄影作品、视频等为主，高年级段以思维导图、手绘地图等为主。

其四，基于常态活动的融合。融合视域下新时代爱国主义教育的校本实施仅仅靠一场活动、全科学习等方式是不够的，真正让它落地生根需要每位教师在日常教育教学工作中努力践行。它需要我们聚焦且做好“五全育人”，即全员育人、全科育人、全面育人、全程育人和全息育人。以学校的红领巾学院活动为例。该学院是党建带队建的生命线，这条线以精准落实党的决策部署及目标为前提，通过纵横向协调联系，妥善地组织活动并予以整合，从而使之成为整体功能优化的培养机制。红领巾学院的横向整合活动主要有三种形式。一是开展宣传活动。党员辅导员努力传播党的意识形态主张，传递各级少工委的工作要求，传播少先队公信力。二是组织系列活动。党员辅导员参与入队教育，让党、队组织走进少先队员的心中，使党、队的要求融入少先队员血脉，做到有效衔接。三是举行与时俱进的主题活动。党有号召，队有行动，不断为组织增添新的光彩。红领巾学院活动体系的纵向整合是指不同年级、不同时间段的主题学习活动的整合。红领巾学院活动体系不仅指活动主题按纵向、横向关系互相整合，更指在此基础上的纵向体系和横向体系的互相整合，活动的责任链、载体链、服务链全方位连接，体现出党、队组织的凝聚力和活动影响力。

4. 评价融合

评价是对行为的考量，是对目标落地的检测，因此，要想使融合视域下的新时代爱国主义教育校本实施真正落地，合理的评价是必不可少的。它不是孤立地评价德育、智育、体育、美育和劳动教育的成效，而是进行整体评价。基于上述思考，学校进行了阶梯式、多维度融合的评价体系建设。学校以办学宗旨为核心，以《江干区中小学新时代“钱江好少年”综合评价实施办法》为指导，深入践行社会主义核心价值观，贯彻实施学校“五彩”研学课程，衔接区、校两级评价方式，实行多元评价机制，通过人格的奠基、智慧的启蒙和品德的陶冶，把学生培养成为自信、灵动、善思、友爱、优雅的小公民。

（二）创新方式：升华实施的内核

新时代爱国主义教育的两条实施路径是融合和创新，如果说融合是保障有效实施的方式，那么创新就是升华内核的方式。但是这种创新不是随意地去创编一首歌曲、排练一个节目等等，而应该与学校文化紧密相连、融为一体。

创新体现在两个方面。首先是空间创新，要充分发挥空间的作用。每年新生入学第一课为进展馆参观，由校长向孩子们讲述名人的故事，通过对名人资源的挖掘，根植爱国主义精神。为了加大展馆的普惠面和受众面，学校以“让学生能够停留十五分钟”为目标，打造了“互联网+展馆”，包含全景展馆和体验互动区。在全景展馆中，学校将视频、图画、文字介绍通过二维码植入展馆，登录者可以通过点击全景展馆中的任意一个作品或者展品，获取相关信息。学校希望通过这种方式将名人的爱国主义精神、科学创新精神向更多人辐射。其次是文化创新，它以名人精神为载体，以精神实践院宣讲团为主要力量。例如，每学期由三年级的小朋友给一年级的小朋友讲述茅以升的故事。另外，学校还制作了茅以升故事舞台剧，希望通过宣传榜样，培植爱国之心。这种与文化融合的实践路径，不仅可让听讲人受到情感熏陶，传承学校文化，还可让宣讲人不断比对标杆，提升自我认识，改进行为。当然，不管是空间创新还是文化创新，创新的基石依旧是融合。这种融合下的创新，有助于新时代爱国主义教育真正走进学校文化，走进学生心灵。

总之，融合视域下新时代爱国主义教育的校本实施是一篇需要整合学校各类教育实践并进行建构与创新的“大文章”。它促使我们重新思考学校课程建设、教学改革、评价改进等。在融合视域下探索出来的融合与创新方式，也必将在理论和实践的双向互动中持续高效发展，而这种独特的教育，最终影响的是学生，受益的也必将是学生。

（撰稿人：蒋何峰）

以原创校史剧涵育爱国荣校情怀

华东师范大学大夏书院

华东师范大学大夏书院成立于2017年，秉承大夏大学“自强不息”“师生合作”的传统，旨在培养品德高尚、视野开阔、敢于担当、具有厚重人文精神的栋梁之材。在新时代立德树人任务的要求下，大夏书院不断探索现代书院建设和人才培养的新模式、新方法，充分发挥通识平台优势，多措并举开展学生养成教育，形成了“三全育人”的理念和以原创校史剧涵育爱国荣校情怀的育人新模式，努力培养爱国荣校、博学慎思、自强笃行、追求卓越的优秀人才。

一、原创校史剧育人新模式的探索

原创校史剧是大夏书院践行“三全育人”理念的重要载体。校史剧坚持挖掘并展现华东师范大学其人其事，通过丰富翔实的校史史料和感性生动的展演再现新中国第一所社会主义师范大学的红色底蕴，再现师生为国家前途、学校命运而上下求索的担当精神，再现70年办学历程中深沉的家国情怀，再现在中国共产党领导下创办高等教育的艰辛历程。校史剧的创作、编排和展演都以学生为主体，在讲述中涵育铭记历史、致敬先辈的情怀，有效引导学生将爱国荣校的精神、报效祖国的情怀内化于心，将繁荣校园文化、矢志奉献奋斗的意志外化于行，有力推动文化建设与立德树人的深度融合，全面促进青年学子实现爱国情、强国志、报国行的有机统一。校史剧以富有知识性、学理性、生动性、创新性的方式，有效引领广大师生全面加强“四史”学习教育、爱国荣校教育，使学校在显性教育、隐性教育同时发力的过程中实现五育并举、全面发展。

（一）以文化人，创建爱国荣校教育新模式

大夏书院结合自身的人文社会科学底色，始终坚持在以文化人、以史育人的过程中创新育人模式、优化育人成果。考虑到学生能写、善演、会创作的学科优势和爱好特长，书院自成立以来便重视以话剧这一当代青年喜闻乐见的形式，有力打造兼具艺术性和感染力的系列文艺作品，并将爱国主义情怀与大学精神融入其中，实现因材施教、寓教于乐，在“三全育人”的过程中持续促进人才培养工作提质、扩面、增效。该模式主要包括以下三方面工作内容。

第一，建设师生成长共同体，在全员育人、多方合作中实现创获智慧、陶熔品性、引领发展的充分融合。辅导员老师带领学生团队创建剧组，并在学校档案馆的支持下进行《伯群校长》校史剧创作；《冯契》《吕思勉》等品牌剧目的创建则得到哲学系、历史学系、马克思主义学院、冯契纪念馆等多个单位的指导和支持。来自不同单位的多位老师共同担任顾问，累计百余名学生受到直接指导，在师生的共同努力下，原创校史剧的质量、数量均得到充分保障，育人效果也得到了最大化、最优化。

第二，建设学生成长发展链，在全过程育人、接力式教育中实现知识传授、能力提升与价值引领的充分融合。校史剧创作在实践中形成了“资料搜集—共同研讨—艺术加工—正式演出”工作模式，在充分保障提升校史剧艺术性与教育性的同时，也充分拓展了立德树人的空间和范围。在深度参与创作、研讨、演出、宣传等环节的全过程中，师生们与校史剧同成长、共进步，实现了教育与自我教育的互促共进。

第三，建设协同育人大环境，在全方位育人、沉浸式教育中实现探索研究、思维训练与实践反思的充分融合。在校内外专家、专业教师、辅导员老师等的指导下，大夏书院学生合作完成剧本撰写、剧目导演、演员训练、道具准备、服装购买、作品演出等全部工作，在通力协作、紧密配合中创作出一系列精品校史剧。在参与校史剧创作的过程中，学生的分析能力、表达能力、组织能力、协调能力等均得到全面提升，形象思维、逻辑思维、创造性思维也得到进一步锻炼，为成长为更能担当时代重任、传承师大精神的栋梁之材奠定了坚实基础。

（二）以史育人，谱写校史教育传承新篇章

在党史学习教育动员大会上，习近平总书记发表了重要讲话，并提出了“学史明理、学史增信、学史崇德、学史力行”的指示要求。大夏书院充分认识到，校史中蕴含着丰富资源，是鲜活的校本教材。以校史剧的创作、演出、推广等为路径，书院有效促进了党史学习教育在师生群体中入脑、入心、入行，实现了以史育人、以知促行的教育愿景。为此，书院做出了如下努力。

第一，践行立德树人的使命，培育了一批批借校史讲好中国故事、师大故事的青年学子。为更全面地了解人物原型、丰富校史文化资源，在校史剧筹备过程中，团队师生一方面充分调研相关高校品牌校史剧创作及展演情况，通过调研学习、史料参考、互访交流等活动，研究相关高校在校史育人方面的特色经验，探索校史剧在新时代爱国主义教育实践中的价值内涵和实践路径。另一方面，在研读校史涉及的相关人物的著述、资料的基础上，走访人物故居，实地感受当地的自然环境、历史发展、社会变迁。对于如何构建人物形象、把握校史剧主题以及以当代青年的方式演绎当年的治学精神等问题，团队师生有了更加深入、具体的理解。在实际演出过程中，青年学子既是演员、教育者，更是受教育者，通过讲好校史故事，不断实现着情感的陶冶、情怀的涵养和素养的提升。

第一，践行以文化人的使命，创作了一系列内容翔实、情感真挚的优秀校史剧。校史剧让历史照进现实，在以情动人和艺术熏陶中加强爱国荣校教育，实现思想价值引领。以《伯群校长》为例，该剧目选取了鲁迅演讲风波、大夏抗战西迁、贵州艰难办学、校名更改风波、病重留下遗嘱等历史事件，时间跨度从 1930 年至 1944 年，较为全面地再现了王伯群校长对青年学生的保护、对坚持办学的执着、对大夏大学的情怀、对国家民族的责任。该剧在大夏大学建校 95 周年纪念日（2019 年 6 月 1 日）首演，

后公演 5 次，观众总计达 3000 余人次，得到社会普遍关注和媒体广泛报道。大师剧《冯契》则聚焦冯契先生的生平，通过演绎其求学、从军、育人等片段，生动展现其作为师大人将马克思主义理论视为毕生追求和忠诚信仰的感人故事。从理论到实践，从小我到家国，冯契先生在“马克思主义理论为何正确”“中国向何处去”等宏大命题上上下求索、矢志不渝，充分反映了华东师范大学的红色基因和文脉血脉，在为人、为师、为学等方面留给后辈无限感动和深刻启迪。正在创作的校史剧《吕思勉》以著名历史学家、华东师范大学历史系教授吕思勉先生为主角，通过生动讲述先生的生平故事，引领同学们进一步涵育家国情怀、积蓄奋斗力量。

第三，践行文明传承的使命，进行了一场场弘扬师大文化、传播师大校史的现场演出。2019 年，校史剧主创团队前往王伯群校长的故乡——贵州兴义，开启了原创校史剧《伯群校长》在贵州的文化交流与社会实践之旅。来自黔西南州、兴义市的文化界人士、商界人士和新闻界代表等，观看了剧目彩排与展演活动，并分别与校史剧创作团队进行亲切交流。应华东师范大学校友会邀请，《伯群校长》还走进中北校区思群堂，在“心系祖国・荣耀师大”校友日启动仪式上演出了部分片段，与各位校友共同铭记师大历史、重温师大岁月。2021 年，校史剧《冯契》在上海市爱国主义教育基地——冯契学术成就陈列室展演，面向校外公开直播，讲述马克思主义在华东师范大学、在上海乃至全国不断传播光大的生动历程，使观众在生动的表演中重温了我们党追寻真理、引领民族发展的光辉历史。

（三）联动贯通，打造校史剧协同育人新力量

联动贯通、协同育人工作主要包括以下两方面举措：一是活用校史剧资源，二是活用高校联动资源。

活用校史剧资源有助于持续扩大校史剧育人的覆盖面与影响力，具体工作包括：结合校庆日、新生入学教育周等重要时间节点，开展校史剧展演活动，充分发挥大夏书院师生的力量，增强师大精神、家国情怀的感召力、凝聚力；将校史剧展演与学术研讨、社会实践相结合，贯通线上线下、课内课外以及校内校外，全面创新和提升学生养成教育的力度、深度、广度和效度。

活用高校联动资源可以深入挖掘高校校史剧的文化基因与育人力量。为此，大夏书院在2020年顺利召开高校校史剧育人研讨会，邀请了上海交通大学、浙江大学、上海大学校史剧主创师生团队参会交流，有效深化了将校史剧作为“三全育人”重要载体的思想认知和行动自觉，形成协同育人的区位优势。

二、原创校史剧育人新模式的经验与思考

以“三全育人”理念为引领，以校史文化为依托，大夏书院高质量、全方面、创新性开展学生养成教育，形成了一系列标志性育人成果和特色化育人模式。结合新时代立德树人的工作要求，大夏书院将进一步深挖校史剧育人元素，强化校史剧作为第一课堂、第二课堂深度融合的纽带作用，让校史剧在人才培养、文化传承、文明发展等方面切实发挥更多作用。为此，大夏书院提出了三点工作建议。

第一，持续构建校史育人共同体，强化专业性育人资源支持。进一步加强与校档案馆、各院系等的合作，邀请专家学者担任顾问，指导学生进一步研究和运用区域校园历史、校园文化等资源，深入挖掘校园文化中蕴含的爱国主义教育元素和承载的丰富育人资源。尤其要注重整理知名老校长、学术大师、育人楷模等原型人物的故事经历，挖掘和传承其中蕴含的艰苦奋斗、为国治学、严于修身、大公无私等方面的精神力量。通过专家导学、师生共学、学生研学等环节，促进校史剧育人价值在学生思想教育、素养提升、专业发展等方面实现融合提升。

第二，做优做强原创校史剧工作室，强化全方位活动体系支撑。以工作室为枢纽，大夏书院将进一步高质量打造优秀剧目、团队，并以此为助力，推动校史和典型人物的深度挖掘，推进原创校史剧的新创作与再创作，保障校史剧团队人员的梯队建设和接力奋斗；积极链接其他高校、院团的戏剧专业资源，为剧本创作和编排提供专业指导，补齐非专业高校表

演力量短板，持续提升作品感染力。同时，在校史剧传统演出的基础上，进行相关周边、文创、短视频的创作与传播，全方位丰富校史剧育人渠道。

第三，建立健全高校校史剧育人一体化工作机制，强化校史剧育人溢出效应。立足本校、扎根上海、辐射长三角，大夏书院将以校史剧为特色育人载体，建立完善共建共享、交流互鉴、合作共赢的高校校史剧育人一体化机制。校史剧团队师生互访互学、深入交流，共同探讨校史剧创作中的灵感与创新点，并相互学习了解各高校历史文化，将本校历史置于国家历史中考量和探究，将本校文化置于爱国主义文化中浸润和传承，为创作和展演高水平、高质量的校史剧提供有力支持，并在实践中形成“高校校史剧育人案例资源集”。通过在校史剧育人领域深耕细作、持久发力，大夏书院将进一步实现育人资源共享、育人平台共建、育人机制共商、育人品牌共创，有效凝练创新高校校史剧育人路径和育人模式，为各兄弟高校开展校史剧育人工作提供模式借鉴和经验参考。

每一所大学的校史都流淌着这所学校传承的精神，而校史中的每一个人汇成了学校的基因。通过对校史的学习、研读，对校史剧的创作、编排，对校史文化的演出、传播，大夏书院以大学生喜闻乐见的形式，以全方位沉浸式的场景，进一步增强了对大学生进行知识传授、能力培养、思想教育以及价值引领的力度与效度，让爱国荣校教育在师生共进、朋辈互促、自我教育的融合提升中润物无声、蓬勃发展。

（撰稿人：栗蕊蕊、蔡慧贤）

“精准德育”：让成长看得见

山东省济南市天成路小学

陶行知先生曾说：“盖课程为学校教育之中心，假使课程得有圆满解决，则其他问题即可迎刃而解。”课程，是学校教育的中心，是实现高质量教育的基点，更是落实立德树人根本任务的载体。为了建构更加专业的课程，天成路小学在2019年启动了指向核心素养的新一轮课程改革，力求运用现代课程的原理和技术，转化国家课程方案，落实核心素养和课程标准。

什么是专业的课程？现代课程理论之父泰勒（Ralph W. Tyler）认为，专业的课程必须回答以下四个问题：学校应该达到哪些教育目标？提供哪些教育经验才能实现这些目标？怎样才能有效地组织这些教育经验？怎样才能确定这些目标正在实现？在他看来，所谓专业的课程，就是有把握、科学地促进学生发展的活动。天成路小学在课程建构过程中，坚持课程的专业立场，着力围绕这四个问题，形成了“目标—提供经验—组织经验—评价”的专业课程模型，把理论与实践有机地结合在一起，用科学、理性的精神和技术推动课程改革。

一、以专业的课程理念促进德育的精准实施

学校在以专业的精神推进课程改革的同时，还将专业的课程理念运用到学校德育工作中，探索德育活动精准实施的有效模式。“有效地成就学生、促进学生发展”，这是精准德育实施的根本目标。从这一根本目标出

发，可以进一步解析“精准德育”：一是要精准到每一个学生，二是要精准到这个学生在习惯养成或在某一项德育活动中应着重发展的素养指标，即“看见每一名学生，看见每一次成长”。而对于怎样才能达到德育的精准化实施，学校引用专业的课程模型来思考四个问题：第一，通过六年的培育，预期学生要成长为什么样子（目标）？第二，通过哪些具体的项目或内容落实素养目标（提供经验）？第三，通过什么方式能落实这些核心素养目标（组织经验）？第四，采取什么样的方式评定学生的素养是否达成（评价）？将上述思考与德育活动的特点相结合，学校在实践中逐渐形成了“目标—活动—评价”和“主题—探究—表达”两种精准德育实施的有效模式。

（一）目标—活动—评价

德育活动的精准实施，可以从学校与教师对学情的精准分析开始。对学情的精准分析一般包括两个方面：一是分析学生的问题是什么，存在不足的、需要发展的素养有哪些；二是根据国家的有关规定，特别是课程标准、核心素养的要求，对照学生的实际情况，分析学生在这个阶段中应具备何种素养。通过两方面的精准分析来确定德育目标，进而以目标为统领，设计问题情境，以真实的任务为驱动开展相应的德育活动。同时，在活动的各个阶段嵌入评价，通过评价观照目标的达成度，并引导活动的方向。

例如，学校根据国家“五育并举、五育融合”的要求，从培养学生正确的劳动观念、价值观念出发，确定了学生发展的素养目标：(1) 尊重劳动，既具有积极的劳动态度和良好的劳动习惯，又具有动手操作能力，掌握一定的劳动技能；(2) 在主动参加的劳动、公益活动和社会实践中，具有改进和创新劳动方式、提高劳动效率的意识；(3) 善于发现和提出问题，有解决问题的兴趣和热情，并能依据特定情境和具体条件，选择制订合理的解决方案，养成在复杂环境中行动的能力；(4) 热心公益和志愿服务，敬业奉献，具有团队意识和互助精神。

根据上述目标，学校设计开展了“慧劳动 学雷锋”活动。活动以

“把被污染的学校搏击操演出服洗干净”为真实任务，采取竞赛的方式进行。为了使目标的达成情况清晰可见，学校教师根据素养目标设计了相应的评价指标（见图 1）。

慧劳动　学雷锋																	
班级：　　评价人：																	
				活动准备						活动过程				终结评价			
	污渍等级			参赛动机		物料准备		比赛状态		团队意识		节水意识		洗衣用时		洁净程度	
姓名	难5	中3	易1	自荐2	指定1	充分2	不足1	饱满2	不足1	合作2	不合作1	强烈2	较差1	用时记录	赋分	干净清新2	污渍未除

图 1　评价指标示例

具体活动的开展则包括以下内容：参赛人员自主报名、组建各班参赛战队、参赛前物料的研究与准备、比赛过程中的教师评价、比赛结果的大众评委评比、赛后的参赛队员自评等。由于素养目标清晰、评价指标明确，所以学生在整个活动过程中的努力方向十分明确。而每一位参与的学生的目标达成情况也有标准、有证据，通过其外显的行为可以清清楚楚地看到其成长。

在“目标—活动—评价”模式中，教师是目标的主要确定者。教师根据国家的需要、学生的实际情况确定适宜的活动目标，并围绕目标设计相应的学习内容、学习活动，开展相应的评价等。对于学生应该发展何种素养、如何发展这些素养等问题也都有更加具体、更加明确的答案，使得育人的指向性更加清晰。

（二）主题—探究—表达

德育活动的精准实施，还可以从学生的问题出发。学校或教师根据学生的发展需求，确定一个能够促进学生素养提升的主题。而在这一主题下，有哪些个体发展素养目标，如何开展活动并达成目标，如何来展示自己的活动成果、评价目标达成，这些都由学生自己来确定。也正因为没有教师的全面安排，所以整个活动的过程也是学生自我探究的过程。目标制定是否准确？方案设计是否合理？展示与表达能否体现活动的成果、自己的收获？诸如此类的问题能使学生在自主探究过程中经历不一样的成长。活动最终的评价方式往往采用展示与表达的形式，并且更加注重学生的自我评价。

以元旦迎新义卖活动为例。学校教师首先制定了与核心素养中“人文底蕴”“健康生活”“责任担当”“实践创新”相关的核心素养目标：(1）学习和理解班级所选地市的特色文化，运用学科及人文领域知识布置义卖场地，突出地域特色，提高审美情趣；(2）义卖商品有益于学生的身心健康发展；(3）遵循义卖中有序、诚信、爱护环境等行为规范和道德准则，处理好自我与他人、与环境的关系；(4）创新义卖和购买形式，提高解决问题的能力。

在上述目标的统领下，学校教师又设计了与之对应的评价指标，如参与义卖活动主题选定、创意布置场地、提供健康的食物及文化商品、有秩序购买、拾金不昧的品质、创意售卖、为提高销售额出谋划策等。并且，根据目标和评价指标设计了以“谁不说俺家乡好”为主题的大单元系列活动：“我爱我家”讨论会——班级讨论选定家乡，了解家乡的人文景观、风土人情；“我是家乡代言人”展区布置——选定学校场地，创意布置，展示家乡文化及产品等；“谁不说俺家乡好”推介会——家乡文化产品的推介会以及家乡人道德文明的展示；“夸夸俺家乡”收获分享会——评选最美家乡以及评价“家乡人”的成长。

为将这一大单元系列活动更加精准地落实到每一个学生身上，学校开展了更进一步的工作：(1）各个班级（教师与学生）根据本班实际情况，对照学校的素养目标和评价指标，确定自己班级的素养发展目标、评价指标，确定本班的推介主题；(2）在明确了学校和班级的主题活动计划后，每个学生思考并确定自己在主题活动中的个人素养发展目标，由学生个人或自组小组商讨，设计活动方案，确定展示什么、怎么展示等；(3) 学生根据活动方案布置展区、组织推介；(4) 每个学生都要选取自己的方式分享活动收获。

在活动过程中学生为自己设定了个性化的素养发展目标，有的学生为自己制定的目标为“让自己更加了解家乡、爱家乡”，有的学生的目标则是“增强自己的自信心，能勇敢表达”，还有的学生制定的目标是“通过自己的努力，能让更多人了解我的家乡”。在最后的收获分享阶段，学生们也更多根据自己制定的素养发展目标进行表达。

从素养发展目标的确立到评价指标的制定再到活动的具体设计与实施，德育活动的开展经历了从学校到班级再到学生个体的过程，层层细化，精准到每一个学生。经过这层层细化，学生对目标、自己要做什么、要怎样做的认识都更加清晰。学生的认识越是清晰，过程和结果就会越精彩。

在“主题—探究—表达”模式中，学生是最主要的德育主体，做什么、怎么做、怎样评价，基本上都由学生做主，而教师则是“变革者”，通过变革，为学生的真实成长赋能，激发学生的生命活力。

二、德育的精准实施，让成长看得见

以专业的课程理念为引导的精准化德育实施，让我们看到的不仅仅是活动本身，更是活动中活泼的生命。每一个学生的成长都有路径、有证据。

(一) 让德育实实在在“看得见”

活动一直是学校德育工作的主要方式之一。在过去的德育活动中，从策划到实施，一般注重的是活动的形式，注重的是活动是否更新颖独特。而当我们将专业的课程理念引入德育之中，我们的活动就有了新的目标——促进学生的核心素养发展，而评价也有了新的尺度——能否促进学生的发展、促进了学生哪些素养的发展。这样，活动的策划与实施，从出发点到归宿就都有了质的不同。同样，我们在评价反思一次德育活动是否成功时，也就从“看热闹”转到了“看本质”，我们的德育也从“追求好看”转到了“追求实质”，越做越实。

专业的课程理念重视评价的作用。在以往的德育活动中，我们往往将评价“淡化”，原因是认为无法对道德进行科学合理的评价与衡量。“精准化德育实施”就为德育活动的评价提供了一个新的视角。在这里，评价的不是学生的道德水平，而是学生在德育活动中的表现，也就是通过活动中学生表现出的道德行为看到背后的道德品质，让道德品质的发展外显化。例如，在“谁不说俺家乡好”大单元系列活动中，学生能否遵守规则（规则意识）、能否提供健康的产品（健康生活）、能否主动承担工作与责任（责任担当），这些都在真实的活动中呈现出来，让靶向评价成为可能。当目标明确、评价可行时，德育的成果也就变得实实在在“看得见”。

（二）让德育工作者的专业“看得见”

道德是实践的哲学，道德的形成与培养，一定是从实践中来到实践中去的，德育活动无疑就是培养学生道德品质的实践。专业的德育工作者一定善于创设真实的道德实践环境或任务，让学生在其中受到道德的熏陶、教育，产生道德行为并内化为道德品质。但是在过去的德育活动中，往往是由学校德育处将同一个方案下发给所有班主任，让所有的班级负责执行，学生作为道德发展主体的地位不突出。而在“主题—探究—表达”的精准德育实施模式中，学校变革了活动组织形式，改成了由班级策划具体的活动主题、形式、评价方式等，变“要我搞活动”为“我要搞活动”；变革了活动实施主体，改成了由学生自己确定素养发展目标、组织实施活动。在这种改变中，德育更有针对性，更具个性。例如：在义卖活动中，我们看到了班级在商定义卖主题时，为了欢迎从呼和浩特转来的学生而将主题定为内蒙古，这名同学在家乡产品推介会上不遗余力地推荐自己家乡的特产；我们看到了孩子们纯手工制作的奶茶，只为了绿色健康的生活；我们看到了主动捡起垃圾的活动参与者，也看到了义卖中幸运抽奖、环保答题、有买有赠等有创意的售卖方式。学生在真实的任务中学习道德、感受道德、体验道德、培育道德。

当教师真正从德育活动的“组织者”“实施者”转变为“变革者”，善于通过德育活动来创设真实的道德实践环境或任务，以培育学生道德品质与情感时，我们看见了更为专业的德育工作者。

（三）让学生的道德成长“看得见”

学校为什么要开展这次活动？我为什么要参与活动？在这次活动中我将发展什么？我将如何参与到活动中？怎样证明我在活动中得到了发展？诸如此类的问题，是学生在以往参与德育活动时应该思考，但是很少思考的。而在以专业的课程理念为引导的德育活动中，学生就在思考这些问题。每一个学生在同一个活动中都有不同的成长目标，有的将目标定为提高活动自主参与性，有的聚焦的是做好活动准备，有的更注重活动中自己的成长和变化。每一个学生也都可以根据自己的目标进行自我成长评价。从目标到评价这一始一终之间，我们看到的是学生对自我的准确认知，是对自己发展目标的清晰定位，是为完成目标而进行的不懈努力，是对自己和他人的客观评价。

在活动过程中，我们也真实地看到了学生的道德成长。例如：在义卖中有的同学会给家中的妹妹买礼物；有的同学会把烤地瓜揣进衣服里保温，待回家后送给妈妈；蒙古族男孩用载歌载舞的方式表达自己对家乡的热爱；有的同学为了防止糖葫芦上的糖在室内融化而设计了“保冷箱”；等等。精准德育的实施，让我们看到了每一个学生最真实的表现，看到了他们实实在在的成长。

（撰稿人：姚晶）

第三编

以“特色项目”深化全面发展教育

“美好治理”：以班级发展规划助力学生高质量成长

浙江省杭州市凤凰小学

2019年6月，中共中央、国务院颁布了《关于深化教育教学改革全面提高义务教育质量的意见》，再一次明确了要落实立德树人的根本任务，提出了“五育”并举的工作要求。党的十九届五中全会全面擘画了“十四五”构建高质量发展体系的蓝图，尤其突出了高质量育人的重要举措。而一所学校要实现高质量育人，班级就是最重要、最能体现协同育人、全员育人、课程育人的特殊单位。探索基于班级发展规划的立德树人机制，能够为实现高质量育人找到一条新的途径。为此，凤凰小学启动了班级发展规划的项目研究，以阶段性推进班级规划制定与实施为抓手，促成班主任理念转变，促进小学生健康美好成长，形成学校各班级“美好治理”的特色，构建“五育”融合的班级实践新样态。

一、班级发展规划的制定主体与内容

班级发展规划的制定主体为各班班主任，协同对象为班级配班教师、班级各学科任课教师、班级家委和全体同学，制定的内容是班级发展评价体系和班级发展规划文本。

（一）锚定“美好”标准，构建高水平治理的班级发展评价体系

一个优秀班级应该有共同发展的愿景，追求身心健康、民主平等的和谐关系，让每一位成员都能在集体中找到自我、成就自我，成为美好的自己。要锚定“美好”标准，架构“美好班级”发展评价体系来指引班级

发展。学校将视力情况、肥胖情况、体育素质、自主学习、学业达标、班级自治、文化建设、家校合作、安全事件、心理健康等10项作为对班级基础建设的评价考核指标，将悦动班级、书香班级、动感中队、体育发展、科技发展、艺术发展、优秀学子等特色项目作为班级建设个性化发展评价考核指标，指引班级建设向美好、高水平方向发展。

特色项目的考核，既面向团队发展项目，也面向个人项目。细化的项目条款，优化的特色项目设置，为班级个性化、高质量发展提供了多元路径。评价项目是经过“议稿—修正—试行”这一集体决议过程而确立的，所有项目深入人心，既系统梳理了学生高质量成长的指标，又为班级发展理念的培训学习提供了参考。评价内容由评价班主任业绩转变为评价班级、奖励班级，评价者从个体转化为由班主任、学生、家长共同组成的团体，因此，评价表需要班主任、学生代表、家长代表共同确认申报。

（二）共绘治理蓝图，制定学生高质量成长的班级发展规划文本

发展规划作为一种战略性、前瞻性、导向性的公共策略，在我国政府治理中具有十分重要的引领地位。班级发展规划，是班级建设的一个抓手，也是一种新形式，是具有学校个性的班级管理新方式。对标“美好班级”评价标准，学校通过阶段性推进新规划制定与实施，设计“四化”建立班集体共同愿景，撰写“四做”促进班集体可持续发展。

二、制定班级发展规划的程序与方法

制定班级发展规划过程中，从管理到治理，从班主任管理到形成包含班主任、学生、家长的班级发展伙伴共同体，需要各方配合建立共同发展愿景，共绘治理蓝图，如此才有利于班集体发展。这一过程需要立足“四化整合”原则，并由班级发展伙伴共同体撰写班级发展规划文本，进而借助一定的治理策略和机制保障规划的实施。

（一）立足“四化整合”定规划

学校自一开始便提出班级发展规划制定要遵循“四化整合”原则，

“四化”即价值引领顶层化、文本内容图示化、带班目标具象化、品行评价可视化。从愿景的引领到结构化展示，将目标转化为可以感受的形象，用视觉提示强化评价。

1. 价值引领顶层化

价值观是在愿景指引、使命驱动下处理行动过程中各种各样矛盾的依据。一个班级的文化软实力，从根本上说，取决于其核心价值观的生命力、凝聚力、感召力。构建具有强大感召力的核心价值观，关系到班级和谐稳定，关系到班级可持续发展。班集体作为学生学习生活的主要环境，将价值引领视作灵魂与核心，帮助学生树立正确的价值观，扣好人生的第一粒扣子。

2. 文本内容图示化

想更直观地传递信息内容，需将结构化的内容以更形象的方式呈现，这就是我们常说的图示化表达。班主任若要用一张图呈现出班级发展战略，前提一定是对班级内外的各方面要素都有清晰、全面的结构化审视与考虑。为了帮助班主任厘清班级发展目标和实施途径，学校要求各班级将班级发展规划进行图示化。有了图示化的梳理，班主任用“一图说规划”，让学生、家长、课任教师都明晰班级发展目标，让目标成为班集体成员谋求共同发展的愿景。

3. 带班目标具象化

具象化是用具体可感知的形式表达生活、思想和感情，这是儿童的特点所决定的。带班目标具象化是指将包括班级发展目标内在的价值观念转化为可以感受的形象、感情和行动的过程。通过具象设计，很容易让学生理解班级发展的目标。

4. 品行评价可视化

在进行品行评价时，班级利用可视化提示手段，让评价传递更直观，让学生更清楚容易地了解抽象的品行规范。品行评价可视化将抽象的品行规范标准用具体、量化的方式呈现出来，比如音量控制教育、规范行走教育、问好礼仪教育、日常整理教育等，以此来帮助学生养成良好的习惯，塑造“金凤凰学子”形象。

（二）设定流程协同写文本

班级发展规划的撰写也不是班主任闭门造车的过程，班集体发展并不是班主任一个人的事。撰写班级发展规划过程中，要形成班级发展伙伴共同体。

1. 做实前期准备

撰写规划前，需要进行班级情况调研。班主任在前期准备中要通过班级家长代表访谈或家长会等形式展开讨论；收集班级学生的具体信息资料及班级取得的成绩，中高年级也可以进行学生问卷调查；通过个别谈话的方式与班级相关课任教师进行交流。只有尽可能多地收集信息，充分地讨论，才能为 SWOT 分析奠定扎实基础。

2. 精准 SWOT 分析

SWOT 分析一般来说属于综合分析方法，既要分析内部因素，也需要分析外部条件，而制定班级发展规划所需的 SWOT 分析就是根据班级自身既定的条件进行分析的一种方法。具体而言就是通过调查，将与班级相关的各种主要内部优势与劣势、外部的机遇及面临的挑战列举出来，然后采用矩阵形式排列，最后用系统分析方法把各种因素相互匹配起来加以判断，从中得出制定班级发展规划所需要的一系列结论。由此而得的结论通常带有一定的决策性。

3. 简化目标描述

具象化的班级目标，还需要班级学生和教师用多种方式来解读其具象含义，并通过班级标识文化营造来使目标深入人心。例如，402“飞鹰中队”就将班级布置的展区以“鹰”进行命名。鹰翅展：展现优秀队员的学习经验、方法，用于激励所有队员奋勇上进。鹰眼拓：展现队员们阅读、游学、项目化学习所得，促进学生多元发展。鹰巢集：中队活动主题板块，营造健康班级生活。

4. 细化落实措施

落实班级发展规划，需要对应班级发展目标，根据班级实际情况，设计可操作的具体措施。措施是规划目标达成的保障，可以根据实践进行调整及修改。同时，要注意实施途径设计，通过结构化的途径设计使措施更有针对性，为实现班级发展目标提供保障。206 中队将三年发展规划分成三个阶段来实施，在每一个阶段都规划了主题活动、日常管理、文化建设，从中可以看到三年的发展要求，更可以看到如何将措施落实到日常班级运行中。

（三）寻求最大效能找策略

班级治理在班级公共生活中以促进学生的发展为核心，基于教师与学生共同的价值取向而形成班级治理策略。这种班级治理策略要求师生确立共同的目标或制定班级公约，通过平等的合作互动，恰当地使用情绪驿站、“胖墩”训练营、班级议事会、绩效使能等多元班级治理方法，从而营造积极的文化氛围，有序规范和管理班级事务，引导学生习得共同生活的意识与能力。良好的班级治理策略可以实现资源共享、信息互通，使教育效果最大化，促进学生高质量发展。

1. 情绪驿站

情绪问题一直困扰着很多学生，在良好的情绪下做什么事都会觉得顺利，烦躁的情绪则会对自己和他人产生负面影响。情绪驿站是为学生宣泄情绪、调节情绪而设的空间，一般设在教室的角落，当学生进入情绪驿站时就是向老师和同学暗示自己需要空间和时间进行自我调节。情绪驿站也是指学生调控情绪的方法，心情色卡、情绪银行都是积极情绪的支持策略。情绪驿站布置有舒适的软垫、漂亮的贴纸和可爱的小玩偶，学生在情绪低落时可以自主进入其中进行休息。驿站里还有一些和情绪相关的绘本、读本，希望学生能学习一些情绪方面的知识、控制情绪的方法。

2. “胖墩”训练营

针对个别班级学生肥胖率高的情况，班级建议学校开办“胖墩”训练营。训练营由体艺组老师利用每天晨间时间，根据学生的情况开展“减肥”运动。班主任和家长负责饮食调控，体育老师负责体能训练，通过耐力跑、耐力跳绳等活动锻炼学生意志力品质。训练中，体育老师不点到，由学生自主参加，但是所有完成训练的学生都可以获得训练营的奖励卡，完成课程的学生可以获得“毅”课程的课程履历卡。学校采用日跟踪训练量、周跟踪体重及体脂情况的方法记录所有参加训练营的学生的数据。这些数据不仅会被存档，也会被及时通过手机应用程序传到各班主任手里，便于他们做好班级年度健康数据档案分析。学生每一阶段的训练情况都被记录在班级瘦身档案里。

3. 班级议事会

为了给学生建立一个和谐融洽的学习环境和生活环境，让学生能够在健康的环境下成长，班级议事会在各班悄悄盛行起来。议事会针对班级行事历中的活动项目一一讨论，学生代表、教师、家长代表共同参与议事并执行。为了提高学生与家长的参与率，学校推行了“家长义工积分制”和“学生领袖成长积极制”，希望与家庭共建良性伙伴共同体，有效引导学生、家长共同参与到班级事务中。每学期学生、家长参与的内容主要有学校活动课程组织、班级提案、协助打扫美化教室、班级各项征文、班费管理、每学期纪念视频的制作、捐书捐物、校服的征订分发、假日小队活动的组织、家长会上的经验分享和班级微信公众号的编辑与维护等。

4. 绩效使能

绩效使能是指激发学生参与班级治理的内在动机，充分发挥学生的自主、胜任和关系三种需求，进而使其释放能量。班级治理中的绩效使能采用班级积分支持系统。班级设计值周班长制，由班级学生轮流担任。值周班长使用教师提供的反馈模板对班级情况进行每日反馈和一周小结。这样的评比和反馈进一步严格了班级各项常规纪律，学生也通过每日的反馈明确了努力的方向。值周班长需要向各课任教师收集班级学生的课堂表现、作业情况，需要了解班级扣分情况，也需要根据班级情况定期向班主任提出管理建议。

（四）确定赋能要素定机制

为了让班级发展规划的实施更有保障，学校确立了四大赋能要素，形成了一套稳定的机制，包括驻点服务制、提案推进制、清单责任制和协同链接制。

1. 驻点服务制

学校注重上挂下联，借用浙江外国语学院等高校资源，采用博士生驻点专业引领、名班主任抱团结对、行政专员挂包联系构建驻点服务制。浙江外国语学院博士生实践点为稳步推进规划提供长期专业引领，对规划制定、规划实施、规划评价进行科学干预和专业指导。班级发展规划的三轮论证都有博士生的引领，他们也会针对班级发展规划的实施策略进行指导。学校名班主任工作坊做好点对点的结对帮扶工作。例如，林老师与许老师都是区三星级班主任，除了自己开展班级发展规划制定与实施外，还对自己工作坊内的成员进行有针对性的辅导。目前林老师工作坊成员包括五名年轻班主任，以班级规划实施策略研究为重点；许老师工作坊成员包括四名年轻班主任，以班级规划评价机制研究为重点。两位名班主任身体力行，组织沙龙研讨解决班级治理中发现的困难，提炼智慧治理策略，完善班级治理机制。校行政专员到年级组驻点，及时收集问题，解决规划实施中的问题。例如，负责一年级的行政专员在开学前就要组织一年级教师进行启蒙课程培训，安排一年级学生常规学习内容及策略。

2. 提案推进制

提案推进制对持续落实班级发展规划、治理策略等起到了积极的推动作用。提案改善活动可以让专业的人和不专业的人、能力强的人和能力不强的人，通过提交“问题票”、“提案卡”或“提案改善计划书”，查究原因、讨论对策，协调资源、组织实施，持续跟踪总结阶段性改善效果的过程。

3. 清单责任制

清单责任制是指为了做正确的事和正确地做事，将规划中要落实的重要事项、实施过程中的薄弱环节、主体责任人都列入清单，真正把责任落实到岗位，做好排查、问题整改、源头治理。清单责任制的关注点在于使用清单进行治理。在班级发展规划实施过程中既有协同又有分工，班主任、副班主任、学生通过商讨，列出各自需要完成的任务清单，推进班级治理。例如：304 班班主任许老师在布置暑假少先队活动时，要负责解读活动、组织学生分组分配活动；副班主任曹老师会在假期结束前对活动成果进行收集，并发挥自己优势，对活动记录提出优化建议；而以假日小队为单位参加活动的学生们，对自己领到的活动任务进行再分配。清单责任制让团队中的所有人都明确了责任，从被动变主动，进而实现治理目标。

4. 协同链接制

学校以“新规划”为载体，形成了家长与学校、教师，校外与数字的协同链接。数字平台可以协助相关人员及时发布发展规划、存储数据和信息、实时查看状态，促进彼此协作与沟通，从而提高治理效率，保障规划实施。课任教师之间的“协同”，具体体现为：根据班级发展规划规范班级学生评价标准；通过主题学习设计，促进各学科之间的教学协同；通过管理协同，提供教师间的伙伴支持。班级发展需要班级成员的共同支持，班级课任教师也是班级的一分子，在班级发展规划实施过程中起着重要作用。班级发展定然需要家校合作，而家校合作需要家校合力。形成家校合力，除了要有共同愿景以外，更要有具体落实的策略。班级要提前设定家长需要完成的具体任务和需要学习的具体内容，并通过班级家长积分制强化家长的积极性，有的班级会通过定期评比好家长或好家风、好家庭来强化家长的积极性。增强家校合力的动力，有利于保障班级发展规划具体目标的落实。

班级发展规划，是班级治理体系改革的一个抓手，也是一种新形式，是具有学校个性的班级管理新方式。规划制定、规划实施、规划评价以及实施策略的完善，保障了各项措施的落实，形成了班级治理的闭环系统。创新规划引领下的班级治理机制，需要班级治理多元主体间的协同，实现教师间协同、师生协同以及校内外各种资源协同，从而促进小学生高质量成长。

（撰稿人：茅琼华、任启鸿、田庆云）

"F·X 成长教室"：“合作共营”的实践探索

上海市普陀区华东师范大学附属小学

华东师范大学附属小学创建于 1952 年，自建校以来就进行了诸多教育改革实验，并取得了丰硕的成果。这些成果使学校在基础教育改革不同阶段得风气之先，也为日后学校核心价值观的建构奠定了基础。近年来，学校以合作共营为办学理念，以“F·X 成长教室”为实践载体，探索建构立德树人的范式，积极回应社会对教育的需求，努力创办人民满意的教育。

一、合作共营：学校办学理念的生成

2003 年，华东师范大学附属小学开始了以合作共营小组为形式，以追求教师专业发展为目标的团队建设试点：以“协同发展、师师共营”“有效教学、师生共营”“活动贯穿、生生共营”“内外互动、家校共营”“专业对话、行政学术共营”等多种团队为组织形式，让教师与教师、教师与学生、学生与学生、教师与专家、教师与家长、学校与社区成为合作伙伴。在这样的团队中，专家、领导、教师都不是唯一的主体，大家互相合作、优势互补，实现资源共享。

2010 年，学校又以“共营才能共享”“差异就是资源”“矛盾也是动力”作为合作共营小组追求的信念，进一步将合作共营理念渗透在师师、师生、生生和家校等多种关系中，力求激发出教师对专业发展的欲望和追求，带动学校各方面的变革和发展。十多年来，学校以全体师生为主体，以团队合作为基础，以共同发展为目标，共同经营教育活动，共同规划教育理想，共同创造教育人生。因此，合作共营既是关注师生和谐发展的学校文化，也是探索落实立德树人的校园范式。

二、成长教室：学校立德树人的载体

2017—2020 年，华东师范大学附属小学秉持合作共营的办学理念，进一步完善课程顶层设计，推进教学方式变革，促进学校课程、教学、德育等各个领域整体革新，以持续激发师生内生活力，营造家校共营环境。但随着如何在“互联网+”时代中推进学校可持续发展，如何使教育内涵、实效与新时代融合等问题的出现，学校结合新时代要求进行了积极探索，最终把基于合作共营理念的“F · X 成长教室”作为新一轮学校发展规划的锚点。

（一）“F · X 成长教室”的创想

2015 年，学校针对校情、学情开始了基于问题情境的小学主题式综合课程研究。在实践中，学校借助创客理念和运作方式，建设了蕴含学校名称汉语拼音首字母的师生创客学习空间——“F · X 成长教室”。“F · X”暗寓着学生从“发现”到“分享”再到“飞翔”的成长过程：在探索质疑的反思中“发现”问题，在共同探究的学习中“分享”知识，在深度、有质感的思维中“飞翔”成长。

“F · X 成长教室”是一个独特的育人创想，以期通过创设生活化的教育场景开展德育，用丰富的教育资源、专业的教育眼光和创造性的工作方式有效落实立德树人的根本任务。该育人创想的独特性主要体现在以下三个方面：首先，“F · X 成长教室”主张运用“发现与想象”的建构主义教学方式，即不仅关注“是什么”的问题，更关心学生“如何学”，用问题激励学生主动探寻答案；其次，“F · X 成长教室”蕴含着“分享与合作”的学校教育文化，即每个人的话都有人愿意聆听，每个人的意愿都值得被尊重；最后，“F · X 成长教室”进行着“飞翔与创造”的课程统整探索，使师生在跨学科学习中弥合着五种“连接薄弱”，即学科与学科、教学者与教学内容、学生与学习、学生与自我以及学生和世界之间的“连接薄弱”。

（二）“F·X 成长教室”的实践

“F·X 成长教室”既是有形的学校“创客实验室”，又是无形的学生“思维成长场”；既是物理意义上的“教室”，又是教育意义上的“课程”，更是合作共营办学理念“3.0 版”——促进师生共同成长的“场域”。下面以学校“ASCENT 成长课程”和“主题式综合课程”为例，介绍“F·X 成长教室”的实践成果。

1. ASCENT 成长课程

“课程是教育事业的核心，是教育运行的手段。没有课程，教育就没有了用以传达信息、表达意义、说明价值的媒介。”秉此观念，华东师范大学附属小学以合作共营为学校教育文化之魂，把不断地丰富课程内容、持续地改进课程设计、努力地完善课程结构作为课程体系优化的主要研究点，着力打造基于课程标准、基于学校实际的课程落实，构建起以核心素养为指向的 ASCENT 成长课程（见图 1），形成了以“发现、分享、飞翔”为愿景的学校课程体系。

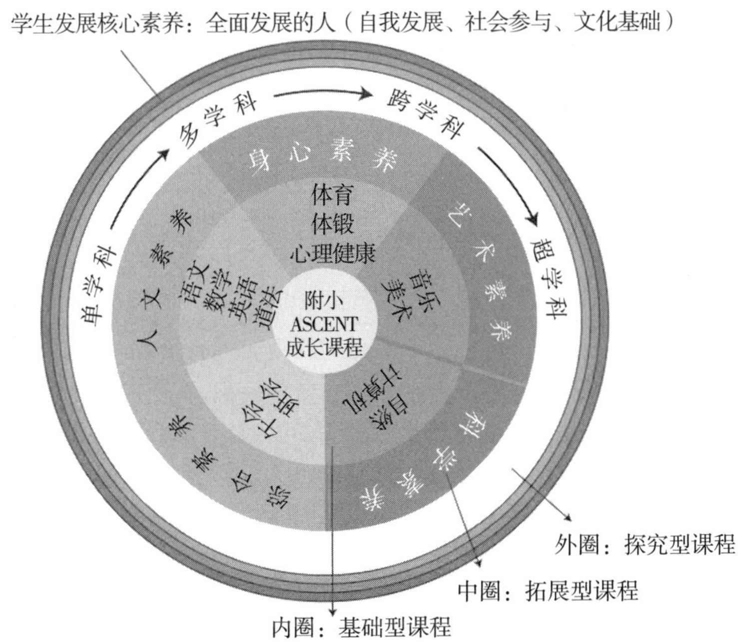

图 1　ASCENT 成长课程

在图 1 所示课程图谱中，课程同心圆的中心指向 ASCENT 成长课程［艺术（Arts）、自然（Nature）、科学（Science）、文化（Culture）、工程（Engineering）、技术（Technology）］；内圈指向基础型课程；中圈是为学生提供的人文素养、身心素养、艺术素养、科学素养、综合素养五大素养的拓展型课程；外圈则指向探究型课程，为学生构建一种开放的学习环境。图谱外圈之外的三层是指学生发展核心素养，即全面发展的人的三个方面——自我发展、社会参与和文化基础。以核心素养为指向的课程顶层设计给学生提供了多渠道获取知识并将学到的知识综合运用于实践的机会，使学生得以在更广阔的领域中提升自身素养，有助于学生在童趣充盈、丰富真实的课程体系中成长为全面发展的人。

ASCENT 成长课程适应学生特点，同时满足了以满足学生需求为目标的课程均衡发展的要求，其均衡性主要体现在以下三个方面：基于教育方针全面落实的均衡、基于全体学生共同成长的均衡和基于每位学生个性发展的均衡。

（1）基于教育方针全面落实的均衡。

ASCENT 成长课程本着“让每个学生健康快乐地成长”的要求，以“基于课程标准的教学与评价的改革试点”为抓手，以“构建共营课堂的教学特色”为突破口，实现了基础型课程的平衡和互补，培养了学生的基本素养和基本能力。

（2）基于全体学生共同成长的均衡。

结合探究型课程的学习特点和学校的特色活动，学校从有利于每一位学生的成长的理念出发，对主题单元活动的内容进行重新梳理统整与补充更新，并采用课内外结合、校内外联动同时渗透的方式，开展着眼于学习方式改变的研究主题学习活动，从而使学校课程架构具有均衡、公平、普惠教育的内涵。

（3）基于每位学生个性发展的均衡。

学校拓展型课程具体科目的开设、实施，既考虑科目选题与学生发展规律的适应性，也考虑科目要求与学生身心发展程度的适应性，还考虑各年段科目设置的全面性，即与五大素养全面培养的统整，并借助教师意向表、学生征询单、家长问卷表等工具，从教师、学生和家长三方面进行需求分析，以满足不同学生的不同需求，促进学生的个性发展。

而为使课程的均衡发展落到实处，学校在课程实施上秉持“课程选择因人而异、课程开设因需采纳、课程教授因材施教”的原则，为学生创设独特的学习环境、丰富的学科活动，以内隐的方式潜移默化地影响学生的精神世界、行为方式和心灵成长，让学生基于已有的生活、学习经验，多角度、多层次、多交叉地思考问题，拓展自己认知的深度和广度，从而使学生可以“学以致用、做中发展”，使每个学生都能健康快乐地成长。

2. 主题式综合课程

“让创新教学来源于实践，还原于教学实践，促进教与学的变革。让新科技与传统文化相结合，融入课堂，使未来照进现实、让传统走向现代。”这是学校进行主题式综合课程研究的总体理念。在主题式综合课程的实施过程中，学校秉持“课程—共营—成长”的校本课程建构思路，具体体现为：在课程学习中，鼓励学生作为创意者去发现问题，找到改进的办法并将其整理归纳为创意和点子，不断创造出新的需求；在共营互动中，激励学生作为设计者将创意和点子转化为详细的图纸，不断衍生出可执行的计划；在持续成长中，培养起学生作为实施者强有力的行动能力和勇于实践、乐于分享、追求美好生活的创客精神。主题式综合课程的实施历经了“单学科—多学科—跨学科—超学科”四个课程实践阶段。

（1）单学科、多学科课程实践的初始阶段。

这一阶段主要分析各学科教学中与各类活动主题（如传统文化“二十四节气”等）相关的学习内容及这些内容如何分布在不同学科、不同年级，进而据此设计课程的教案，采用新型的教学方法（或学习方法）、思维方法，统整阅读或手作课程，开展分学科教学实践。

（2）跨学科课程实践的中期阶段。

该阶段选取涉及语文、美术、自然、探究等具有跨学科融合特点的综合课程中的典型教学设计进行微观分析和比较，分别从文化、科学以及艺术等不同方面帮助学生主动展开探索与创造，并从中归纳梳理出典型的教材设计和教学案例以及课程评价。此阶段多以同上两门不同学科的课的形式，探索“基于问题情境”的单元教学主题。

（3）超学科课程实践的渐进阶段。

通过协同“F·X 成长教室”这一创客空间，引导学生欣赏或批判性地审视传统文化。通过对各门课程教材进行分析，保留典型内容、统整割裂内容、合并重叠内容，自主开发、设计实践，形成围绕主题式综合课程目标的课程内容。师生换位思考，共同定义问题，形成创新概念，提供解决方案并实施开发制作。这一过程要求教师创新教学实践，带领学生建立若干研究小组，以项目式学习、探究式学习为基本形式，借助数字出版、互动设计、虚拟实验（如 AR 自然常识）、艺术品创意设计、模型搭建与 3D 制作、“互联网+教学”（如可视化学科学习能力图）、摄影文化（如延时摄影）、工艺品与创意设计的实践制作、博物馆教育和“非遗”传习与创新等项目，为学生提供多元的学习体验。多学科的融会贯通，可以激发学生的思维，引导学生用综合性思维来判断问题、解决问题，使学生的创新思维和问题解决能力得到提高，也更加享受学习的过程。

目前，学校选择二至五年级学生进行研究，通过多轮的实践探索和不断改进，已形成一批主题式综合课程课例、案例，同时也完成了线上“二十四节气主题式综合课程”研发。学校把创客教育纳入项目的整体设计中，使其不仅包括硬件、空间，还包括课程体系乃至学习氛围。在这样的成长教室里，学生运用“创客式的学习方式”，把创客 DIY 精神与互联网技术、设计思维整合，并通过与他人跨界合作将各种创意变成现实，从而实现自身的创新发展与螺旋式成长。

三、循证成长：学校探索样态的反思

“F·X 成长教室”是一间“可以让人成长的教室”，“孕育”着生活于同一间教室中的师生——一群有着共同梦想、能够遵守实现共同梦想的卓越标准的志同道合者。他们互相祝福，珍惜珍重生命中偶然的相遇，彼此做出承诺，共同创造一个完美的教室，共同书写一段生命的传奇。“每个孩子每天早晨期待着到教室，不知道今天老师又带来什么新的东西，一天的时间真的是非常短暂，这就是完美教室。当然，要做到这样不是一件容易的事，那是靠完美的课程来构成的，不仅是靠仪式、靠活动、靠庆典。”

然而，“F·X成长教室”又不仅仅是一间教室，它实际上是一次深刻的学校课程文化变革，旨在将以教材为核心的程序化课程变成以培养人为目标的活课程。因为要使学校课程文化发挥高效能，将其转化为塑造品格、涵养情操、激发兴趣的全人教育，所以学校需要建设与之相适应的教育环境和学生成长空间。这一过程必然需要课程创设者、课程实施者从观念到行为方式的转变，需要他们跨越学科壁垒、培养多学科视野以及寻找科学合理的教与学的方式。虽然最初的尝试是艰难甚至痛苦的，但教师可以从中找到提高自身专业水平的途径。

“F·X成长教室”更是一个独特的教育创想、一种学校新样态的探索，其目的就是让学生的个性得到更多的尊重，让他们拥有天然的成长力量和属于自己的成长方向。因为学生能到达的地方也许超乎想象，学校能做的就是让他们自由舒展，像野花一样自然生长。“F·X成长教室”正在让学生以本来的方式奔向未来，使其在无限可能中成为最好的自己。

（撰稿人：严玮懿）

“乐享耕读”劳动教育课程实践探索

河南省郑州市管城回族区南曹小学

南曹小学位于郑州市管城回族区，学校在“做富有生命力的绿色教育”办学理念的引领下，探索建设了“乐享耕读”劳动教育课程，展示了如何将劳动教育融入育人体系，落实立德树人根本任务。

一、“乐享耕读”劳动教育的背景和理念

南曹小学是一所农村学校，学校周围有着大片的农田及果园，学生家长有着多年的劳动经验。目前学校周边正处于城中村改造和发展的黄金期。各种现代农业、工业园区也相继成立。学生既可接触传统农业，又能感受现代工业、农业的发展。这些为学校开展多层次、多领域、多主体的劳动教育提供了丰富的“质料”。鉴于此，南曹小学在“做富有生命力的绿色教育”办学理念的引领下，生成了以“春草校园文化”为背景的劳动育人新模式，充分发挥了劳动教育在立德树人中的重要作用。

在此基础上学校探索建设了“乐享耕读”劳动教育课程。“乐享”旨在让学生体验劳动的快乐，享受劳动的乐趣；“耕读”不仅丰富了学生的知识，锻炼了学生的动手实践能力和创造能力，更磨砺了学生的毅力，同时也传承了中华耕读文化。“乐享耕读”劳动教育课程与学校的学科课程、校本课程、德育课程等共同构成了一个育人的大课程体系。

二、“乐享耕读”劳动教育的课程目标

学校立足“向阳向善、蓬勃有为”的学生发展目标，结合“健康的体魄、高尚的品格、乐观的生活、合格的学业”的课程目标，根据学校师资配置、教学环境、劳动资源，紧紧围绕培养学生劳动素养这一核心，凭借国家课程、校本课程两个支撑，打破常规协作方式，借助“U-G-S”的力量，落实“五育并举，融合育人”的目标，创设一个“全人教育”的大环境，最终实现“以劳树德”“以劳增智”“以劳健体”“以劳育美”“以劳促创”的劳动教育目标，从而将学生培养成“乐奉献勇担当、勤动手善创造、祛娇气能吃苦、爱生活会自理”的有为少年。

三、“乐享耕读”劳动教育的课程内容

按照“乐享耕读”劳动教育课程目标，以劳动实践、劳动探究、劳动创造为抓手，学校构建了“五大小”核心课程和“润无声”延展课程。

（一）“五大小”核心课程

1.“大家园，小当家”家务生活课程群

“小鬼当家”让家务劳动常态化。家庭是儿童劳动意识的启蒙之地，是劳动教育的起点，也是劳动教育的归宿。学校根据学生的年龄特点和学科知识基础，开展了不同劳动主题的家园实践活动，并对家长提出具体要求，引导学生掌握正确的劳动知识和技能，培养劳动习惯和态度。

2.“大校园，小主人”责任岗位课程群

“学堂练技”让校园劳动责任化。学校打破班级、年级之间的壁垒，大力开展“人人都有小岗位”责任区活动。从班级的生活需要出发，设置多样的班级责任岗，促使学生人人都有小岗位，努力做到自己的事情自己做、集体的事情抢着做、不会的事情学着做，使学生不仅学会自理、自立，更能够有责任、有担当、有成长。学校利用校园多方位、多岗位、多

职位的特征，从学生生活需要出发，大力推行“人人有个小岗位”责任岗课程，学生可根据自己的喜好选择岗位进行体验。

3. “大田园，小农夫”田园实践课程群

“田园拾趣”让田园劳动多样化。学校遴选劳动知识内容，融合语文、数学、道德与法治、科学等学科形成劳动课程群，着重培养学生的劳动观念和劳动态度。这些临时生成的课程，不仅打破了学科的界限，更落实了学校“生活—生成—生长”的课堂理念，真正做到从做中学、从学中创。

4. “大社会，小工匠”职园启蒙课程群

“乐享岗位”让职园劳动共情化。学生们通过走访各行各业人士，采访行业精英，增进对不同行业的认识，树立人人都能通过劳动改变世界的远大志向。

5. “大智慧，小创客”创园生长课程群

“创园生长”让创园劳动个性化。学校通过手工课、技术课、实验课、编程课等，让学生在学中做、做中创，在创造性的劳动中，培养学生的想象力、创造力和解决问题的能力。低年级以劳动实践为主，开设手工编织、蛋雕等课程；中年级以劳动探究为主，融合各学科知识开设农耕探险、植物博识、科学工坊等耕乐园特色课程；高年级以劳动创造为主，开设电脑编程、科学小实验、飘香厨艺等课程。

（二）“润无声”延展课程

1. “星光点点”美丽长廊课程

“让学校的每一面墙壁都开口说话。”劳动长廊蕴含着质朴、勤劳的文化特质。为更好地传承劳动文化，南曹小学利用楼梯设置了劳动文化长廊，主题为“劳动之知”“劳动之行”“劳动之美”。“知”包含传统劳动工具和现代劳动工具的对比、劳动果实的加工及职业的知识，各种课程加深了学生对劳动的认知；“行”讲述了学生、老师的劳动故事，激发学生的劳动热情，使学生懂得劳动的艰辛和甜蜜；“美”是劳动人物之美，记录了国家、地方和校级劳动模范的故事，给学生树立了劳动最光荣、劳动最美丽的理念。

另外，学生根据二十四节气歌谣，研究种植与二十四节气的关系。学校在耕乐园篱笆的基础上制作了以二十四节气及注解为内容的文化栅栏，让学生可以随时了解、掌握节气与种植的关系，丰富学生劳动知识积累，提高学生劳动知识素养。

2.“生机勃勃”阳光课间课程

课间操是学生日常活动的重要内容之一，也是每天一小时“阳光体育”的有力保障。为了更好地把劳动教育融入五育当中，南曹小学自主创编了劳动特色大课间，主要渗透以劳健体、以劳育美、以劳树德的发展理念，挖掘了1—6年级12册音乐教材里有关劳动的歌曲，融入体操、拖地、洗碗、挑水、插秧等方面的动作，创编了一套独具特色的劳动课间操。

3.“花儿朵朵”工具博览课程

传统农具曾是农业生产中必不可少的重要工具，为了让学生了解传统农具的变迁，让他们认识到劳动的不易和价值，学校还建立了“劳动工具展览馆”。学校号召全体师生利用暑假，开展“劳动工具大寻访”活动。全体师生深入边远农村，自主收集了耕作、播种、灌溉、收获、加工等方面的多种传统劳动工具共240件，并举行了劳动工具博览会。

4.“幸福满满”节日仪式课程

以“五一”国际劳动节为核心，南曹小学开设了系列劳动主题节日课程。开春之季，有“春播节”；在“采摘节”中，学生学会了攀爬；在“义卖节”中，学生学会了与人沟通；在“美食节”中，学生学会了节俭、分享和谦让；在“秋收节”中，学生摘辣椒、拔萝卜、挖红薯、摘棉花等。

5.“神采奕奕”激情演讲课程

升旗仪式是对学生进行德育的重要途径之一，学校把国旗下演讲与劳动教育主题活动相结合。中队辅导员们结合传统节日或感恩、爱国等主题教育，提前一周带领队员们精心准备，通过演讲、歌舞、相声等形式开展主题教育。

四、“乐享耕读”劳动教育的课程实施

（一）实施途径

学校深入落实国家有关劳动教育的意见，综合考虑劳动场所、师资力量、学生意愿，设置了每周 1 课时的劳动课、2 课时的劳动实践走班课及每周 3 课时的耕乐园劳动实践基地的延时课等（见表 1）。

表 1 劳动课程实施途径

课程类型	课时	内容	课程目的
劳动课	每周 1 课时	劳动校本教材	初步形成劳动素养
走班课	每周 2 课时	特色劳动课程	发展个性，培养兴趣爱好
延时课	每周 3 课时	劳动校本教材的拓展与延伸	培养劳动创造的能力
活动课	选修	节日课程活动，如秋收节、义卖节等	展示评价学习成果

（二）实施形式

1. 借助耕乐园，开展“互助探究式”学习

学校充分发挥耕乐园独特的劳动育人功能，巧妙地融合了语文、数学、英语、科学、体育、音乐、美术等多学科知识，在劳动基地中引导学生运用和探究。

2. 融合学科知识，开展“实践探究式”学习

问题是项目化学习的核心。从问题出发，融合各学科知识，在劳动课中提出问题，从而生成“实践探究式”的项目化学习任务，让学生行动起来。选择的切入点要小，学生提出的问题都是真实存在的，这样能让学生对所研究的小项目产生浓厚兴趣，充分调动起他们的积极性，使他们养成多观察、善思考的好习惯。

3. 借助多种力量，开展“家校协同式”学习

学校融合多元主体力量，邀请家长利用每天的下午延时服务时间，定期走进学生的劳动课堂授课；聘请三位种田能手作为劳动技术指导员，确保劳动课程和劳动实践稳步推行；还聘请了多位中国传统艺术传承人作为学校的特色劳动课程授课教师，增强劳动课程的趣味性和创造性，拓展劳动课程的长度和宽度，提升劳动课程的品质。

“少讲授、多探究、重实践”，在这样的课程实施原则下，学校积极发挥主导作用，教师做好劳动教育的安全、流程、技术的讲授，在校内组织开放性校园劳动，把课堂设置在每个劳动现场，以学生自主探究为主要完成方式。通过劳动教育课程，帮助儿童捋顺内在生长逻辑，打通个体生长路径，让儿童能够真正地自然生长。

（三）“百草共生式”评价体系

学校的“跨界融合”式劳动课程评价体系关注每一个学生的全面发展、持续发展和终身发展（见图1）。目前课程的评价方式有两种。

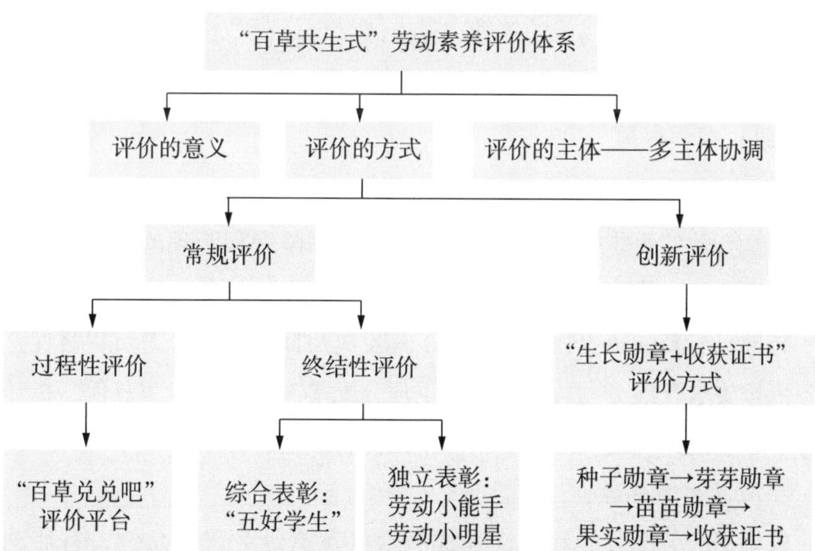

图1　“百草共生式”劳动素养评价体系

1. 常规评价

学校利用“百草兑兑吧”评价平台，把劳动教育纳入积分管理，建立积分评价制度。教师依据学生在劳动课和劳动活动中的表现，奖励学生数量不等的积分，并将积分公示在班级“百草竞绿”积分榜上，累积足够的积分可以兑换相应的礼物。除此之外，优秀学生的评选由“四好”变“五好”。学校通过对学生德智体美劳五个方面的综合评价，增强学生劳动意识，培养其劳动素养。

2. 创新评价

学校正在进一步探索创新劳动教育评价方式，计划构建“生长勋章+收获证书”评价方式。这种评价方式能充分地调动学生参与评价的积极性和主动性，让评价效果增值。根据耕乐园蔬菜的生长期，学校分别设计了种子勋章、芽芽勋章、苗苗勋章和果实勋章。教师在每次劳动课或劳动活动后，在学生劳动评价手册上盖上相应的奖章，累积后可以晋级争章，集齐四个勋章可获得收获证书一张，可以带领自己的父母到耕乐园树主人牌，收获自己喜欢的蔬菜。这种“生长勋章+收获证书”的评价方式让学生体会到了与植物共成长的蓬勃力量，同时也是对“春草校园文化”的美好诠释。

（四）课程保障

1. 领导组织保障

建立有效的组织管理网络，明确职责，保障课程管理的顺利进行。德育处负责活动安排、标准制定、目标检测考评、违纪情况统计通报、劳动技术指导；后勤处负责物质保证、工具发放与回收；年级组负责督促、协助各班按要求开展劳动教育课；班主任分配落实责任、组织督促、指导评价每个学生的劳动情况并将之纳入个人操行鉴定评分。

2. 制度体系保障

每学期的劳动技能和劳动养成教育必须有计划、有总结、有活动记录。建立学校、家庭、社区三结合的教育网络。实现课内课外、校内校外相结合。充分利用校讯通、家长学校等渠道，加强学校与家庭的联系，共同培养学生的劳动素养。

3. 劳动资源保障

第一，劳动社会实践活动每月至少安排两次，争取一周一次，充分发挥教育基地的作用。第二，劳动教育与校园环境卫生和校园美化相结合。实行楼道、院区等公共区域各班大包干，明确班级及个人职责。第三，学校地处农村，有专门的劳动教育基地和丰富的劳动资源。第四，学校周围有园方集团、金岱工业园、张华楼村农业示范园、小李庄车站、豆腐作坊、家具厂等实践性基地。

4. 课程指导保障

第一，建立课程团队。学校成立了以校长孙百灵为组长的劳动教育工作领导小组，精挑 12 位骨干教师成立劳动教育课题研发小组。第二，坚持专家引领。学校秉持“走出去，引进来”策略，通过积极联络，得到了北京师范大学、华东师范大学、河南大学的鼎力支持。第三，加强区域合作。学校加强与区教研室等相关部门的联系，在总体思路、资源引入、课程架构等方面得到了大力支持。第四，形成社会联盟。学校积极开拓劳动教育教师资源，聘请南曹村三位种田能手作为劳动技术指导员，聘请多位中国传统艺术传承人作为特色劳动课程授课教师。第五，开展家校协作。学校积极发挥家长的力量，既在家庭之中设置劳动课程，由家长负责指导和实施，又在学校中鼓励和引导有一技之长的家长为学生开设手工技艺、职业认知等多样化劳动课程。

五、效果和影响

“乐享耕读”劳动教育课程的开展，让学生参与劳动，感悟劳动的艰辛，明白幸福生活的来之不易。学生在实践、体验、探究、合作中不断走出校门、走进自然、融入社会，使自己的沟通交流能力、配合协作能力、观察创新能力、实际操作能力和融入社会的能力都得到了潜移默化的提升。

“乐享耕读”劳动教育课程让学校在劳动教育方面取得了阶段性的显著成果，获得了众多专家的一致认可。作为郑州市“十三五”优秀教育成果，它被省内20多家媒体广泛报道。如今，它已成为区域内劳动教育的一种范式，引起同行的广泛关注。

（撰稿单位：河南省郑州市管城回族区南曹小学）

用“新劳动教育”筑牢立德树人基石

山东省临沂市兰山区半程镇中心中学

半程镇中心中学（以下简称半程中学）位于“全国文明村镇”、省级中心镇——半程镇，是一所农村乡镇中学，创建于 1987 年 12 月，现有两个校区，占地共 246 亩，在编教师 212 人，教学班级 74 个，学生 3706 名。

近年来，学校坚持以习近平新时代中国特色社会主义思想为指导，秉持“伴成教育”思想，强化教育基础设施建设，构建新劳动教育课程群，营造良好育人环境，提升学校育人品位，努力培养笃学日进、温暖有力的世界中国人，办老百姓家门口的高品质学校。

一、目标引领，价值导向，打造劳动育人文化

习近平总书记在全国教育大会上指出，要培养德智体美劳全面发展的社会主义建设者和接班人，要教育引导学生崇尚劳动、尊重劳动，要努力构建德智体美劳全面培养的教育体系，形成更高水平的人才培养体系。对于农村学校而言，劳动教育不仅在学生个体层面承担着潜力开发与人才培养的责任，还在农村社区层面承担着推动乡村振兴、促进农村现代化的任务。

半程中学是一所具有悠久办学历史的农村学校，学校历经多年的实践和探索，不断完善“伴成教育”思想，牢记“全心全意为师生服务，给每一个生命向上的理由”的办学初衷，以“培养笃学日进、温暖有力的世界中国人”为育人目标，坚持“相伴一程，守望一生”的教育追求，以新劳动教育特色品牌为抓手，着力将新劳动教育课程体系打造为学校的办

学特色。基于此，学校建立了包含“以劳育德、以劳促智、以劳健体、以劳树美、以劳创新”5个维度、“田间劳动、家务劳动、社区服务、传统技艺、职业体验、创新劳动”6大模块、36门课程的全方位、多层次的劳动育人体系，开展形式多样、健康向上、格调高雅的校园文化活动，促进学生德智体美劳全面发展，推动办学质量和管理水平提升。

二、健全制度，完善保障，构筑“三全”育人格局

（一）健全德育工作制度

学校坚持红色引领，以党建作为德育工作发展的引擎，成立党员教师德育工作室，设立党员教师德育工作贡献积分制，开设党员红色课程，录制党员红色微视频，充分发挥党员教师的先锋模范作用和红色育人功能。

确立“五育并举，德育为先”的工作思路，积极研究德育工作内容，针对新时期德育面临的新问题，努力构建“伴成德育”工作新样态，改进学校德育工作的方法，努力提高德育工作效率。

整合各方面德育力量，成立了“伴成德育”创建工作领导小组，出台了《“伴成德育”创建工作实施方案》《“悦成教师”育人评价工作实施方案》《“志成学子”操行评价工作实施方案》，建立健全了各项德育工作制度，构筑起全员育人、全程育人、全方位育人的工作格局。

（二）完善育人物质保障

学校高标准设计和打造校园环境，打造“隐性教育课程”，突出环境育人主题，提升校园文化品位。统一规划了教学区、运动区、生活区、绿化区布局，校园整体美观大方、生机盎然，随处可见绿树青草，到处鸟语花香，令人赏心悦目、心旷神怡。校园如同一座美丽的花园，体现了高格调的环境氛围。同时，学校环境的更新与新劳动教育相互融合，精心设计，让学生在参与环境管理的过程中，既学到了劳动的知识技能，养成了热爱劳动的习惯和良好的卫生习惯，又培养了热爱美、欣赏美、创造美的

能力，并进一步内化为优良的品德素质。

建造了以劳动文化为主题的文化长廊，结合宣传栏、海报、黑板报、广播站、院墙、教学楼走廊等，结合热点焦点话题，定期更新，形成了“时时育人、处处育人、事事育人”的良好环境。

三、课程化设计，活动化实施，实现劳动育人新样态

在发挥国家基础课程育人功能的基础上，学校研发和开展了以劳动教育为核心的系列校本课程，并将德育活动、国家基础课程中的相关内容与劳动教育结合。采用教学统整等方式，利用生活主题、地方特色，以真实的情境与经验素材做好以核心素养培育为目标的教学设计，让劳动教育回归育人本位。

（一）劳动育人课程化

学校与多家职业院校对接，高标准建设了 4000 多平方米的“乡村少年宫”，结合区域实际和学生发展需求，组建了烹饪、创客、舞蹈、书法、绘画等 30 多个兴趣社团，每学期初学生自主选择，每周灵活开课。规划开发了 6 大课程模块：田间劳动课程、家务劳动课程、社区服务课程、传统技艺课程、职业体验课程和创新劳动课程。

上述课程模块与目标相互匹配且呈进阶关系。具体而言，田间劳动课程、家务劳动课程、社区服务课程是新劳动教育的基础类课程，旨在强健学生的体魄和提升学生的品德修养。传统技艺课程能够培养学生的劳动精神，促进学生体力与智力发展，属于进阶类课程，全体学生均需参加。职业体验课程和创新劳动课程是高阶类课程，一方面旨在使学生初步体验职业，另一方面旨在让学生通过体验活动明确未来的发展方向。

1. 田间劳动课程

学校地处农村，大部分学生家中都有农田；学校新校区西侧有 119 亩农田；“伴成教育”联盟校实践基地拥有 200 多亩实践场地。因此，学校具有丰富的田间劳动用地资源，可以把家庭、学校、基地的田间劳动课程

化，包括常见花卉培养、农作物培养、沼气制造、肥料制造、水的净化、农副食品的加工与贮藏、树木种植与管理、养殖、无土栽培、垃圾分类、酿酒酿醋等。鉴于田间劳动课程的重要价值，学校将其按校本类、社团类、实践活动类、参观类予以实施。学生每学期至少要达到5课时的最低要求，这将被记入个人成长档案。

2. 家务劳动课程

学校鼓励学生参与家庭中的日常劳动，如最常见的衣物洗涤、烹饪、编织、园艺及常用家电的操作、保养与维修等。由于家务劳动课程主要是在家庭之中开展，因此其以（周末或假期的）实践活动作为主要形式。学生每学期至少要达到10课时的最低要求，这将被记入个人成长档案。

3. 社区服务课程

学校组织并鼓励学生走进社区，为社区提供力所能及的服务，如打扫社区卫生、去敬老院慰问孤寡老人、开展“我爱社区”演讲大赛、开展普法义务宣传等。在此类活动的过程中，学生一方面能够提高自身能力品质，另一方面能够为社区的居民提供帮助。此类课程以体验活动为主。学生每学期至少要达到5课时的最低要求，这将被记入个人成长档案。

4. 传统技艺课程

学校在少年宫开设专门空间，精选地域非物质文化遗产项目（剪纸、扎染、泥塑、版画、电烙画、人工琥珀等），要求学生亲自动手参与制作和体验，让学生领略传统手工艺的精妙细腻，在体验中传承优秀传统文化。此类课程以体验活动为主。学生每学期至少要达到5课时的最低要求，这将被记入个人成长档案。

5. 职业体验课程

学生在学校内部体验学校中的各类岗位，如炊事员、管理员、协调员等；通过校内开设的跳蚤市场，体验当“小老板”的感觉，接受财商教育。学校外部的体验职业包括木工，电动车、自行车原理及维修，医护，金工，电工，面点师等。职业体验课程包括初级体验和专业体验两种类型，针对两个阶段的学生分别开展。初级体验课程需要全体学生参与其中，接受专业教师的专业指导。学校在初二末期对学生进行分流。就学校学生的实际发展需求而言，相当一部分学生会在毕业后选择进入职业高中进行学习。这部分学生在初三阶段会参与时间更长、专业性更强的职业体验，即专业体验。一部分学生会选择进入普通高中进行学习，此类学生在初三阶段可以根据自身兴趣，自愿选择是否参与（专业）职业体验课程。还有一部分学生有可能在初二升初三的过程中陷入迷茫，通过职业体验课程可以初步明确自己的未来发展方向。学生每学期至少要达到 5 课时的最低要求，这将被记入个人成长档案。

6. 创新劳动课程

学校重点打造了创新劳动课程模块，主要包括创客、STEM、3D 打印、开源硬件、App 开发、电脑绘图、Flash 动画、网络设计、数字动漫、无人机等课程，能够提升学生的创新思维能力，为满足社会对未来劳动者的需要打下坚实的基础。此外，学生可以将其他课程模块中的问题带入创新劳动课程中予以解决。此类课程以动手实践活动为主。学生每学期至少要达到 15 课时的最低要求，这将被记入个人成长档案。

（二）完善增值性评价

通过增值性评价，可以对学生学习进行纵向、横向比较。此外，学校还配套开发了学生操行评价的微信小程序，对学生的劳动素养、德行操守进行动态化评价，实现了与家长、社会的联动化评价。同时，评价贯穿学生初中生涯，侧重综合素养评价，实行晋级性评价，每学期末进行阶段性表彰。

四、家校携手，伴爱成长，营造温馨育人氛围

在日常与学生的交流中可以发现，部分学生劳动意识淡薄，这一现象与家长的教育方式密切相关。在家庭中，部分家长极力避免让孩子参加日常家庭劳动，使孩子逐渐养成了懒惰、推脱等不良习惯。因此，新劳动教育课程体系的目标之一即通过一系列的家校活动以及家校合作，更新家长

的（家庭）教育观念，使家长能够在日常生活中科学引导孩子进行劳动，培养孩子的劳动精神、意识与能力。

同时，学校与科研院所合作，开展家校育人合作研究。通过改善家长的教育方式，形成家校教育合力，为学生成长、成材、成功提供完美助力，营造温馨和谐的家校氛围。

五、成效和反思

相伴一程，守望一生。“伴成教育”给予了师生前行的力量，新劳动教育课程让师生找到了前行的方向。一年多来，学校全体教职员工不忘初心、真抓实干，牢记使命、教书育人，赢得了各级党委政府和社会各界的高度评价与充分认可。学校的教育工作与成果得到《人民教育》《中国教育报》《山东教育报》《山东教育》和山东教育电视台等百余家媒体的报道，在社会上引起极大关注，产生广泛影响。

多年来，随着新劳动教育课程的开发实施，对于学生而言，上中专、读职校已不再是成绩差的无奈选择，而是为了发展兴趣、增长技能、实现职业理想而做出的人生抉择。毕业后就读于山东交通技师学院的贾同学参加了多次技能比赛并取得优异成绩，后来留校任教；毕业后就读于临沂市商业学校的李同学获得了山东省职业院校技能大赛一等奖，成为“抢手人才”。大批学生成了职业院校里的佼佼者。

未来，学校将紧紧抓住大有可为的历史机遇，继续高质量推进新劳动教育工作，构建新劳动教育课程群，完善农村德育工作的新路径，办好老百姓家门口的高品质学校，积极探索新时代农村教育发展的新样态。

（撰稿人：雷明贵）

五育融合视角下的少先队活动设计与实施策略

上海市普陀区恒德小学

本案例基于五育融合的视角，以上海市普陀区恒德小学气象与民俗文化的主题融合为例，尝试对少先队活动设计与实施策略进行分析与反思，以期为少先队五育融合由理念走向实践，提供一些经验与启示。

一、基于五育融合新视角的活动理念

五育并举和五育融合并不是全新的概念，最早是由蔡元培先生提出的，但在当下再次被提及，有着特殊的时代背景和文化价值，是对“培养什么人、怎样培养人、为谁培养人”的回应。五育融合不仅仅是一种育人理念、思想，更是一种育人思维、路径、方式。五育融合是一个整体，不仅每一育都要加强，更重要的是建立一个教育生态，促进各育的互联、互融、共生、共荣，你中有我、我中有你。

气象科普是上海市普陀区恒德小学的品牌特色，更是其鲜明的文化特质，在学校课程育人、活动育人、文化育人、协同育人的过程中发挥着举足轻重的作用，是学校持续发展的“引擎”。

学校基于现有资源，以五育融合为实践理念和活动目标，从生态文明及传统文化传承的高度，整体设计并有效实施融合气象与民俗文化的少先队活动，引导队员了解气象与民俗文化的相关知识，感受中国气象及传统民俗文化的魅力，激发学习兴趣，增强民族文化自信，提升综合素养。选择五育融合视角主要基于三方面的考量。

首先，学校气象科普特色是五育融合的基础。恒德小学是全国气象科普教育基地，经过多年的探索实践，逐步建成人工气象站与自动站并举，覆盖内外两区、占地千余平方米的“气象科普创新实验室”群落；教育信息化赋能，形成“智慧筑基、智识融合、智能渗透”的“三智”模式；德智体美劳五育自然融入，且相互结合、共存，为创新人才培养和生态文明理念传播提供了扎实的“恒德样态”，为五育融合的少先队活动提供了广阔的实践空间及厚实的文化积淀。五育融合理念指导下的少先队活动探究实践，也必将为学校注入更加具有时代气息和育人高度的学校文化特色内涵。

其次，融合气象与民俗文化的少先队活动是五育融合的路径。学校以融合气象与民俗文化的主题活动为引领载体，串联并促进各育的融合。气象与民俗文化有着丰富的育人价值，生态文明教育、中华传统文化教育是其“德”之“髓”，气象环保知识获得、实践创新能力培养是其“智”之“魂”，感悟科技之魅、文化之美在于育“美”，手脑并用、体验探究既利于培“体”，亦利于育“劳”。同时，打通学科学习、校内外实践的壁垒，是五育的互动、互促，更是五育的融合、升华。

最后，文化自信与素养提升是五育融合的目标。少先队活动是实践育人的主渠道，为适应五育融合的新要求，实现文化传承、政治启蒙、素养提升的价值追求，我们需站在五育融合的高度，将核心素养融入学生培养目标，充分发挥少先队组织活动育人、实践育人的优势，在自主活动、自主探究中，与学生的生活相连，丰富学生文化底蕴，培养学生文化自信，传承中华传统文化精神，全面提升学生综合素质。

二、源于五育融合新需要的活动内容

五育融合的少先队活动，要从理念真正走向实践，需要依据五育融合新需要科学设计活动目标，合理选择活动内容，还需要用五育融合的观念引领活动组织形式、活动方式的变革。其中，少先队活动内容的选择，是五育从单轨前行走向并轨融合的关键环节和基本保障。在少先队的教育活动中，要关切队员成长，倾听队员心声，精准服务儿童在身心健康、学习成长、人际交往等各方面的需求。这就需要依据年龄特点，设计符合儿童兴趣和爱好的活动，满足五育融合的新需要。现以恒德小学中高年级气象与民俗文化主题融合的少先队活动内容为例进行探讨。

（一）基于五育融合，优选活动内容，服务成长需求

通过问卷调查，了解学生对气象与民俗文化的认知和接纳程度，并针对具体题目抽取部分队员进行访谈，发现他们对于气象与文学、气象与饮食、气象与服饰、气象与习俗这四个与生活相贴近的主题均比较熟悉，这为气象与民俗文化主题融合的少先队活动的开展奠定了基础。另外，队员们对这四类活动均比较感兴趣，且最倾向于校外实践体验活动，这也与少先队活动重在实践体验不谋而合。因此，学校在设计少先队活动时，依据中高年级少先队员求知欲旺盛、学习兴趣广泛的特点，发掘适合少先队员的气象与民俗文化内容，以激发他们参与活动的热情，更好地服务于他们成长的需求。

（二）立足五育融合，设计活动内容，提升综合素养

聚焦气象与民俗文化融合的四大板块——气象与文学、气象与服饰、气象与饮食、气象与习俗（见表1），进一步思考融合的路径：五育之中，谁与谁融合？怎样融合？探索科学设计并有效实施气象与民俗文化主题融合的少先队活动的有效策略，以期以丰富的少先队活动课程，激发队员参与活动的兴趣，提升少先队活动的教育价值与品质。

表1　五育融合活动设计

序号	类别	五育融合的契合点	活动举例		
			主题	路径	设计意图
1	气象与文学	美育、智育、德育	气象诗歌飞花令	诵诗歌，理解气象，感受诗歌意境美；飞花令，交流分享，运用诗歌表达对气象的理解	积淀气象科学知识，培养诗词鉴赏能力、审美情趣以及合作探究能力，激发民族自豪感

续表

序号	类别	五育融合的契合点	活动举例		
			主题	路径	设计意图
1	气象与文学	美育、智育、德育	气象谚语来揭秘	气象谚语对对碰，探寻气象与谚语的关系，体会谚语的科学性、生活化	积淀气象科学知识，培养发现问题、解决问题的能力和团队协作意识，赞赏劳动人民的智慧、才干
			气象神话猜猜猜	说、猜、演气象神话，探寻气象与神话的联系，激发对神话故事的兴趣	积淀气象科学知识，感受劳动人民的想象力、创造力，培养传承中华文化的使命感
			气象寓言知多少	表演情景剧，在气象寓言中学习气象知识，体会气象寓言来源于生活	积淀气象科学知识，培养综合素质，赞赏劳动人民的智慧、才干
2	气象与服饰	美育、德育	民族服饰秀风情	观看微课，介绍喜爱的民族服饰，开展“民族风情秀”服装展示，探寻其与气象的联系，体会多民族文化的特色、内涵	积淀气象科学知识，欣赏民族服饰之美，增强审美情趣，赞赏我国独特、深厚、多元、悠久的民族文化，激发民族自豪感和自信心
3	气象与饮食	劳动教育、德育	我是小小营养师	设计季节性养生食谱，开展学当小厨神活动、亲子民俗烹饪大赛，帮助队员们探寻气象与八大菜系、中医养生的联系，发现根据气候变化选择适合的食物可起到养生的效果；结合劳动教育，教授选料、切配、烹饪等技艺，在劳动实践中育德育人	积淀气象科学知识，感受中华饮食文化的博大精神，增强队员们的劳动意识和能力

续表

序号	类别	五育融合的契合点	活动举例		
			主题	路径	设计意图
4	气象与习俗	体育、美育、德育、智育	探春	自主收集资料、探究，并以小报的形式展现立春时节里的习俗与气象之间的联系。在立春时节，引导学生亲近自然，吃美食、赏美景，在旅游、参观、寻访活动中，近距离接触气象与民俗文化，体悟传统文化的魅力	积淀气象科学知识，感受传统文化的真、善、美，激发热爱之情，走进大自然，促进身心和谐发展

三、归于五育融合的新生态的活动实施

三全教育强调教育要在整体中，作为整体，来培养人和促进人的全方面发展。这就要求五育融合的少先队育人实践，必须以有利于促进各育互融、互通、共生、共荣的教育生态为基础。具体来说必须秉持大教育观，打通五育的边界，打通学科的边界，打通校内外教育的边界，建立起课程、文化、活动、实践、管理、家校社协同的六位一体的育人新格局，创建五育融合的新生态，实现指向全人教育的全员、全程、全方位育人。

下面介绍气象与民俗文化主题融合的小学高年级少先队活动——“七彩星之小小探索家”。

（一）活动设计

活动目标：

第一，延续“初探气象中的文学世界”的队课活动，鼓励队员尝试探索气象与习俗、饮食、服饰之间的关系，争做“七彩星之小小探索家”。

第二，利用假期，鼓励队员开展研究性学习活动，在活动中发现问题，学会思考，提升自主探究能力。

第三，通过活动感受气象与民俗文化的魅力，学会尊重自然规律，并探索其中蕴含的民族精神，自觉弘扬和传承气象与民俗的优秀文化。

活动对象：四、五年级的少先队员

活动内容：

系列活动一：探春

请队员们利用假期，或上网查资料，或实地探访，或亲自感受，探索立春时节习俗与气象之间的联系，（可以结合立春时节的气象谚语）判断自己找寻的这些习俗是否具有科学依据，将自己的发现用电子小报或手抄报的形式记录下来，和大家分享。

系列活动二：我是小小营养师

请队员结合季节、气候特点，从八大菜系、中医养生的角度来设计一份特色食谱，做一名小小营养师。

系列活动三：民族服饰——听我介绍

在学习了“气象对民族服饰文化的影响”之后，请队员选择一款自己喜欢的民族服饰，去探寻一下它的产生与气候环境有着怎样的关联。试着为大家介绍一下，开展民族风情秀服装展示，体会各民族顺应自然、热爱生活、勤劳智慧的灿烂民俗文化。

在完成研究任务后，还要填写活动体验评价表，为自己的研究过程进行打分。

（二）活动成效与反思

1. 优选内容，激发活动兴趣

五育融合的少先队活动，激趣是首要原则。“吃、喝、玩、乐”是活动的“趣点”，通过设计能激发学生兴趣的活动，提高学生的积极性，使其主动参与、主动探索，提升综合素养。“探春”活动中，队员了解到有咬春、春游这些习俗，在立春时还能吃到美食、欣赏到美景，不亦乐乎；“我是小小营养师”活动中，队员聊美食、做美食，兴趣盎然。

2. 创新形式，凸显活动价值

五育融合的少先队活动，创新是关键。活动的目的是让队员在活动中建立起气象与民俗文化之间的联系，领悟气象与民俗文化的魅力，如“探春”活动，以小报的形式，呈现立春时节的习俗与气象之间千丝万缕的联系。队员发现咬春、春游的形成与气候特点分不开。咬春习俗所涉及的食物多为当季新鲜食材，有养生防疾的功效。迎春习俗中之春游，更是展现了劳动人民在春暖花开之际外出郊游、亲近自然的美好生活。系列活动通过不同的形式帮助队员更好地探索生活，培养相关能力。

3. 家校协同，扩大活动效应

五育融合的少先队活动，家校协同是要义。少先队辅导员通过家委会、家长微信群，与家长一起研究活动方案，组织开展亲子探究活动。家长普遍认为亲子探究活动不仅提高了活动的效率和品质，而且让家长有机会走进孩子的“心域”，倾听孩子的心声，更重要的是让传统民俗文化得到了代际传递。不少队员表示，和家人一起动手、动脑，一起讨论、研究，从长辈那里收获了很多有用的传统文化信息，同时，学会了表达自己的想法，提高了与父母沟通的能力。

四、结语与建议

以气象与民俗文化为主题的少先队活动可以证明，少先队活动的五育融合是可行且势在必行的。少先队组织应基于五育融合的新视角，设计活动方案；基于五育融合的新需要，选择活动内容；基于五育融合的新生态，实施活动策略。同时，要创新活动形式，激发活动兴趣，建立家校社协同育人的新格局。五育融合视角下的少先队活动，要从理念走向实践，从并举走向融合，还有很长的路要走。要进行整体架构、顶层设计，自上而下形成推进体系。要营造有利于五育融合的教育生态。要加强对少先队工作者，特别是广大基层学校大队辅导员的专题培训，从理念到实践，从政策到策略，转变观念、且思且行。

（撰稿人：上海市普陀区金沙江路小学朱雷、上海市普陀区恒德小学钱瑜珈）

我们一起成长：“阶梯式合作争章”活动

山东省济南市棋盘街小学

济南市棋盘街小学位于济南市历下区，始建于1963年，占地8116平方米。在经历了半个多世纪的发展积淀后，学校逐步形成了“和谐、求真、卓越、创新”的浓厚风气。近年来，学校在“我们一起成长”的办学理念引领下，开展了以“阶梯式合作争章”为导向的德育工作，探索了在学校层面如何以办学理念为引领来落实立德树人总要求，并逐步构建起立德树人的德育工作机制。

一、“我们一起成长”的办学理念

（一）办学理念的内涵

学校办学的核心理念是：我们一起成长。其中，“我们”指的是学生、教师、家长、学校四个主体，“一起成长”旨在推动家校携手，陪伴孩子们共同成长，师生、家长互为成长资源，共同发展进步。根据学校办学理念以及新时代的教育任务，2020年，学校确立了“培养厚德、富学、强体、明理、善行的新时代好少年”这一五育融合的育人总目标，旨在培养善于思考、明辨是非、知书达理的学生。

（二）办学理念引领下的学校德育工作总指导思想

为深入贯彻立德树人根本任务，积极创建立德树人落实机制，切实将党和国家对中小学德育工作的要求落实落细，在学校全员、全程、全方位育人格局总领下，结合《历下区少先队“红领巾奖章”评选推进方案》，学校紧紧围绕学校德育总目标和各年段级目标，依据校情、学情及德育工作的客观规律，通过恰当途径，运用以合作为主的方法策略，对全体学生在校六年的品德发展进行阶梯式有效合理评价，展开以“阶梯式合作争章”为导向的德育工作，对每位学生的思想道德、情感认知、心理素质和行为习惯进行连续性、综合性的价值考察与判断，合理运用评价结果，促进学生全面健康发展。

二、以“阶梯式合作争章”为导向的德育工作架构

（一）学校德育目标

基于对以上情况的分析，学校德育目标的确定从校情、学情出发，以拓宽视野、丰富学识为基础，以通情达理、践行养德为目的，最终提高学生的品质层次和精神境界，让每位学生都能成为新时代的好少年。

1. 总目标

依据对校情、学情的分析，学校的育人总目标确定为：培养厚德、富学、强体、明理、善行的新时代好少年。

2. 各年级段目标

低年级段：侧重点在于总目标中的认知和情感教育，初步解决知行的基本问题；初步建立稳定的家校联系。深化对学习的认知和行为习惯的养成；有初步的同伴关系和合作意识；形成初步的规则意识和情感把控能力；知道热爱祖国和尊重国旗、国徽、国歌。

中年级段：提升认知和情感能力水平，逐渐注重知行的结合、情与意的融合；开展心理教育和适当的挫折教育；进行更高层次的情感和道德教育。注重认知能力和效率的提升，具备一定的读书兴趣、阅读能力和丰富学识的愿望；树立初步的法律意识，能明辨是非。

高年级段：实现厚德性、富学识、强体魄、通情理、善践行的总体目标；以学校文化建设厚植学生德性。实现良好的知行结合，具备灵活运用知识解决问题的初步能力；有良好的阅读习惯、初步的自主学习和知识迁

移能力；具备一定的体育锻炼和身体健康意识；培养通达适当的情感的行为表现能力；涵养科学精神，具备初步的创新能力。

（二）实施路径

1. 健全“阶梯式合作争章”评价体系，营造以“阶梯式合作争章”为导向的学校德育文化氛围

大力开展宣传动员工作，营造浓厚的“阶梯式合作争章”德育文化氛围（见图 1）。设置基础章和特色章。基础章按照全国少工委统一规定进行评比，共设红星章、红旗章、火炬章三种，作为学校颁发一星章的基础依据。特色章紧紧围绕学校的育人目标，指向德育工作全学段、全过程，设置品行章、学识章、健体章、文明章、践行章五种。

设计制作《棋盘街小学六年一贯制争章手册》（以下简称《争章手册》），印制具有学校特色的奖章图案，全方位、全过程记录学生三个学段的阶梯式成长。

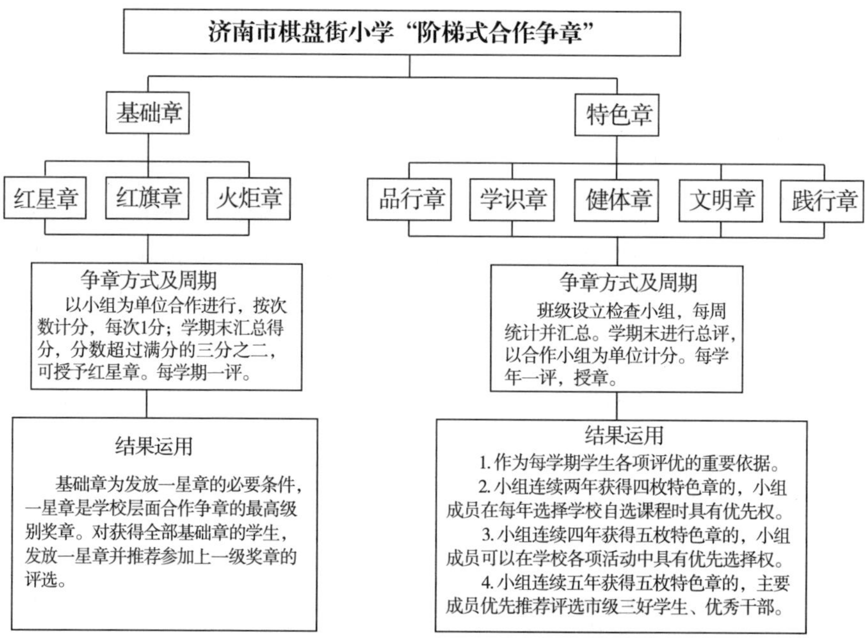

图 1　济南市棋盘街小学“阶梯式合作争章”

2. 开展“合作争章”活动，树立集体、合作精神和观念

以班级为基本单位，学生自行自愿结合成两人或多人互助小组。推选主要成员，以合作为基本方式，带领小组全体成员在各项德育活动中形成小组集体。评价过程中体现小组价值，最终以小组成员的集体表现确定全部成员的得章数量和类别。

3. 做好家校协同，引导和完善全面综合评价体系建设

联合家长学校、社区居委会等机构，结合评价细则，全面评价学生在校、在家、在社区的表现情况，以组建的合作互助小组为单位，全面综合评价小组内每位成员。

（三）评价方法

1. 建立基于真实性评价的成长档案夹

全校学生人手一夹，统一形式，不限定内容，基于学生在校真实生活，收集成长过程中的各类成果，体现每位学生在争章活动中的发展。

2. 多维度评价

从落实学校五育目标及各年级段目标出发，采用校内与校外相结合、个体与团队相结合、师生家校参与等多个评价维度，对小组进行综合评定，确定小组成员的得章数量和类别。

3. 过程性评价与终结性评价相结合

根据每类奖章的争章周期，开展学期评选也开展学年评选，开展每周汇总也开展期末评比，既注重过程积累，也注重结果呈现。

三、以“阶梯式合作争章”为导向的德育工作案例

（一）学情分析

1. 社区文化

学校地处历下区西部棋盘街老社区内，社区居民基本为济南老住户。社区内部街巷交错，充满浓厚的生活气息。但是在社区北边，沿经七路、

泺源大街一线，是高楼林立的大型商业圈，充满了现代化商业的文化色彩。在社区南边，沿文化东路、文化西路一带，遍布高校，又充满了学术氛围。棋盘街小学就处在这样一个故旧生活与现代商业相混杂、传统学术与未来发展相融合的多元文化之中，孩子们每天在生活中感受着不同的格调和色彩。

2. 学生及家庭教育情况分析

全校现有学生 872 人、6 个年级、20 个班。学生家长大多数为原旧城改造未迁出的周边社区居民。家长群体的生活工作阶层以及代际传承的固定模式造成了家庭中日常养育现实状况与家长对孩子的学业成绩期待过高之间的矛盾。

（二）具体案例

一年级学生好奇心强，对一切新事物都感兴趣，表现欲强，好胜心强。自开展合作争章以来，学生的热情高涨，都获得了红星章。但近来，班主任们发现了一个问题，让其对学生能否顺利拿到红旗章中的第四枚章——“热爱学校、热爱班级，能熟知自己的校名及所在班级，为班级的建设贡献自己的力量”深感忧虑。

一年级学生参加集体活动时的集体意识比较模糊，还不能清楚地意识到自己和集体的关系；意识不到班级是一个集体，考虑不到班级的荣誉。班主任们时常发现在上了两节课后教室地上就布满废纸屑，放学时几乎没有学生主动关闭教室里的灯，掉在地上的铅笔、橡皮或其他文具经常没有人主动捡起，教室内的卫生角总是用具乱放，在室外集体活动中，学生也总是交头接耳，不注意维护班级形象……

面对学生存在的这些问题，班主任们经过思考，认为可以通过红旗章培养学生热爱学校、热爱班级的情感，激发学生为班级的建设贡献力量的意识。基于此，他们制定了以下措施。

第一，让学生和家长了解红旗章，尤其是其中第四枚章——“热爱学校、热爱班级，能熟知自己的校名和所在班级，为班级的建设贡献自己的力量”的要求和具体标准，在此基础上，通过播放视频、介绍身边榜样等具体事例让学生和家长更生动、形象地理解这枚章的含义。第二，开展基于“集体观念”主题的家长小调研，通过调动家长的力量，引导家长参与学生热爱集体的观念与意识培养，进而形成家校教育合力。第三，在班级推广“爱的日记”，鼓励学生在日记中记录为班级的建设贡献自己力量的行为。第四，召开专题班会，表扬班级中涌现出的优秀榜样。第五，开展“我爱集体”故事比赛，其中革命年代为了集体利益不计个人生死荣辱的英雄事迹十分触动人心，这也能让学生更深刻地认识集体与个人的关系。第六，举行“我爱班级”朗诵比赛，培养学生的集体意识。第七，以小组为单位，根据“热爱班级”专项赋分表进行赋分，其中包括学生的个人行为以及在集体活动中的表现。依据家长、学生或教师的认定，根据定好的规则（如影响范围）赋分，到学期末进行总结，颁发第四枚红星章。

四、保障措施和结果运用

学校在各学段建立分层次的阶梯式评价标准体系。以“阶梯式合作争章”这一评价方式为导向和抓手，以教师作为评价的执行主体，将学生自评和家长评价相结合，将全校学生在校、在家、在社会的生活全部纳入评价范畴，不让一个学生掉队，力求全面关注课堂学习、德育活动、师生和生生交往等评价采集点，用成长档案夹的形式客观记录学生道德行为的日常表现和突出表现，以《争章手册》的形式进行结果呈现。

（一）保障措施

1. 加强组织领导

成立德育工作领导小组，建立运行制度，做好机制保障，积极稳妥推进以“阶梯式合作争章”为导向的德育工作，定期汇总工作开展情况，梳理经验做法。

2. 明确职责分工

制定争章工作方案，细化责任分工，由大队部具体负责实施，及时发现实施过程中出现的问题，做好妥善应对。

3. 严格落实要求

严格按照细则规定进行周期评比，按照方案规定合理运用结果，向全体家长、社区公示反馈。

4. 加强宣传引导

要广泛宣传，积极引导，使社会各界充分认识“阶梯式合作争章”对树立少先队员光荣感的重要意义，营造关心和支持少先队事业健康发展的良好氛围。

（二）评价结果的运用

1. 基础章的运用

基础章为发放一星章的必要条件，一星章是学校层面合作争章的最高级别奖章。对获得全部基础章的学生，发放一星章并推荐参加上一级奖章的评选。

2. 特色章的运用

作为每学期学生各项评优的重要依据；小组连续两年获得四枚特色章的，小组成员在每年选择学校自选课程时具有优先权；小组连续四年获得五枚特色章的，小组成员可以在学校各项活动中具有优先选择权；小组连续五年获得五枚特色章的，主要成员优先推荐评选市级三好学生、优秀干部。

（撰稿人：梁丽）

从心出发，做心灵的摆渡人

江苏省苏州中学

江苏省苏州中学（以下简称苏中）是一所有着千年府学传承、百年新学历史的江南名校。深厚的文化积淀，丰富的校史资源，以及始终对接中西、开放包容的办学理念，为学校突破当前德育命题提供了坚实的基础。面对新时期德育工作的新挑战，学校创建了“从心出发”的德育课程，探索培养时代新人的德育工作体系和路径。

一、“从心出发”德育课程的提出背景

据国家卫健委发布的数据，我国 17 岁以下的儿童和青少年中，约 3000 万人受到各种情绪障碍和行为问题的困扰。2020 年突如其来的新冠肺炎疫情，深刻影响了青少年的生活方式、学习方式，也给他们的心理和思想带来了极大冲击。随着国内疫情防控取得重大战略成果，我国进入后疫情时代，返校复课后，教师普遍感觉到青少年的焦虑、抑郁等心理问题和手机成瘾等行为习惯问题明显增多。一项 2020 年的调查研究显示，疫情期间，儿童青少年抑郁发生率为 24.9%，失眠发生率为 23.2%，均显著高于疫情前水平。一项心理学视野下心理与行为变化的研究，勾勒出 50 多年来中国人的价值观变化：个体主义价值和心理行为日益盛行，传统集体主义价值日渐衰落，同时心理方面的负性表现增加。

面对变局，由不确定性带来的“失控感”和“无力感”明显，“空心病”频发，公德式微、价值模糊、道德失范、意义缺失等，使学校心育、

德育工作遭遇难点，也对新时期的德育提出了新挑战。

二、“从心出发”德育课程的内涵与意义

学校选择三个方面作为突破口，针对性解决当前学生的价值观问题。

（一）让“天下胸怀”的苏中传统和价值基因成为学子的奋斗信仰

公元 1035 年，北宋名相范仲淹在今苏中校址创办苏州府学。范仲淹的“先天下之忧而忧，后天下之乐而乐”早已成为中华民族的道德箴言。苏州府学先贤顾炎武的“天下兴亡，匹夫有责”早已成为中华儿女的报国誓言。从这块教育热土上走出来的先贤名师、杰出校友，都有以天下为己任的崇高精神，都有救国报国的博大情怀。“天下胸怀”作为苏中传统和价值基因，理应在新时代发挥其更强的凝聚力和影响力。

（二）让学校成为联通个人梦和中国梦的摆渡人

2035 年是中国基本实现现代化的重要节点，2035 年苏中也将迎来府学 1000 年诞辰，这是千年苏中与新时代中国发展远景的历史巧合，学校要落实立德树人根本任务，为党育人，为国育才。苏中始终基于真问题，科学把握青少年成长规律，探索涵养“天下胸怀”的德育有效路径，努力做好联通个人梦和中国梦的摆渡人。

（三）变心理危机为成长契机，变方向性议题为动力性引领

学校遵循青少年身心成长的科学规律，在活动中使学生产生合适的情感和心理体验，化解成长心理危机，在更广的范围内促进学生积极品质的提升，实现“大德育”与“大心育”的深度融合。从心出发，变心理危机为成长契机，变方向性议题为动力性引领。

三、“从心出发”德育课程的应用与实践

“从心出发”德育课程的发开体系如图 1 所示。

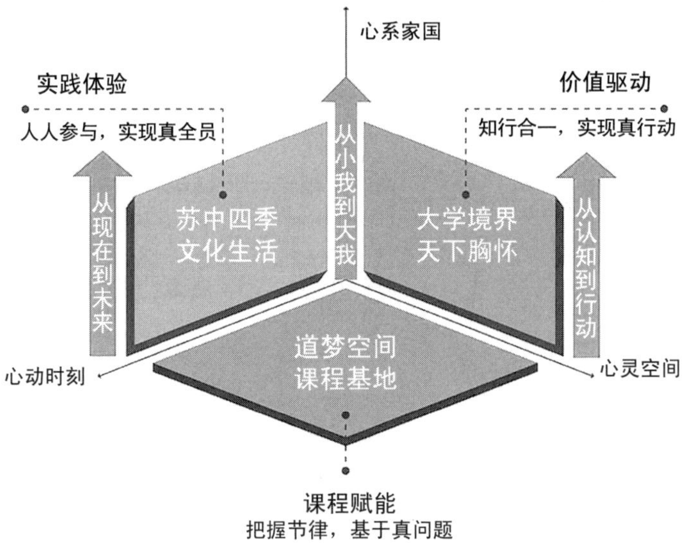

图 1　“从心出发”德育课程开发体系

（一）打造心灵空间，建设课程基地

加强青少年心理健康教育，是培育自尊自信、理性平和、积极向上的社会心态的重要基础。学校以江苏省立项的“道梦空间——生态化心理教育课程基地”为抓手，扩大心理教育和服务范畴，变问题解决为品质促进。

1. 宏观层面：打造苏中学生成长中心“道梦空间”

“道梦空间”位于苏中中轴线上，内部构建了六个层次递进、功能不同的圈层空间。以物化空间为依托，创设宏观心育场，构建三个层次的课程样态。积极探索多元渠道，强化朋辈组织的有效互助，增进学科间的互生融合，促进师生互益和家校互动。

以家校互动为例，开设苏中大学堂，在学生发展的不同节点开设专题课程，充分调动家长积极性，沉浸式体验学校各项德育活动，形成“家庭教育会客制度”，会客会诊，互生互动，为家庭教育谋术、正心、铸魂。

2. 中观层面：大胆尝试“心育+”课程融合新路径

例如，高三开设“动心”课，将音乐、舞蹈、心理学科进行科学整合，把握心理学交叉融合的优势，开发“心育+”融合课程。心理模块偏重认知、澄清想法，专注于当前青少年群体中的普遍心理议题，进行解构和重构。音乐模块可激发情感，促进自我觉察，增强感受自我和他人的灵敏性，通过情绪释放和情绪共振的方式，在互动、放松中疗愈自我。舞蹈模块侧重促进行动、充实能量。对于很多中学生来说，舞蹈是遥远而陌生的领域。通过踏步和旋转、自我观照和身体互动，学生在认知理解和情绪感知的基础上，进一步升华行动和能力。目前该课程已连续开展六年，并逐步向其他年级、学科扩大融合范围。此外，基于心育的科学化理念，每个班级都有学生心理测评大数据，使班级特质和学生特质一目了然，助力班级管理和个别辅导。

3. 微观层面：搭建学生心理健康自主研修平台

学分制保障人人参与，循证思路确保科学指导。学校还不断探索新高考综合素质评价的心理素养评估和科学预测方法。《高三幸福笔记》等个性化成长方案，科学跟踪，有力提升学生学习自主性和控制感，效果明显。学校用科学方法为学子护心、养心、强心，从理念到实践，从方法到内容，从线下到线上，全方位打造立德树人的心灵后花园。

（二）创造心动时刻，把握苏中四季

苏中的校园很美，春有百花秋有月，夏有凉风冬有雪。长期以来，学校德育不仅注重构建完整的课程体系，更注重把握课程活动实施的成长四季，即“时令性”。学校根据学生身心发展规律，抓住成长的重要节点、难点，现实的痛点，以及青少年的兴趣点、兴奋点，用心创设四季德育课程活动，为青少年成长养心赋能（见图 2）。

学校在 2020 年开学复课后，开展“绘聚人心，合力战疫”防疫宣传海报设计大赛，让学生用画笔宣传防疫知识，展望花开疫散；开展“舞动青春，抵疫前行”校园健美操大赛，推动学生积极锻炼，自主安排课余生活；开展“青春追梦，云歌载道”原创校园歌曲大赛，歌颂青春，歌颂美好时代，培养学生热爱生命、关爱健康的人生态度，共筑校园健康安全防线。

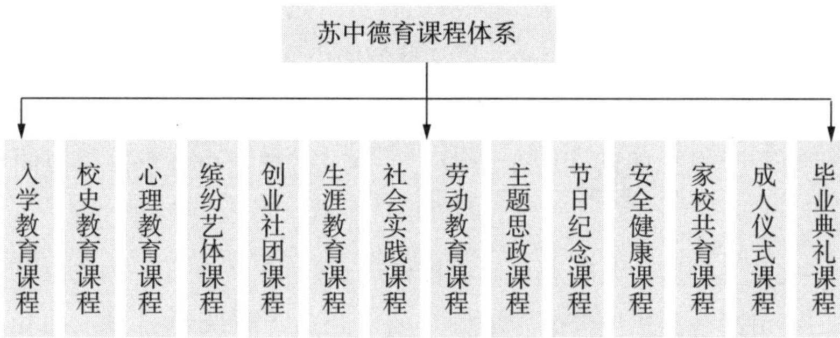

图 2　苏中德育课程体系

面对 2020 届高三学子寒假延期、高考延后等情况以及引发的压力，学校利用庙学一体的传统，组织开展五四庙学成人礼活动。高三学子一起诵读《岳阳楼记》，瞻仰至圣先师，跨越校园成人门。一本《中华人民共和国宪法》、一封家书、一个集体十八岁生日蛋糕、一枚由老师亲手佩戴的成人章、一段学科老师的寄语以及一群考入清华大学和北京大学的学长“神助攻”，为高三学子注入了成人成长的各种动能。

2020 年春天，学校用一场盛大的青春嘉年华，让学生体会守望相助、家国一体的深远意义，共筑校园身心健康安全防线，引导学生以积极态度面对未来的不确定性。在后疫情时期，学校变危机处理为积极预防，把疫情挑战转变为培养学生家国情怀、珍爱生命意识的德育契机，让学生理解构建人类命运共同体的深远内涵，引导他们学会学习、学会生活，心中有爱、眼中有光，共同迎接花开疫散。

每年夏天是说再见的时候，一场毕业季课程、一堂最后一课，连起苏中千年根脉，推动学子高飞。学生在这里告别，教师原路返回，去迎接下一批新生，开始新一场乘风破浪。入学教育课程引领学生走进三重门，迎接新征程。

秋有“百团大战”。苏中学生创业社团，是每个学生的必修课，它以兴趣驱动，促进学生个性化成长。学校辩论社获过亚洲中学华语辩论赛亚军。“树莓玩转数媒”，拍摄学校各种精彩瞬间和制作视频，并承办 TED× YOUTH 年度大会。天文社玩出天际，社员入选国际天文奥林匹克竞赛国家集训队，为国争光。近年来，以江苏省中小学生品格提升工程、苏州市高中生社团联盟建设为载体，学校不断提升学生创业社团活动品质和德育功能，让学生在社团活动中学会做人做事，锻炼适应社会、解决问题的能力。

冬之星光璀璨，温暖表白。学校校庆日是 12 月 7 日，学校每年利用校庆日，开展各种庆祝活动。2020 年的主题是“府学 985，新学 116，星光璀璨校庆日”。每个学生在小木板上写下对学校和自己的祝福，温情告白：“一行字书写了千年的往事，我第一次意识到，我和她的秋天，她的过去、现在与未来融为一体了。”学生和学校共享生日蛋糕，在香樟大道上一起为学校生日欢呼。学生自告奋勇，登上学校的生日舞台，表达自我，表白苏中。

四季轮回，生生不息。学校关注每一个学生，关注每一个成长节点，以科学的方法、多样的课程活动，创造心动时刻，留下幸福记忆，让学生产生归属感、幸福感，更产生信任和动力，让他们带着苏中的璀璨星光奔向光明。

（三）牢记心系家国，实现五育融通

范仲淹、顾炎武、汪懋祖、钱伟长、汪伯乐、胡绳、匡亚明等从这块教育热土走出来的先贤名师、杰出校友，都有以天下为己任的崇高精神，都有救国报国的博大情怀，造就了千年苏中的传奇。

习近平总书记在党的十九大报告中提出了“培养担当民族复兴大任的时代新人”的新要求。站在历史与现实的交点，站在新征程的起点，学校立足苏中历史文化传统和新时代立德树人要求，守正创新，敦品砺行，以心系家国为核心价值引领，以胸怀天下五育融通实践课程为驱动，推动学子拼搏奋斗、青春追梦。苏中学子追梦体系架构如图 3 所示。

苏中有我，时代有我，为国强基，未来可期

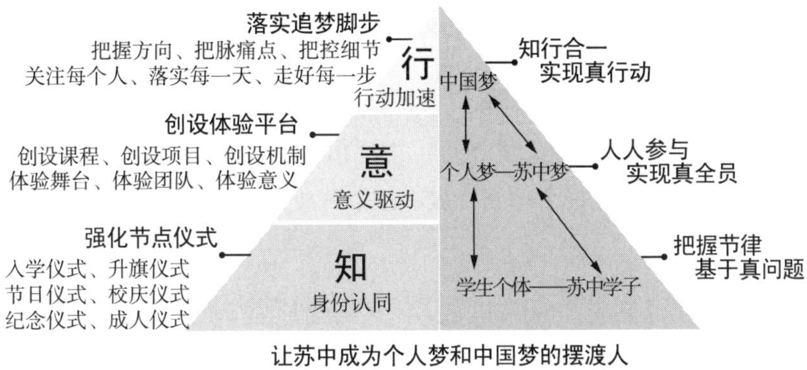

图 3 苏中学子追梦体系

学校强化思想政治教育，用虚拟现实智能手段等活化思政课，坚持思想性、理论性、亲和性和针对性相结合。举办“心系家国，青春有约”主题升旗仪式（在智德之门下师生同台诠释，从心到行，解决真疑点），“我与祖国共庆生，我和国旗共合影”中华人民共和国成立 70 周年庆祝仪式，“国耻日”活动，纪念苏州解放仪式，抗疫烈士和逝世同胞哀悼仪式，让学生在各种仪式课程中有所感、有所得。

学校不仅为学生注入府学传统文化基因，更注重新学红色文化的渗透。充分挖掘校史资源，自编校本教材《砥砺新学，红色苏中》。师生自编自导自演苏中校史舞台剧《础石传奇——家国苏中》，师生同台演出，感动无数人。通过文化寻根、价值驱动，涵育德性、激励精神，为立德树人提供坚实的文化力量和价值支持。

校运会是五育融通和知行合一的重要抓手。2018 年，苏中体育文化节以“五十六个民族，五十六朵花”为主题，56 个班级的学生身着民族服装入场，电子测量，直播报道，举行堪称全运会级别的颁奖仪式。

2019 年苏中体育文化节，以“侠之大者，为国为民”为主题，打造班级比武大擂台。苏中学子，人人参与，班主任成了各派“掌门人”，挥

动班旗，擂鼓助威，退休老教师也表演太极拳来助阵。书生意气，文丞武尉，人人参与，创造了“苏中武林大会”。每一个学生都站在舞台中央。真正的大侠，不是奇才天才，而是有情有义、拼搏努力的普通人。

2020 年苏中体育文化节将开幕式移到了校外。从苏中智德之门到苏州工业园区东方之门，50 个班级进行了快闪表演。全校 2500 名师生环金鸡湖徒步 14 千米，用脚步丈量城市，为环保公益捐步，为国强基，砥砺奋进，也让青年学子见证了苏州古城在改革开放进程中脚踏实地创造的城市传奇。

在五四运动一百周年之际，学校联合苏州音乐广播 FM102.8 推出的“苏中青春追梦人——百名苏中学子，百首青春之歌”节目在苏州城上空回响，这是苏中学子青春追梦的别样演绎。100 位学生代表讲述了他们的科研梦、外交官梦、艺术梦、文学梦，还有保护苏州古城梦，而如今其中大部分学生都进入了梦想中的大学专业。

学校微信公众号以写日记的形式，不断推送更多学子拼搏追梦的成长故事。学生努力成为更好的自己，努力争当苏中传奇的讲述者、传承者和创造者。欧阳同学夺得 2020 年第 51 届国际奥林匹克物理竞赛金牌，为国争光；卢同学问鼎 2019 年“明天小小科学家”奖励活动最高奖；陈同学独闯俄罗斯，荣获亚洲国际音乐大赛银奖；学校“梦之队舞蹈团”在全国第六届中小学生艺术展演活动绽放苏中《绣色》；学校管弦乐团荣获“相约 2035 明星社团”称号。每年青年学生志愿服务突破 5000 人次、近 10000 小时，苏中团委荣获江苏省十佳。苏中人不仅心动更有行动，共同拼搏，谱写了苏中的华丽篇章。

让学生从知到行，从小我到大我，从现在到未来，苏中德育工作从心出发，养心赋能，价值驱动，根植家国情怀，努力做好联通青年学子个人梦和新时代中国梦的摆渡人。

（撰稿人：刘勤、曹璒文）

“三全、五课、八步”：学生发展指导新探索

山西省太原市第十二中学

太原第十二中学始建于1956年，是山西省首批重点中学、“山西省示范高中”、“全国文明校园”。学校目前有五个校区，2017年学校开启了太原市直属学校集团化办学的先河。现有102个教学班（初中54个、高中48个），在校学生5000余人。学校坚持“一切为了学生的健康成长”的办学理念，为落实立德树人的根本任务，提出“三五八模式”，取得良好成效。

一、“三五八模式”的内涵

为寻求立德树人的落地，学校积极开展多方面探索和准备，结合学校的实际情况，提出“三五八模式”，具体而言为“三全、五课、八步”，通过制定和落实学校的发展规划、课程计划和实施路径，将立德树人思想和要求贯穿始终。

“三全”即“全面、全员、全程”。“三全”指引了学生发展的方向，以学生为主体，以体验学习为主导，以推动学生自主选择和自主行动为目的。具体而言，“全面”是指学生要对自己的理想、心理、学业、生活和生涯等做全面的探索；“全员”是指学校、家庭及社区都要参与对学生的发展指导；“全程”是指在中学整个进程中进行发展指导。“五课”即学生发展指导课程，包含理想、心理、学业、生活和生涯五方面课程，明确了学生发展的内容。“八步”即学生发展包括八个具体步骤（见后文），

细化了学生发展的路径，为学校立德树人工作提供指导。

二、“三五八模式”的目标

通过开展以立德树人为目标的学生发展指导，促使学生充分了解选课走班，规划学业，健全心理，适应生活，树立理想信念，发现自我兴趣特长，明确自我发展方向，提高综合素质，确立当下发展目标，明晰未来路径，顺利完成学习生活。

依据核心素养的培养要求，促进学生全面而有个性的发展。帮助学生度过人生成长期，促进学生整体素质全面提高，培养学生积极向上和自主发展的品质，促进学生潜质的充分发挥，促使学生获得步入下一阶段学习、生活与工作的能力，进而帮助学生在人生成长道路上进行更为明智的决策，走向更加个性化、科学化、人性化的丰富多彩的人生道路。

通过对学生发展指导的实践，形成可借鉴与推广的学生发展指导模式，进一步建立学校学生发展指导制度，探索学校学生发展指导课程，推广学校学生发展指导案例，形成学校学生发展指导报告。

三、“三五八模式”的具体内容

学生发展指导内容主要分为五个板块（“五课”）：理想、心理、学业、生活和生涯。

理想板块：促进学生形成正确的人生观、世界观、价值观；提升学生的公民素质，培养学生的社会责任感；引导学生树立远大理想，将个人理想与社会需求、国家发展相结合。

心理板块：促进学生形成健康的自我认识；促进学生情绪情感健康发展；促进学生人际关系和谐发展；培养学生的健全人格；促进学生形成坚强的意志品质和挫折耐受力；有效减少学生的心理困扰及其不良影响。

学业板块：促进学生的入学适应；激发学生的学习动机和兴趣；帮助

学生确立恰当的学习目标；提升学生选课的意识和能力；指导学生制订合理的学习计划；改善学生的学习方法，提高学习效率与学习能力；指导学生掌握应对学习压力和考试压力的技能技巧；有效识别、诊断学习存在困难的学生，并为其提供有针对性的专业指导。

生活板块：培养学生珍爱生命、健康生活的意识；促进学生养成健康的生活习惯与兴趣爱好；培养学生的安全意识，使其掌握生存技能；促进学生掌握步入下一阶段生活、学习、工作所必需的技能；有效减少学生在生活方面的困惑。

生涯板块：培养学生生涯发展与规划的意识和能力；帮助学生了解自己的兴趣、能力倾向、个性特点与生涯发展的关系；帮助学生了解大学专业与社会职业需求，合理规划升学与就业目标；有效解决学生在生涯规划方面的困惑。

四、“三五八模式”的程序和方式

学生发展指导的总体实施思路是以行动研究为基础，通过理论与实践相结合，在探索中不断反思、总结，同时改进学生发展指导的实践，达到优化学生发展指导的目的。

（一）顶层设计提供组织保障

学校于 2020 年 9 月进行了校内机构重组和工作职能调整，变原科层制为中心负责制。成立了“六大中心”，其中学生发展中心为学生发展指导提供有力保障。学校还成立了由校长担任组长、副校长担任副组长、各部门中层领导担任主要成员的学生发展指导组，配合全体教师，共同推进学生的发展指导工作。

（二）构建专业师资队伍

学校成立学生发展指导组，以专职发展指导教师为起点，联合相关职能处室、学科组及班主任教师，组成全员指导的学生发展指导队伍；开展辐射式培训，发展专业的师资队伍。

（三）开发校本课程

结合本校特点，自主开发适合学生的发展指导课程，落实“五课”。将理想、心理、学业、生活和生涯课程作为学校学生发展指导的特色校本课程。用校本课程的构建引领学生发展指导工作，用课程规划推进学生发展指导的实施。

（四）明确学生发展指导方式

学生发展指导方式可分为三类：团体指导、个体指导、课程指导。团体指导通过沙龙、谈话、拓展及实践四个途径实施。个体指导通过两种方式开展，即包括运用微信、邮箱、钉钉等平台的线上咨询和一对一个体线下咨询辅导。课程指导通过实体课、线上课和团体课三种方式实施。

五、“三五八模式”的实施步骤

学生发展指导有八个步骤。

（一）科学掌握立德树人目标下学生发展指导现状及需求

针对本校的校情、学情，利用问卷、访谈等多方面途径科学了解学生、教师及家长在学生发展指导中的困惑与需求，掌握学生自身的发展指导需要，充分了解本校开展学生发展指导的现状，为进一步提供个性化的学生发展指导奠定基础。

（二）健全学生个性化指导档案

完善学校测评系统，构建学生发展指导测量平台。借用测评及其他工具对学生的心理健康水平、学业能力、选课选科、人格特征、兴趣偏好、职业倾向等进行测试或评价，为每位学生生成《学生发展指导报告》，帮助学生从理想、心理、学业、生活和生涯五个方面更充分地了解自我。

（三）组织家校全员培训

学校就学生发展指导工作展开专门培训，采用辐射式培训调动全体教职员工及家长、学生对学生发展指导的积极性。

1. 先行探索——学生发展指导教师专业引领

让学生发展指导教师走出去，多学习多体验，将先进的学生发展指导理念带回学校。从先进地区吸取经验，从已经成熟的理念中提炼适合本校的教育模式，从摸索到实验，从实验到实践，探索学生发展指导的先行之路。

2. 扩展培养——班主任及科任教师发展指导思想提升

将专家请进来，根据学校情况，有针对性地开设学生发展指导讲座。保证全体教职员工人人都学习，人人有提高，人人都参与。

3. 全面渗透——家长及学生发展指导知识储备

利用专家及本校教师的力量让家长和学生有更多的学习机会，更新学生发展指导的教育理念，切实将学生发展指导和家庭教育相结合，发挥家校联合的作用。

辐射式培训的对象分为三类：学生、教师及家长。对学生通过讲座、沙龙、谈话、拓展及实践探索等五个途径实施培训；对教师和家长通过讲座、沙龙、谈话等三个途径实施培训。

（四）实施“导师制”全面指导

为每一位新生配置导师，保障学生发展指导的个性化和完善化。导师将伴随学生的学习成长期，每学期对学生进行针对性谈话和辅导，积极了解学生心理动态，关注学生生涯发展，帮助学生解决生活困惑，积极促进学生健康成长。科任教师为学生导师人选，遵循自愿原则，保障每个教师都有要指导的学生，每个学生都有自己的导师。

导师对学生的理想、心理、学业、生活和生涯等方面进行全面指导，在深入了解学生之后，与学生一起制定一份具有针对性的、合理科学的发展规划书；对学生不同阶段的规划目标达成情况进行跟踪和反馈；引导学生总结实践经验，撰写实践体会报告；收集学生的发展规划，并为他们建立成长档案。

（五）构建校本课程促进发展指导

构建学生发展指导课程，全面实施“五课”。学生发展指导课程的理想、心理、学业、生活和生涯五个板块各对应三个主题，每个主题按实际教学需要分配相应课时。课程包括实体课程、线上课程和团体课程三种。学生发展指导课程框架如图 1 所示。

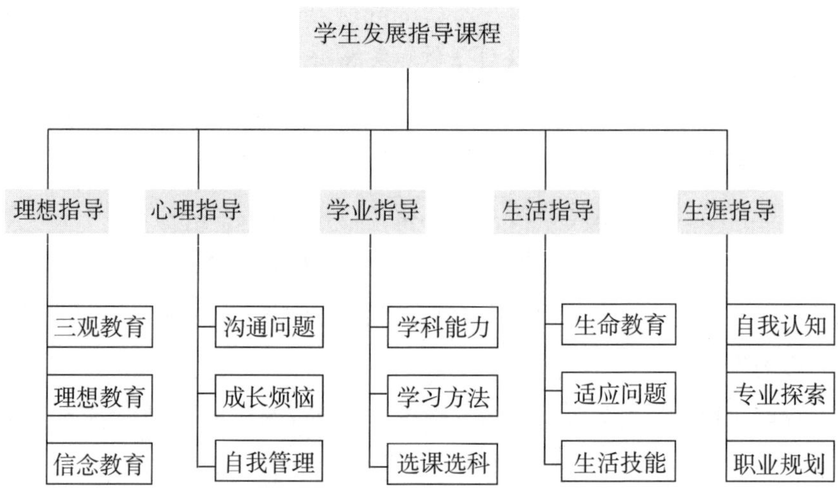

图 1　学生发展指导课程框架

学生发展指导的实体课程通过课堂从理想、心理、学业、生活和生涯五个板块为学生进行发展指导。

理想指导板块包括三观教育指导、理想教育指导和信念教育指导。帮助学生形成积极的人生观、价值观和世界观；树立远大理想和信念；弘扬社会主义核心价值观。

心理指导板块包括沟通问题指导、成长烦恼指导和自我管理指导三部分内容。帮助学生应对学校的人际沟通问题，解决成长烦恼，提供情绪管理、目标管理、时间管理、自信心训练等方面的科学指导。

学业指导板块包括学科能力指导、学习方法指导和选课选科指导三部分内容。帮助学生完成新高考下科学的选课选科决策，总结学习方法，提高学习能力。

生活指导板块包括生命教育指导、适应问题指导和生活技能指导。帮助学生从生命角度感悟生活，认识挫折，珍爱生命；学会适应生活；具备基本社会生活技能。重点开展劳动教育，使学生树立正确的劳动观点和劳动态度，养成热爱劳动和劳动人民的情感，培养劳动习惯。

生涯指导板块包括自我认知指导、专业探索指导及职业规划指导三部分内容。帮助学生从兴趣特长的角度，了解自己，了解社会；从专业的角度，了解未来可能从事的职业，了解今后发展的路径；从发展的角度，了解相关职业对从业者素质的要求，了解职业素养在生涯发展中的作用。

学生发展指导的线上课程主要利用网络平台让学生进行职业体验。采用生涯规划专业辅导软件及设备，帮助学生利用线上时间充分体验职业；利用碎片时间补充专业选择等知识。职业体验包括职业匹配度、职业了解度和职业价值观等各方面。

学生发展指导的团体课程以主题讲座为主，对多个班级同时进行指导。具体内容包括升学指导、就业指导、学生适应指导、考前心理辅导、志愿填报指导、选择职业初步目标辅导和求职辅导等。

（六）特色活动增进学生体验

学校通过组织各种主题活动，结合学生发展指导课程的五个板块，促进学生发展。

学生自主化班会管理作为特色化活动之一，通过让学生自主参与组织班会活动以及班主任配合相关工作，提升学生的自主意识，强化立德树人主题，促进学生全面发展。此外，还有发展指导讲堂、社会实践等活动，促进学生发展和成长。

（七）理念融合学科提升发展指导

将学生发展指导理念渗透到各个学科。将学生发展指导课程的理想、心理、学业、生活和生涯五个板块与学科教学相结合，教师特别是导师在学科教学中，要有意识地渗透学生发展指导理念，通过对本学科核心素养、学习方法、发展趋势和职业对应等内容的教学，结合课外阅读、小组讨论、社会调查、演讲比赛、日记写作等方式，培养学生的学科兴趣与科学的学习方法，引导学生科学合理制定生涯规划，从而有效地推进学生发展指导工作。

（八）建立健全学生发展指导评估体系

评估是促进学生发展指导工作的重要方式。学校内部要建立相应的机制，及时而准确地对学生发展指导工作进行评估，重视评估结果的反馈和后续的跟踪改进，切实推动学生发展指导。

首先，评估目标定位和实施路径设计，关键是在坚持促进学生全面发展、准确把握学校发展方向和学生现状的基础上，评估目标与路径的科学性、合理性与可行性。其次，评估过程既要关注学生发展指导是否按预先设计的目标和路径有序推进，也要关注当前工作推进是否符合学生的实际需要。最后，通过学生和教师调查，了解学生发展指导是否发挥了积极作用，还存在什么样的问题，以及问题产生的原因是什么。

六、经验和体会

通过不断探索、实施“三五八模式”的学生发展指导，学校取得了以下经验和体会。

（一）应注重阶段性评估与修正

学生工作的效果需要以时间来衡量，同时需要及时调整及改善工作方式方法。要及时发现问题，及时调整方法。

（二）应加强汇报、交流与学习

在实施过程中会有好的经验也会有困难和不足。在此过程中学校积极与兄弟学校及其他教育同人相互学习，积极进行工作经验交流，不断改进。

（三）应加强家校联动

开展学生发展指导工作，学生家庭是不可忽略的另一个主体。学生、家长都是学校工作开展后反馈的主体，学校要积极主动组织家校沟通，让家长也参与到教育中来，他们将是学校向社会展示成果的重要窗口。同时家长反馈也是工作评价维度之一。

（撰稿单位：山西省太原市第十二中学）

“向英雄致敬”：爱国主义教育综合实践活动

新疆维吾尔自治区伊宁市第二十三中学

伊宁市第二十三中学（以下简称二十三中）以“责任意识、自强品质、家国情怀、良善修为”为学生培养目标，自2016年以来，通过学习习近平总书记相关讲话精神，创新德育工作方式方法，以“向英雄致敬”爱国主义教育综合实践活动为载体，在全校师生中营造“崇尚英雄，捍卫英雄，学习英雄，关爱英雄”的良好风尚，激发了青少年向英雄学习、追梦新时代、奋进新征程的内驱力，忠实践行了“立德树人、教书育人”神圣使命。

一、“向英雄致敬”爱国主义教育综合实践活动的背景和目的

（一）提出背景

2015年9月，习近平总书记指出：“一个有希望的民族不能没有英雄，一个有前途的国家不能没有先锋。”2017年8月，教育部印发的《中小学德育工作指南》提出，“培养学生爱党爱国爱人民，增强国家意识和社会责任意识”。2019年11月，《新时代爱国主义教育实施纲要》出台。

从习近平总书记近年来的讲话和相关文件中都可以看出，大力弘扬英雄精神，已是当前非常迫切而又具有深远意义的重要工作。

（二）现实必要性

当前，“娱乐人生”的思潮左右着不少学生的梦想，“明星崇拜”还

是不少学生的课余热门话题，“上网无度”依然是困扰不少家庭的现象。青少年中理想信念缺乏、责任意识不强、三观不正者不乏其人。尤其是近几年亵渎先烈、诽谤英雄的事件时有发生。

同时，中高考指挥棒还左右着学校办学的价值取向，学校在学生思想品德教育方式、方法的探索和创新上用力不够，真正有实效、能入心入脑的课程不多，难以抵达学生的心灵深处。

（三）预期目的

“向英雄致敬”爱国主义教育综合实践活动的预期目的，就是要大力弘扬以爱国主义为核心的民族精神和以改革创新为核心的时代精神，从小培养学生的民族自尊心和自豪感，并使之成为学生努力学习的精神动力。具体包括五个方面。

一是让学生了解古今中外为人类发展做出贡献的英雄、伟人、科学家、艺术家、大国工匠、时代楷模的事迹和故事，去感受英雄模范的精神世界和伟大力量。

二是让学生通过学习英雄事迹，尤其是科学家和大国工匠在各自行业中做出的贡献，了解祖国各行各业日新月异的变化和发展，了解科技的创新发展为社会带来的文明与进步，进而激发求知探索的欲望，点燃勇攀高峰的斗志。

三是引导学生正确选择偶像，让偶像成为榜样、成为人生导师，提升情怀与境界，把理想信念同祖国的前途和命运紧密联系在一起，激发爱国心、强国志、报国情。

四是营造积极向上、向善、向美的校园育人环境，让学生在风清气正的环境熏陶中，树立正确的世界观、人生观、价值观。

五是让学生在新疆“文化润疆”背景下，把爱国传统、红色基因、英雄文化融入血脉，从小铸牢中华民族共同体意识，薪火相传，接续奋斗。

二、“向英雄致敬”爱国主义教育综合实践活动的内容和形式

二十三中开展的“向英雄致敬”爱国主义教育综合实践活动，在内容和表现形式上也颇具创新性和多样性。

（一）让英雄成为崇拜的偶像

开展以“致敬英雄”为主题的优秀学生表彰活动，每个班级树立英雄，提炼出精神内核，作为精神追求。

（二）构建“向英雄致敬”周一升旗课程

通过每周一升旗仪式的固定项目——升旗班级国旗下献词，介绍班级树立的英雄并同步制作视频播放。

（三）将“英雄文化”贯彻于校园文化生活

秉承以“英雄文化”引领人、熏陶人、成就人的理念，通过在文化校园建设、读书节、艺术节、科技节、主题班会等活动中融入“英雄”元素，不断创造二十三中自己特有的校园文化。

（四）校园环境嵌入“红色教育”主题

打造校园红色长廊、红色基因库、班级文化墙等，营造浓厚的“传承红色基因、培育时代新人”的红色育人氛围。

（五）开展学科渗透式教学

在学科教学中挖掘德育着力点，潜移默化、润物无声。形式有制作幻灯片、写感言、做读书分享、制作网页、绘制海报等。

（六）纳入学校评价体系

真正落实“德育为先”的要求，学生评价表彰以德为重，学校对优秀学生的表彰可以以英雄的名字命名。

（七）扩大社会影响力

组织学生开展场馆体验、社区服务，体验红色之旅。

三、“向英雄致敬”爱国主义教育综合实践活动的过程和方法

（一）初始阶段：认识英雄——了解英雄事迹

2016 年 3 月，学校通过“三月学雷锋”动员会，隆重启动了“向英雄致敬”爱国主义教育综合实践活动，活动倡导每一名学生从听英雄、读英雄、观英雄、写英雄等方面做起。

听英雄：利用午间校园广播，通过听英雄传记、听英雄事迹、听人物故事来认识英雄。

读英雄：语文阅读课给学生推荐英雄人物传记，建议学生读传记、读红书，或通过上网查阅英雄人物相关资料来进一步认识英雄。

观英雄：组织学生观看红色电影或纪录片，让学生走近英雄；用艺术形象感染学生，激发学生对英雄的敬仰之情。

写英雄：语文组开展“英雄人物警句、名言摘抄”分享活动，开展“感悟英雄”“向英雄致敬”等主题的作文比赛活动，让学生走近英雄，进一步深入理解英雄。

（二）发展阶段：致敬英雄——树立班级英雄

评英雄：主题班会作为“向英雄致敬”活动的主要形式，为“向英雄致敬”活动打下坚实的基础。活动之初，全校所有班级利用主题班会树立本班英雄。每位学生都要通过查阅英雄人物事迹，选出自己敬仰的英雄，先通过四人小组评选出小组的英雄，再由小组代表在主题班会上演讲介绍本组评选出的英雄，介绍英雄的生平、英雄的事迹、英雄的精神，而后进行班级讨论，最终通过投票等方式确立本班的英雄。评选的过程就是走近英雄、了解英雄、认识英雄的最好时机。

讲英雄：在各班评选出了本班的英雄后，在周一升旗仪式上，升旗班级国旗下献词活动便以介绍本班英雄为主题，将“向英雄致敬”从幕后转到台前。从最初的读稿子到后来的脱稿演讲，再到同步播放学生亲自剪辑

制作的英雄事迹视频，周一的升旗仪式成为全校师生的期待，期待认识新的英雄人物。

展英雄：为营造“向英雄致敬”活动的氛围，加大宣传力度，各班从“英雄的生平、英雄的故事、英雄的精神、我们的行动”四个方面将自己班级的英雄“展示”在班级文化墙上，将人物精神提炼为班级精神，在生活中学习、践行英雄的精神。

（三）演绎阶段：崇尚英雄——感悟英雄精神

从 2017 年开始，学校在纪念日和特殊节日举办的各类文艺活动的主题尽量侧重“向英雄致敬”，希望通过唱英雄、颂英雄、演英雄来帮助学生理解英雄，感悟英雄的精神世界，从而产生敬仰之情。

“五四”期间，开展“致敬英雄、绽放青春——红五月诗歌朗诵会”，班级师生原创大型诗朗诵，颂扬英雄的事迹和精神。师生在创作诗歌的过程中，一起体会英雄无私无畏的勇气和力量，提升“向英雄致敬”活动的育人效果。

“七一”前夕，学校党总支组织举行“致敬伟人、锤炼党性——党员读书分享暨诗歌朗诵活动”，邀请州、市作协和诗协成员及家长代表共同参与，由教师原创诗歌，歌颂英雄模范以及身边榜样，让英雄的精神激发教职工的爱国激情和工作热情。

“十一”国庆，通过大型团体操来祝福祖国生日，激发爱国情怀，昂扬奋斗精神。开展“我和我的祖国”演讲、讲故事比赛，讲述共和国的伟大发展历程，介绍为共和国做出伟大贡献的英雄、时代楷模的动人事迹，激发全体师生对党和国家的认同感、自信心和自豪感。

“一二·九”纪念日，开展“天地英雄气，千秋尚凛然”主题红歌比赛，学生用稚嫩的声音歌唱祖国、歌唱党、歌唱他们心中的英雄。这是熏陶，是感染，也是传承，更是记忆。

迎新年艺术节，参赛的绘画、书法作品，手工制品，电脑动画，科普小创作，很多都以英雄人物为素材，而且很有创意。可见学生心中有英雄，他们的精神世界中不再只有动漫人物、娱乐明星，崇拜革命先烈、民族英雄、时代楷模也成为他们精神追求的一部分。

（四）提升阶段：争当英雄——构建实践课程

从 2017 年起，学校不断完善教育教学工作，提升学校德育工作品质，使有效的育人方式形成机制并持续发展。

第一，建构德育课程体系。“向英雄致敬”爱国主义教育综合实践活动被列为重点课程进行系统建构。学校要求各类活动都要有教案，从课程主题、课程目标、实施过程、课后反馈等环节进行设计，主题鲜明、内容丰富，设计新颖、可操作性强。课程建构的过程也是“向英雄致敬”爱国主义教育综合实践活动总结经验和积累成果的过程，可以发展并进一步完善提升。

第二，拓宽活动的广度，完善评价体系，丰富活动形式和载体。学校德育处修订了优秀学生表彰制度，以英雄的名字设置奖项；学校授权各班级以及班级中的四人互助小组，可以以自己崇拜的英雄命名。此外，德育处不断完善周一升旗活动，使英雄的形象更直观、更形象、更富有感召力。

第三，为进一步渲染“向英雄致敬”活动的氛围，使爱国主义教育深入持久，学校在原有设施的基础上，打造了以“红色长廊”“红色基因库”“班级文化墙”为主的爱国主义教育阵地，使之成为崇尚英雄气质、激发爱国热情、培育民族精神、凝聚集体力量的重要场所。

四、“向英雄致敬”爱国主义教育综合实践活动的效果和影响

“德不孤，必有邻。”近几年，二十三中持续开展“向英雄致敬”爱国主义教育综合实践活动，潜移默化、润物无声地影响着师生的三观。师生深刻感受到，好的教育方式一定是可以入脑入心的。

（一）让人民“英雄”活在心中

学校师生在活动中收获良多，他们认识英雄、崇拜英雄、学习英雄，他们的觉悟提升了、眼界提高了、胸怀扩大了、责任意识更强了，在日常学习工作中，努力践行并传承英雄精神。

（二）让身边“英雄”遍地开花

在二十三中，“向英雄致敬”不再是一句口号，也不再是简单意义上的一门课程，它犹如一粒粒种子，被播撒在每一名学生的心中，生根发芽绽放，花香弥漫在校园的每一个角落。

（三）让时代“英雄”融入血脉

2020年初突如其来的新冠肺炎疫情给师生上了一堂深刻的爱国主义教育课。钟南山、张伯礼等无数抗疫英雄的名字和英雄群体的形象镂刻进了学生的记忆，不仅温暖着这一段被疫情袭扰的岁月，还给了学生自律、自强和战胜自我的力量。

（四）让崇尚“英雄”成为事业

英雄和英雄的故事陪伴着二十三中学生成长。在问卷调查中新生被问及“对英雄人物的了解”“自己的理想和目标”时，知晓率不足15%，只有不足20%的学生对自己的目标很明确，而毕业生的这两个比例均已达到60%，他们认为学校活动让自己明确了个人理想要与国家命运相连。问卷调查显示，学校有浓厚的崇尚英雄的氛围，以英雄为偶像已成为风尚，学生践行公益活动的积极性高，服务社会的热情和积极性高。

（五）让致敬“英雄”形成机制

近五年来，在英雄精神的引领下，作为自治区优质学校的二十三中，在学校教育、教师培养、家校合作等方面取得了显著的成绩。学校坚持文化引领、精神引领、榜样引领，积极探索创新育人方式，形成独具特色的爱国主义教育综合实践活动机制并交流推广，得到了社会各界的肯定。

进入新时代，虽然没有刀光剑影、战火纷飞，但是我们所面临的困难一点也不少。我们的国家、我们的民族同样需要英雄精神，需要英雄担当。努力将下一代培养成能担当民族复兴大任的时代先锋和有为新人，应该是教育人的使命和责任！

（撰稿单位：新疆维吾尔自治区伊宁市第二十三中学）

“校史寻踪”：文化育人的校本实践

浙江省杭州市第十中学

浙江省杭州市第十中学前身为创建于1806年的宗文义塾。近年来学校利用校史资源，“以史为鉴”“古为今用”，开发研学项目，把文化育人与培养学生发现实际问题、解决实际问题的能力结合起来，让学生在社会大课堂中锻炼实践，以“宗文、明理、尚义”育人目标为指引，培育学生的精神品格、人文素养。

一、“校史寻踪”研学项目的意义和价值

（一）“校史寻踪”研学项目是价值观教育的有效载体

“校史寻踪”研学项目紧密围绕皕年校史，通过综合实践活动，开展以学科融合、项目学习、多元评价为特点的研究性学习，坚持行中学、行中做，培养学生自主发现真实问题、思考问题、解决问题的能力，加强学生团队协作能力，帮助学生形成正确的人生观、世界观、价值观。

（二）“校史寻踪”研学项目能有效培育和弘扬学校精神

“校史寻踪”研学项目使学生更好地了解学校历史，用校史中的正能量激励学生传承“宗文”精神，鼓励学生不畏现实环境中的各种困难，让学生在亲身体验的过程中实现学校精神的内化，增加对学校的认同感，形成热爱、感恩学校的情感体验，培养具有学校特质的学生。

（三）“校史寻踪”研学项目能促进学生品德修养的提升

“校史寻踪”研学项目以具身体验的方式创新德育形式，在实践体验中促进学生品德修养的提升。“校史寻踪”研学项目让学生亲身体验传统文化，增加文化积累，坚定文化自信；对比今天的学校生活与抗日战争（以下简称抗战）时期的生活，形成明是非、懂道理的品质，坚定道路自信；让学生亲身体验公益活动，形成关心他人、热爱公益的品格，坚定人民至上的理念。

二、“校史寻踪”研学项目的设计与实施

“校史寻踪”研学项目以皕年校史为主要线索，包括顶层架构、实施运行、运作保障三个层面（见图1）。

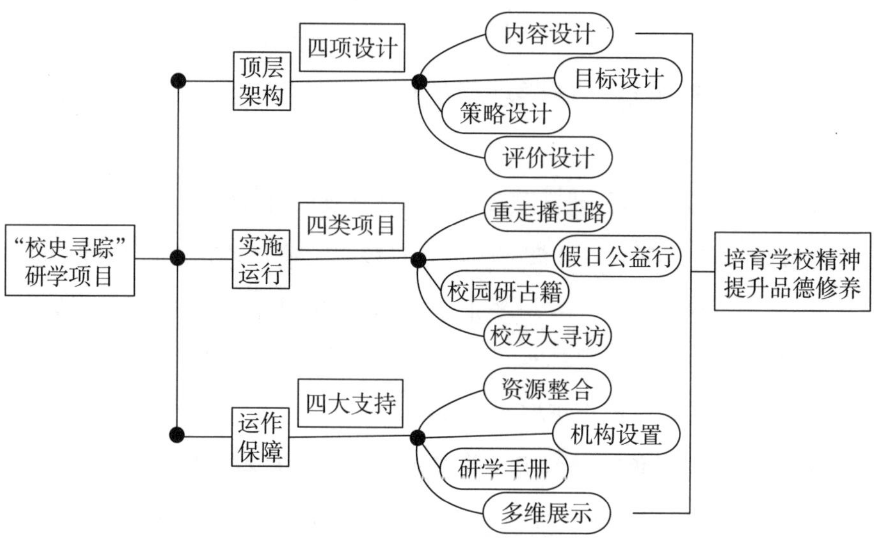

图1　“校史寻踪”研学项目操作框架

（一）顶层架构

1. 织网布线：内容设计

以《校史读本》作为“校史寻踪”研学项目的文本依据，在此基础

上进一步理清脉络，并对研学内容适当延展，设置宗文研学、明理研学、尚义研学三个板块，每个板块之下设置1—2类项目。

宗文研学板块设有“校友大寻访”和“校园研古籍”两个研学项目。“校友大寻访”主要内容是百年校史遗址、校友事迹及作品研学。“校园研古籍”主要内容是古籍室藏明、清、民国图书保护、研究与利用的研学。

明理研学板块设有“重走播迁路”研学项目，围绕学校的前身杭州私立宗文初级中学1937年11月至1945年11月抗战播迁的经历展开。研学有两条线路，“西线”为建德市高垣村、梅城镇，“南线”为温州市雁荡山，三地分别位于农村、城镇和景区，教学资源丰富，非常适合开展各项研学活动。

尚义研学板块设有“假日公益行”研学项目，以弘扬学校前身宗文义塾的义举，传承“尚义”精神，开展系列化、主题化的社会公益活动。主要活动内容有“五水共治”巡河护河 、十月公益周、公益义卖、校服捐赠、爱心慰问团、垃圾分类等。

2. 三维多层：目标设计

“校史寻踪”研学项目的目标分为三个层次。

第一层是总体目标，即“弄清楚我们从哪儿来，知道我们要往哪里去”。“校史寻踪”研学项目需要学生通过多样化的学习方式，知道、了解学校历史，并用自己的实际行动体悟领会、认同学校的精神文化，将其内化于心、外化于行，最终实现学校精神文化的传承。

第二层是项目的三维目标，第三层是分项目标。根据总体目标，从知识与技能，过程与方法，情感、态度和价值观三个维度细化目标要求。

3. 项目学习：策略设计

项目学习将研学过程中学生的学、教师的辅导以及实际问题结合起来，以学生自主学习、合作学习、探究学习解决实际问题。学生可以根据自身情况自主选择项目学习的内容，通过扬长或补短，达到提升素养、促进个性发展的目的。

项目学习还可以与多种研学活动相结合，如嵌入在参观、调查走访、研学旅行、演讲、主题班会、戏剧表演、公益活动等形式中。

4. 搭建平台：评价设计

评价是促进研学项目有效开展并取得成果的手段，为此学校搭建了研学争章及研学成果展示两个平台。

研学争章采用过程性评价与表现性评价相结合的方式，对学生在研学活动中的表现进行评估，确保学生有效参与研学活动。

研学成果展示既有分项成果展示又有学年成果的大展示。

（二）实施运行

1. “重走播迁路”研学项目：准备·行走·探究·分享

抗战播迁是宗文初级中学办学史上意义重大的行动。历经八年的各种艰难困苦，宗文初级中学不仅没有解体，还在播迁期间举办了高中，成为完全中学。对那段艰苦岁月，今天的学生仅仅靠资料往往很难感同身受。通过设计和实施重走当年的播迁路的项目，让学生感受当年学校师生的朝气蓬勃、不畏艰险的气概以及播迁之路的艰辛，是让他们向先辈们学习的最好方法。

基于行前的思想准备和项目准备，学生选择探究内容，进行研学资源的学习，确定研学途中需要观察、收集的信息以及研究成果的形式。

行中，学生毅行播迁路，亲眼见证如今美丽乡村不断发展、人民安居乐业，切身感受到这样的生活是靠千千万万的人奋斗得来的，需要倍加珍惜。他们感慨于先辈们冒着风险，在播迁路上坚定信念、团结一心、同仇敌忾，同时还坚持刻苦学习。

通过行中的信息收集，行后对宗文播迁史、建设美丽乡村、梅城兴衰变迁等问题进行探究，让学生认识到真实世界问题的复杂性，确立学生的学习主体地位，培养他们面对真实问题找到解决问题的路径、提出解决方案的能力。通过成果分享的过程，增强学生为人民服务的意识。

2. “假日公益行”研学项目：组织·行动·感悟·成长

当年周士涟先生建义塾之举，不仅为寒门子弟提供了读书的机会，更在万千师生心中播下了“尚义”的种子。200 多年所积淀的力量，滋润着每一个宗文人的心。用“假日公益行”研学体现“尚义精神”新的内涵，各公益小队遍布城市的各个角落，“让公益成为一种习惯”逐渐成为全校师生的共识。

通过向全体学生普及公益的相关理念和知识，帮助学生树立基本的公益观。通过组织爱心慰问团及护河、垃圾分类、道路交通维护等公益小队，用一颗真诚的心将“尚义精神”的种子散播到社会各处。

学生通过回顾、品评行动中的酸甜苦辣，对个人与团队、个人与社会的关系进行反思感悟，真正树立“让公益成为一种习惯”的观念。通过加大宣传，传递正能量，引领学生自我发展、自我超越、自我升华。

通过“陈招娣中队”争创活动，用绝不言弃的女排精神激励全校师生，给予大家在公益路上不断向前的力量。用团队成长进一步促进学生个人成长，将女排精神与学生的日常学习、生活紧密联合，坚定理想信念，端正学习态度，让自身的综合素质得到全面提高，为班级增光，为学校添彩。

3. “校园研古籍”研学项目：培趣·了解·研读·表达

学校古籍室藏有一万多册明朝至民国时期的书籍，其中不少古籍经历了“烽火洗礼”，更显珍贵。保护、开发、利用好这些资源对学校、社会意义重大。

由于古籍研究专业性很强，学校与杭州图书馆建立馆校合作机制，借助专业力量，采取先兴趣培养后知识技能培养、先易后难的实施策略。在杭州图书馆古籍部老师的帮助和指导下，进行古籍维护基础、线装书制作、雕版印刷制作、拓片制作等古籍修复的实际操作，提高学生对古籍研学的兴趣。

学生通过查找信息了解学校古籍室一些重要藏书的出版年代及背后的故事，感受学校古籍留存的不易，并为古籍保存至今感到自豪。通过由易到难的顺序开展藏书章、古籍排版、古籍文本的相关研学活动，与语文、历史和社会的拓展课程结合起来，重点进行藏书章研学。通过开展晒书节活动，给全校师生展示古籍，把历史融入文学，让思想得以穿越古今，让精神得以发扬传承。

4. “校友大寻访”研学项目：了解·寻访·创作·展示

通过组织学生参加校史演讲比赛，丰富研学方式，突出学生的学习主体地位，激发学生学习内驱力，加深学生对于校史的认识，提高学生的书面和口头语言的组织表达能力，促进个性特长发展。

通过寻访优秀的校友，学生了解了他们受到母校培养的成长过程，感受到他们对母校的真情实感。通过创作演讲稿、戏剧剧本、视频脚本等方式来表现校友的事迹及其与母校间的情感联系，不仅深化了学生对校友的认识和理解，而且为向全校师生传播校友的事迹、作品、思想提供了渠道。

通过开设校友名人纪念周，进一步利用好校友资源，通过与学科拓展融合和品读校友作品，提高学生的文化修养，润泽学生的人文思想，强化学生以校为荣的主人翁情怀。

（三）运作保障

1. 资源整合：促成多方参与

实现有效整合多方资源是“校史寻踪”研学项目开展与完善的重要条件之一。除发挥校史资源的基础作用外，还可从以下三个方面着手。

一要发挥校友的支持作用。用校友主动提供的奖学金，设立“宗文·紫荆宝丽”奖，奖励优秀师生；用校友提供的古籍丰富学校古籍室的“馆藏”。

二要发挥家长的合力作用。家长主动为学生举办公益讲座，主动帮助教师做好研学旅行安全管理和后勤服务，主动帮助教师一起策划和实施“假日公益行”研学项目。

三要发挥基地的共建作用。学校一方面积极与杭州图书馆等单位建立馆校合作机制以获取研学资源，另一方面与高垣村等一起进行研学基地建设。

2. 机构设置：建构一体四翼

组建由德育副校长领衔的“校史寻踪”研学项目研究团队，下设开发、实施、保障、评价四个工作小组。开发组的主要任务是对项目进行实地考察、调研，设计研学项目方案，根据反馈意见调整项目设计方案。实施组的主要任务是参与“校史寻踪”研学项目方案的论证，实施研学项目，并提出实施反馈意见。保障组的任务是为研学项目实施提供后勤保障。评价组的主要任务是研学项目方案论证、评价，学生研学项目过程与成果评价。四个小组相互配合，根据职责有效工作，为“校史寻踪”研学项目的开展提供了组织保障。

3. 研学手册：记录成长足迹

“校史寻踪”研学项目的行动手册为学生提供了进行自主学习、自主探究、自主管理、自主评价的基本材料。它包括研学项目简介、活动安排表、研学内容、研学记录、研学评价等，可读性强、内容具体明确、操作性强。在教师指导下，学生在研学项目实施的过程中全程使用研学手册。教师根据研学记录对学生进行评价。

4. 多维展示：融合线上线下

“校史寻踪”研学项目活动过程与成果的通过线上线下的多种形式得到广泛展示。线上展示以学校微信公众号宣传研学活动为主，辅之以本地纸媒、电视及网络展示。线下展示以动静相结合的方式进行。静态有展板陈列，动态则有演讲、视频、小品、戏剧、歌曲等。

三、“校史寻踪”研学项目的实施成效

（一）以皕年名校的精神培育学生

“校史寻踪”研学项目以皕年名校的精神培育学生，有力促进了学校育人目标的达成。目前“以文为宗，文道结合”成为全校师生在文化修养和学术方面的追求；“质朴耐苦，诚实不欺”成为全校师生的座右铭，师生日常行为向它看齐；“让公益成为习惯”深入人心，全校师生不断践行；

“与校友面对面”“名生大讲堂”，校友反哺母校，饱含着对学校的热爱和认同。

（二）提升了初中学生的综合品德素养

通过“校史寻踪”研学，在行中学、在行中做，提升了学生的综合品德素养，涌现出了一批有“宗文、明理、尚义”特质的学生。他们被学校校风、校魂不断滋养，逐渐成为和谐、友善、正直的新时代美德少年。在2020年区百名“美德少年”评选活动中，学校有四人入选，占比在中学组中居第二。

（三）找到了实施校史教育的有效路径

2019年12月，学校对635名学生进行校史知识了解情况调查。结果显示宗文义塾创始人、创始时间、学校的校训及育人目标的知晓率分别达到94%、93%、96%、85%。近两年，“校史寻踪”研学项目相关成果在市、区多次获奖，明理研学线路设计获区“行走德育”主题研学线路设计一等奖，学校宗文校史馆基地被评为区“行走德育”示范基地。

（撰稿人：金大鹏）

历久弥新龙文化，立德树人育新苗

上海市闵行区浦江第一小学

上海市闵行区浦江第一小学是一所从农村学校逐步变为新街镇学校的百年老校，1874 年由上海城隍秦裕伯的后代秦荣光先生创建，积淀了较为深厚的历史文化，形成了良好的发展态势。近年来，学校先后获得全国乡村学校少年宫、中小学德育示范学校等荣誉称号。

龙是中华民族的象征，中国是“龙的故乡”。结合本地舞龙习俗，从 1997 年起，学校以“龙文化”为教育品牌，积极弘扬龙的“团结合作、开拓奋进、与天和谐、造福人类”的精神，结合《关于深化教育教学改革全面提高义务教育质量的意见》，对《中小学德育工作指南》提出的中小学德育的理想信念教育、社会主义核心价值观教育、中华优秀传统文化教育、生态文明教育和心理健康教育进行深入思考，进行学校德育工作的整体架构与具体实践。

一、“龙文化”德育工作的目标与思路

（一）目标

1. 总体目标

培养具有龙的精神，符合国家发展需求，德智体美劳全面发展的社会主义接班人。

2. 学段目标

根据总体目标，结合不同学段的学生特点，制定了分学段目标（见表 1）。

表 1　上海市闵行区浦江第一小学德育分学段目标

<table>
<tr><th rowspan="2">学段</th><th colspan="2">目标（说明）</th></tr>
<tr><th>共同点
（依据年级递升和实际螺旋递进）</th><th>侧重点
（相关年级均有落实，不同年级各有侧重）</th></tr>
<tr><td>一年级</td><td rowspan="5">爱党、爱祖国、爱人民</td><td>爱亲敬长、热爱集体、热爱家乡、了解自然、了解社会、了解祖国</td></tr>
<tr><td>二年级</td><td>保护环境、爱惜资源、诚信文明、自信向上、诚实勇敢、有责任心</td></tr>
<tr><td>三年级</td><td>了解家乡、了解国家、优秀文化、革命传统、心理健康、核心价值观</td></tr>
<tr><td>四年级</td><td>道德规范、文明礼貌、规则意识、民主法治、习惯良好、保护环境</td></tr>
<tr><td>五年级</td><td>生态文明、诚实守信、友爱宽容、自尊自律、乐观向上、理想信念</td></tr>
</table>

（二）思路

以《中小学德育工作指南》为工作遵循，根据小学生的身心发展特点与认知规律，螺旋上升、循序渐进地进行德育工作的整体架构，以弘扬龙的精神作为指导思想，强化教育引导、实践养成和制度保障，注重落细落小落实，引导学生培养爱国情怀，坚定理想信念，培育和践行社会主义核心价值观，传承与发扬中华优秀传统文化，形成生态文明意识，培养健全人格，提升综合素养。通过“龙之根、龙之魂、龙之魅、龙之舞、龙之品、龙之格”几方面充分发挥课程育人、文化育人、活动育人、实践育人、管理育人、协同育人功能，以弘扬爱国主义精神为主旋律做好学校德育工作。

二、“龙文化”德育工作的内容与实践

（一）课程育人：抓基础，确定龙之根

落实立德树人，课程教学是根本。近年来，学校对基础型课程、拓展型课程、探究型课程三类课程进行了整体架构，形成“课程设置与课时安排一览表”，安排每一类课程的周课时数，将理想信念教育、社会主义核心价值观教育、中华优秀传统文化教育、生态文明教育和心理健康教育有机融入其中，通过学科德育与建设特色课程，构建以弘扬爱国主义精神为主旋律的学校德育工作机制。

一方面，充分发挥课堂教学的主渠道作用，结合市级课题“价值多元背景下小学学科德育的实践研究”，根据小学生的身心特点和认知规律，在保障各类课程教学质量的基础上，构建小学学科德育的目标体系和内容序列，形成小学学科德育的基本策略，探索学科德育实施的有效途径和方法。如课程涉及的贤人志士、城市英雄等的事迹浸润了中华民族龙的精神。同时整体构建学科德育的运行模式和操作机制，创造性地对本体学科、跨学科德育进行系统设计，形成学科德育的结构化网络和操作体系，充分挖掘各学科育人价值，让每一堂课焕发生命的活力，提升学生综合素质。

另一方面，围绕上海市“二期”课改基础型、拓展型、探究型三类课程的建设，结合市级课题“构建龙文化校本课程，进行学校多元发展的实践研究”，积极开展国家课程、地方课程和校本课程实践。以“德才兼备、多元发展”为育人目标，立足国家课程与地方课程，开发与实施校本化的德育课程“小苗初长——一年级学习准备期微型德育课程”、践行社会主义核心价值观之1—5年级跨学科德育课程“神龙在天”，实现精细化管理，构建丰富多彩的德育课程，在潜移默化中提升学生的德育素养和综合能力。

（二）文化育人：抓核心，弘扬龙之魂

校园文化，不断发挥团结奋进的校魂的作用。学校将龙文化作为特色文化进行中华优秀传统文化教育，弘扬以爱国主义为核心的民族精神和以改革创新为核心的时代精神，积极营造良好的校园文化氛围。

通过“课题引领，在自主探究中传承龙文化；课程整合，在引导感悟中学习龙文化；活动开发，在快乐实践中传承龙文化；励志景观，建中西合璧龙文化十八景；信息融合，为龙文化插上现代化翅膀”等途径，将狭义的龙文化与广义的龙文化相结合，融入学校发展各个方面，全体师生团结合作、开拓奋进，使百年老校不断创新发展，引导学生树立和坚持正确的历史观、民族观、国家观、文化观，不断增强作为中华民族成员的归属感、认同感、尊严感、荣誉感。

（三）活动育人：抓序列，发挥龙之魅

主题教育，可以充分发挥活动育人的魅力。学校对小学阶段所涉及的主题教育活动进行梳理和研发，形成校内外相结合的主题教育活动方案集《花样童年》，从“传承民族精神、完善道德素养、感悟仪式教育、浸润校园文化”等几个方面入手，形成校级类、班级类两个序列，通过开展各种丰富多彩的德育序列主题活动和学生喜闻乐见的活动逐步培养学生良好的行为习惯与道德品质，提升综合素养。

如 2021 年暑期活动的重点之一是“学四史”红色之旅研学，学生以小队活动、亲子活动等形式开展研学活动，通过参观黄炎培故居、顾振烈士纪念馆、浦江镇社区党建服务中心、革新村等身边的红色基地，进一步感受家乡发展背后蕴藏的红色基因和革命精神，培育爱党、爱国、爱人民、爱家乡、爱社会主义的情感。

（四）实践育人：抓亮点，激扬龙之舞

现代信息技术为德育工作带来了助力，也带来了挑战。将现代信息技术有机融入学校德育工作是时代发展的必然趋势。学校积极使用上海市电子教材，在闵行区电子书包、学生实践成长空间、校园电视台、电子阅

览、校本学生网上自主管理、创新实验室、电子讲台等信息化项目的支撑下，创建显性和隐性德育新载体。

尤其是学生实践成长空间的建设，结合区域学生成长空间平台和校本实际完善相关内容，丰富学生成长体验。利用学生手中的电子学籍卡，实现学生个性化实践成长过程的电子全记录，内容包括身心健康、课程学业、主题活动、社会实践、自主选课、岗位实践、图书阅读和收获园等。深入挖掘数据，分析学生总体发展状态，为对学生进行个性化实践干预指导提供数据支持，实施网络德育，拓展学校德育时空，不断提升学校德育实效。

（五）管理育人：抓关键，展现龙之品

教师队伍影响着学校德育工作的品质。2020 年，上海市加快实现教育现代化行动计划的第一项重点任务是：坚持党对教育事业的全面领导，实施新时代立德树人工程，以大中小幼德育一体化深化“三全育人”、构建学生校外教育保障机制、加强劳动教育和实践育人、构建大中小学心理健康教育工作格局。学校积极贯彻落实这一精神，充分发挥管理育人功能，积极优化师资队伍结构，全面加强教师队伍建设，通过“名家引领常助力、优化管理来添力、梯队建设多彩力、干群和谐多增力”等途径促进教师专业化发展。

学校始终秉持“育人为本、德育为先”的教育理念，将落实《中小学德育工作指南》纳入学校五年发展规划的重点工作，整体架构学校德育工作，对“已有基础、发展目标、具体措施、分年段实施步骤、达成标志”进行具体细化，设置“德育、少先队工作导向”，做到“一月一主题、一周一推进、一班一特色”，从“办学方向、德育内容、学段衔接、载体丰富、常态开展”等方面贯彻落实各级各类文件精神，并结合学校实际情况进行整体架构，力图在润物无声中有序、有效落实日常德育工作。

（六）协同育人：抓合力，激发龙之格

多方合作，形成家校社三位一体的格局。学校坚持社会主义办学方向，充分发挥自身在家庭、学校、社会三位一体育人格局中的纽带作用，积极创建上海市示范家长学校，发挥家委会作用，不断优化社区资源，逐步形成育人合力。

学校在建设好校内各实践基地的同时，充分整合、利用校外资源，结合《上海市中小学生社会实践基地家庭护照》中相应的场馆和上海市的主要景点，梳理出涉及“爱国主义教育、上海历史及人文、民族文化、公民教育、科普教育、艺术教育、产业文化教育”七大方面的120多个学生校外教育场馆，从“场馆风貌、场馆简介、地址、网址、交通、门票、周游感悟”等方面形成《周游上海》实践活动集，培养学生的创新精神、实践能力与社会责任感。

三、“龙文化”德育工作的成效与展望

（一）初步成效

近几年，学校获得了全国红旗大队、全国魅力少先队、上海市依法治校示范校、上海市家庭教育指导实验基地、上海市中华优秀传统文化研习暨非遗进校园优秀传习基地等荣誉称号，连续五届被评为上海市文明单位，连续三届被评为上海市中小学行为规范示范校。

多位毕业生成为北京大学等高校的高材生。学生获德智体美劳区级以上奖项2800多人次，多次参加各类展会和展示，还被推荐到香港参加“名校名师优质生汇香江”活动。

此外，学校每年多次迎接各级各类教育行政部门及北京师范大学、华东师范大学等高校组织的校长、骨干教师等来校考察或挂职，建立德育资源共享机制，促进学校德育内涵发展。2011年，学校成为上海市中小学德育骨干教师实训基地之一，在不断优化自身德育工作的同时在区域乃至市级层面起到了一定的示范引领作用，带领十几个区的基地学员一起进行德育研究与实践。多名学员所开设的德育课被评为全国中小学“学科德育精品课程”，其所在学校的德育工作也得到了不同程度的发展。

（二）后续展望

下一阶段，学校将继续紧紧围绕国家的教育方针政策，坚决贯彻立德树人根本任务，积极落实《中小学德育工作指南》，着力开展以弘扬爱国主义精神为主旋律的德育工作，引导学生树立正确的世界观、人生观和价值观，努力培养能够担当民族复兴大任的时代新人。

（撰稿人：张蕊）

“幸福之家”：面向农村留守儿童的教育

江西省上饶市玉山县南山中心小学

全面落实立德树人根本任务，是新时代教育改革发展的重大战略工程。党的十八大以来，习近平总书记多次强调，教育的根本任务是立德树人。立德树人关系党的事业后继有人，关系国家前途命运。因此，要把立德树人的成效作为检验学校一切工作的根本标准。立德树人作为教育的根本任务，其重要价值和深远意义已不言而喻，然而，面对大山深处的“三类生”（即留守生、贫困生、学困生），究竟该如何落实这一根本任务，是值得每一位农村教师深思的一个重点话题。怎样促进偏远山区学生的身心健康发展、学业进步？怎样使他们在这竞争日益激烈的社会中有所成就？是近几年来江西省上饶市玉山县南山中心小学的重要议题。

一、成立“幸福之家”，为内心缺失爱的孩子撑起一个家

在全民关注教育的今天，在科技和网络时代，一些孩子无疑是幸福的，他们接受着这个时代给予的最好的教育，而与他们同在一片蓝天下的还有这样一群孩子，他们生活在大山深处，那里地处偏远，资源匮乏，经济发展相对滞后，许多家长长期在外务工，学校留守儿童比例高达65%。偏远山区没有各种艺术培训机构，有的只是放学归途中那望不透的大山和路边农田里再熟悉不过的农作物。回到家里，不见父母亲切的身影，只有年迈爷爷奶奶的呢喃。由于家庭教育薄弱，这些孩子缺少正确价值观教育，成了学校教育的一大难题。比如：顽皮的孩子无视课堂纪律；过早进

入叛逆期的孩子对学业兴趣不大；部分隔辈带大的孩子被过度宠溺以致任性自私、唯我独尊；单亲缺爱的孩子性格胆小怯懦、沉默寡言。认识学生、了解学生、关爱学生的任务，都加在了一线教师的身上。

多年以来，为了留守儿童的健康成长，为培养其健全人格，学校践行立德树人理念，以“我快乐、我成长”为主题，在留守儿童教育工作方面做了大量的探索和实践。学校于2013年特意腾出一间教室创建留守儿童“幸福之家”，唱响了由县教体局局长为学校留守儿童写下的原创歌曲《妈妈，我想你啦!》。在不断完善整体设施的过程中，学校加强了课程教学，在每学期开学初编排每周教学主题，任课教师根据主题授课，留守儿童也可以利用课余时间在“幸福之家”阅读或者下棋，周一至周四傍晚放学后的半个小时里，值周教师会组织寄宿生（离家太远的留守儿童只能选择寄宿）到“幸福之家”自由活动，从而减轻他们对父母的思念，使他们远离孤独。学校在已有的基础上，不断探索“幸福之家”管理的新模式、新方法，并于2015年确立了“幸福之家”“134”管理模式。“1”是指为学生营造一个良好的学习环境；“3”是指开展“幸福之家”主题活动课，实施“321”结对帮扶，建设“网络视频、亲情电话”活动平台；“4”是指“代理家长”的四项工作措施——周一至周四傍晚时间段，值周教师组织寄宿生到“幸福之家”自由活动，生活教师每周与寄宿生谈心一次，班主任每月与寄宿生的家长在微信上交流一次，班级每月开展一次家庭主题教育。

2014年5月，学校根据留守儿童教育的需要，组织编写了校本课程教材《别样的春苗》并逐渐完善，到目前已经有低、中、高三个阶段版本，内容涉及“生活我们不孤单、学习我们不掉队、成长我们有导航、自理我们有妙招”四大篇章，每篇章选编10课内容，教师根据课程表的安排在“幸福之家”授课，前25分钟上校本课程内容，后15分钟学生根据“海量阅读、棋类益智、亲情电话、电脑视频”四个板块分小组活动。

二、开展针对性帮扶，让孩子健康快乐成长

每学期开学初，依托班主任在各班级排查、统计的留守儿童相关数据和基本情况，德育处建立个人档案卡，将他们父母的通信方式、务工地点以及监护人等有关资料进行归档，便于有针对性地开展管理和教育。针对留守儿童，学校有三个优先原则。

生活上优先照顾：学校留守儿童中有一个特殊群体——寄宿生，他们家离学校远的走路要 3 个多小时，不得不在校寄宿。学校为他们安装热水器、建设盥洗室、配备专床专柜，每天晚上 6 点至 8 点学校会安排值周教师对他们进行集中学习管理。考虑到一些低年级学生独立生活能力不够，学校还安排了 1 名教师专门负责教学生整理内务，有效地培养了他们的独立生活能力。

活动上优先安排：在一些具有教育意义的重大节日，学校少先队开展形式多样的活动，会优先安排留守儿童参与。三月学雷锋月的时候，前往敬老院整理内务、表演才艺，在活动中塑造孩子们敬老爱老的美好品质；清明节前往烈士陵园开展缅怀先烈、铭记历史活动，让孩子们在英烈的事迹中接受爱国主义教育的洗礼；中秋节师生同台做月饼、品月饼，在与教师一起做月饼的过程中，学生不仅感受到了浓厚的传统文化氛围，还感受到了家庭般的温暖。另外，学校还依托乡村少年宫项目，开展了书法、音乐、跆拳道、跳绳等 16 个兴趣小组活动，孩子们可以根据自己的爱好特长参加，以此来丰富校园生活。学校将品德教育融入这些可见、可做、可感的具体活动中。

学习上优先辅导：学校通过制定“321”结对帮扶措施（即学校班子成员帮扶 3 名留守儿童，班主任帮扶 2 名留守儿童，任课教师帮扶 1 名留守儿童），帮助留守学困生解决学习上的困难，并实行定期家访，与他们的监护人进行深入交流，增进了解，对学生的老年监护人给予一定的家庭教育指导，帮助他们转变教育观念，掌握家庭教育的科学知识和技巧。

此外，德育处还制定了一系列心理帮扶措施。针对留守儿童成绩差异，学校在进行有针对性的调查后，根据问卷结合实际情况分析学生心理，展开帮扶。学校通常分两条线进行，一方面班主任和任课教师在日常教育教学中发现问题、解决问题；另一方面孩子们有问题难以解决或心理上有疑虑不愿找自己熟悉的老师时，可以将心里话写下来投进少先队活动室外的信箱里，德育处有专门负责的教师以面谈或信件回复等形式来引导。这项工作的开展，卓有成效地引导了留守儿童心理健康发展及思想观念的成熟。

三、重视日常养成教育，使好习惯成为孩子心中的一把戒尺

小陈同学是班级中最特殊的一个孩子，幼年丧母，父亲另外成家，他由年迈多病的爷爷抚养长大。祖孙二人相依为命，生活经济来源主要依靠村里救济。但在三年级时，小陈同学爷爷不幸生病去世，他转由姨妈抚养。由于长年无人管束，他养成了许多坏习惯，比如偷拿别人东西、逃课、撒谎、上课时在地上爬来爬去等。

面对这些陋习，刚接手时，我便去了他监护人家里家访，了解到监护人只管食宿，承担不了品德培养、学习辅导之职，家庭教育处于真空状态。家访回来后我便思索着，家庭教育这条线基本是断了，想通过一两次思想工作让他彻底改好也不太现实。

与小陈接触几天后，我找到了一些思路。他其实很聪明，别人背一篇文章，吃力的可能要三到五天，但他只要看几遍就能一字不落背下来。此外，他很乐意劳动，班级里谁打扫卫生需要帮助，他总是第一个站出来。我和他谈心交流时，发现他对爷爷有着非常深厚的感情，一聊到爷爷，他眼泪就掉下来。这些发现给了我很大信心，于是为他精心制定了一份个人教育方案，和他探讨，问他意见。我们交流了纪律和班级规章制度的要求，让他明确什么该做什么不能做。我们也约法三章，达到了这些规章制度的要求，我会给他奖励，他愉快地答应了。但是希望总是美好的，现实

总是残酷的。一段时间后他又因为拿别人的东西，被班干部带到办公室，我从他的眼神里看到了躲闪，我没有马上训斥他，而是问原因，帮他找到问题所在。我教他控制住自己，告诉他所有东西都要靠勤奋和汗水获得，他需要的学习用品，我也会买来，在他上课表现好的时候作为奖励送给他。虽然在接下来的日子，他仍然不断犯错，但是频次已经在不断降低，直到再也不随便拿同学的东西。学习上，只要有时间我都会辅导他背书、做一些简单的题。碰到程度简单的考试他也能考 40 来分，这已经是一个非常大的提高了。

小陈这类学生因为家庭教育缺失、学习不好或行为习惯差，对外界的评论极其敏感，但在内心深处又渴望得到老师和同学的认可。遇到这种情况，教师一定要耐心，客观分析其不良行为出现的原因，要及时发现、及时引导，做到防微杜渐，为学生的转变积极创造条件。有些学生虽然有很多不足之处，但总有某些特长或优势，教师要善于捕捉他们身上的闪光点，发掘其身上的潜能，予以充分肯定，使他们重新找回自我，获得克服缺点的勇气和信心。

四、搞搞“特殊”，架起爱的桥梁，抚慰缺失爱的心灵

小颖是一个女孩子。自接手班级第一周，我便了解到这孩子自小失去双亲，由爷爷奶奶抚养。除了她，爷爷奶奶还照顾着几个叔叔家的三四个孩子。我从她的日记中得知，她经常受弟弟妹妹欺负，从来不敢反抗。在学校，她很少和同学接触，性格孤僻且胆小自卑，成绩在二三十分左右徘徊。

父母的缺席是她人生中最大的遗憾，我在教《慈母情深》一课时，发现她默默地流下眼泪。课后我让学生写写自己与母亲间的感人事件时，她呆呆地坐着，我及时找她聊天。她说：“老师，我没有妈妈。”我告诉她：“把你养大的奶奶，就是你的‘妈妈’。”她的眼睛里泛起了光，此后不管写日记还是写作文，她都将奶奶称呼为“妈妈”，课下见到我也会开心地笑。

一次考试，她破天荒考了 83 分，许多学生都说她作弊，说根本不可能一下子进步这么大。看着她涨红的脸，我严厉批评质疑她的学生，并告知学生，我相信她，只要肯用心付出努力，每个人一定会有意想不到的收获，不信就看下一次考试她还能不能考过 80 分。课后我跟她说，只获得一次高分，别人质疑很正常，不要将这些不好的话放在心上，你要努力，争取次次都能稳定在 80 分以上，别人就无话可说了。她坚定地点头，第二次考试果然不负所望。

这件事让我更加确信，对于自卑的孩子，在大众面前的表扬和鼓励更能扬起他们自信的风帆。教育家夏丏尊曾经说过：教育之没有情感、没有爱，如同池塘没有水一样。没有水就不能称其为池塘，没有爱就没有教育。小颖的特殊家境是她人生的不幸，幸运的是我能为她做点事，能给予她正确思想观念的引导和帮助，也算多多少少弥补一下她生活中本应该得到却缺失了的爱吧！

五、家校紧密联系，良好的家庭教育能为孩子塑造优美的灵魂

小安同学与爷爷奶奶生活，刚分到我班上时，成绩不算特别好，性格也较为内向，很安静，学习上较为自律，一双眼睛里透露着求知的光芒。

她的父母对孩子非常上心，隔三岔五打电话问孩子最近的学习情况。与其他家长不同的是，他们每次都会问孩子身心发展情况。孩子的妈妈很放心不下，担心爷爷奶奶过度宠爱骄纵。一次考试，孩子的成绩下降了很多，她母亲刚好来电询问，我将近况告知她，并建议她有时间多回来陪陪孩子。我也告诉她“一个母亲，能胜过 100 个教师；一个父亲，能胜过 100 个校长”，让她知道家庭教育的重要性。毕竟孩子的成长离不开父母的正确引导，缺少父母的呵护，孩子往往感情脆弱、性格懦弱、性情孤僻，很容易变成一个心理不健康、思想不端正的人。我告诉她，这个孩子还可以更优秀。她的母亲听取了我的建议，放下了工作回来亲自抚养孩子，也多次与我联系，问孩子生活中的一些事情该怎么处理。除了解决问

题，我每次都会和她说说孩子在校表现好的一方面，告诉她孩子较为内向，很懂事，做错事的时候少责备、多鼓励，多和她一起找出错误、指导改正。一段时间后，孩子明显变得乐观积极了。一次学校组织演讲比赛，我鼓励小安试试，她也真的脱颖而出，代表学校参加县里的比赛，取得了好名次。她的成绩也有很大提高，在班里名列前茅。“小升初”时小安成绩优异，家长来电话表示感谢，说孩子终身不忘老师的鼓励。我也告诉孩子：“终身别忘感恩家人，是他们为你营造了一个非常好的家庭教育环境。”

六、成效与展望

学校的有效举措，也引起了上级各部门与社会各界爱心人士对留守儿童的关注，他们或出资帮助孩子上学，或捐赠衣物、学习用品等，或向学校提供教学用具、体育器材、生活用品等，为孩子带来了很多惊喜。

留守儿童是当今教育面临的新问题、新难题，面向他们，落实立德树人这一根本任务非常艰巨，绝非朝夕之功，无法一蹴而就。每一位耕耘在一线的教育工作者都应高度重视、研究、解决留守儿童的问题，想方设法，用心去关爱他们，用情去感动他们，用爱去温暖他们，使他们拥有和其他孩子一样明朗的天空，在美好的花季放飞理想和希望，最终成为德才兼备、品学兼优的一代新人。

教师的神圣职责并不只在于向学生传授书本知识，更在于对学生的精神世界施加积极影响。“教书与育人并重，知识与能力共举”，教育无小事，事事皆教育。面对这些大山深处的留守儿童，我们不忘立德树人的教育初心，让更多的孩子同在蓝天下、身心共成长。

（撰稿人：郑云丽）

第四编

以“发展规划”推动区域立德树人实践

“一品六翼”的中小学品格教育育人机制

四川省成都市教育科学研究院

中小学品格教育的育人机制着力于新时代立德树人的落实机制。成都市教育科学研究院开展的品格教育育人机制研究是国内第一个系统性的中小学品格教育理论与实践研究。自 2014 年以来，参与研究的学校持续关注学生正确价值观的养成和德性与德行的成长。经过 7 年的扎实推进，该研究结合社会主义核心价值观、人类共同价值、中华优秀传统美德、中国学生缺失的品格，梳理形成 24 个必备品格，确立了学生品格成长的目标，形成了品格教育的运行机制、实施方式和四级评价指标体系，对全国 1500 多所学校产生了深远影响。

一、以立德树人为价值引领，构建阶梯式品格德目体系

品格教育的目标是遇见更好的自己。品格教育按照道德教育的规律把品格细化、具体化和行为化，做到有目标、有路径地培养学生必备品格，从而为学习赋能，为学习生活提供动力基础。上述研究以立德树人为根本任务，基于“培养能够彰显品格力量的中国人”这一总目标，搭建了品格教育的目标框架［具体分为四级阶梯 24 个品格（第一级：专注、有序、友善、感恩、守时、诚实；第二级：爱国、责任、坚持、主动、真诚、宽容；第三级：勤奋、创意、热情、节俭、守信、勇敢；第四级：谨慎、明辨、尊重、怜悯、勤劳、智慧）］，并以细化、具体化的行为目标为导向，进行品格培养。参与研究的学校可根据办学理念、育人目标，在遵循儿童

道德发展规律的基础上开展品格教育，使学生将社会主义核心价值观和中华传统美德内化于心、外化于行。以友善这一品格为例，学校将友善的行为表现具体化、可视化，使其可评价，详情如表 1 所示。

表 1 友善品格

<table>
<tr><th>方面</th><th colspan="2">表现</th></tr>
<tr><td rowspan="5">友善品格的行为表达</td><td colspan="2">要有自己的好朋友（10 个以上）</td></tr>
<tr><td colspan="2">看到别人的困难，并主动帮助别人</td></tr>
<tr><td colspan="2">影响或干扰别人时，及时表示歉意并改正</td></tr>
<tr><td colspan="2">愿意付出自己的精力或物品</td></tr>
<tr><td colspan="2">善待自然界一切有生命的动物和植物</td></tr>
<tr><td rowspan="4">友善品格的运用</td><td colspan="2">在学校里喜欢和朋友一起玩耍</td></tr>
<tr><td colspan="2">微笑地对待他人，并主动打招呼</td></tr>
<tr><td colspan="2">收集自己多余的物品，通过“友善之墙”寻找需要的人，传递自己的善意</td></tr>
<tr><td colspan="2">时时处处为别人着想，看到别人的困难主动提供帮助</td></tr>
<tr><td rowspan="8">友善品格的具体表现</td><td rowspan="4">在家里</td><td>离家、回家主动和家里人打招呼</td></tr>
<tr><td>有想法时主动和家人沟通，心平气和地表达自己的感受</td></tr>
<tr><td>发现自己打扰了邻居或家人的时候，及时表达自己的歉意</td></tr>
<tr><td>礼貌而周到地接待客人</td></tr>
<tr><td rowspan="4">在学校</td><td>主动和老师、同学及其他工作人员问好</td></tr>
<tr><td>和别人说话的时候面带微笑并轻声细语</td></tr>
<tr><td>经常和小伙伴一起玩</td></tr>
<tr><td>发现别人身上友善的行为</td></tr>
</table>

二、基于品格德目体系，确定品格教育内容体系

品格教育中的德目虽有所不同，但每个德目的的具体内容都由四方面组成（见图1）。一是个人修养。二是利他行为。三是规则意识，品格教育倡导大家一起来讨论要共同遵守的规则，形成一种“约定”。四是审辨思维，在品格教育中有很多价值观念需要去澄清和审辨，比如说关于友善，如果遇到不友善的人或事，应该如何应对呢？教师把生活中真实的案例带进课堂，同学生一起分辨，最后达成对“何为友善、要不要友善以及如何友善”的共识。

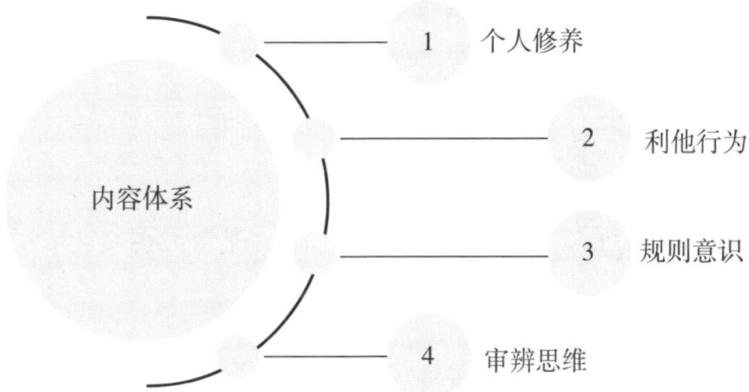

图1　品格教育的内容体系

三、关注品格教育全过程，形成综合性的四维度品格评价体系

在进行品格教育之后，通过以下方面评价学生的行为变化。一是行为表达。“你有这个行为吗，你像刚才我说的那样做了吗？”二是持续性评价。“你是不是在不同的时间里都坚持实践了这项品格？”三是空间表现。“你是不是在不同的地点坚持实践？”四是当学生习得了该品格，会自觉形成习惯。以赞美的方式评价儿童的行为表达是最常用的方法，评价主要关注以下几点：行为性，即学生有没有相应的行为表达；持续性，即学生是

不是持续地在坚持实践品格；广泛性，即学生是不是在其他场所也能表现出这种品格；稳定性，即学生是否已形成一种习惯（见图 2）。

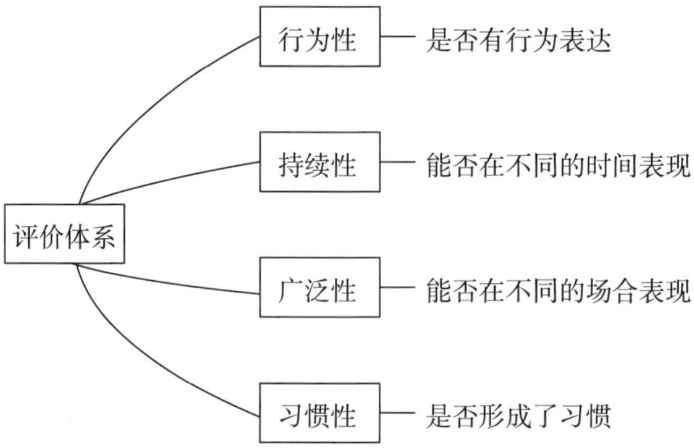

图 2　综合性的品格评价体系

四、以生为本，塑造三种文化

品格教育实践强调三种文化的生成，包括理念可视文化、关系表达文化、自我内省文化，具体如表 2 所示。

表 2　品格教育实践内容体系

文化	意义	类别	特点
理念可视文化	创造一个合力、向善和健康的品格文化环境，对于道德成长至关重要	教师、楼道、校园行走动线	文化可视化、环境互动、行为指导
关系表达文化	道德产生于社会关系之中，在关系中体验和滋养德行	师生、生生、家校关系	温暖、有效率、价值引导
自我内省文化	个体内省的向善、向美追求，自觉的品格行为表现，是道德教育的终极目标	学生、教师	内省、向好、价值自觉

五、注重体验，体现“一品六翼”特点

结合五育并举的思路，学校品格教育形成了“五育融合、一品六翼”的特点，主要包括文化育人创造品德环境、课程育人实现品格渗透、活动育人体现品格学堂、实践育人践行品格实践、管理育人实现品格管理、协同育人形成品格家校。品格教育渗透在学生的日常生活实践当中，强调日常生活对品格培养的价值。在品格教育实践中形成了五个策略：一是主题学习+品格；二是升旗仪式+品格；三是阅读文本+品格；四是儿童哲学+品格；五是儿童戏剧+品格。一年级可以将品格目标更加细化，具体到每一天、每一个时间段应该怎么来培养。首先，这样做对教师有极强的指导作用；其次，对刚入学的孩子，这样做能够让他们迅速和品格建立联系，从而为之后的学习赋能。

六、强化实效，实施“十大行动”

一是建立学校和班级指导学生品格成长的档案及个别学生个案。二是对学生的日常行为及其对学校、班级的贡献给予评定、赞美。三是为班级（课堂）创立一套行为规则，学生和教师、家长经协商后一致同意。四是定期提出需要学习和推广的品格，在全校范围内进行学习和推广。五是为学生在学校和家庭中进行服务和品格实践创造机会。六是建立学校品格研究共同体。七是定期讨论校园中常见的“品格问题”（如破坏公共财物的行为、撒谎、作弊等行为）。八是每天讲“两分钟的故事”，即简短的但以品格价值为中心的故事。九是教高年级学生有批判性地分析信息，鼓励他们过一种有品格的生活。十是告知家长并为家长提供一套有益的图书，让他们和自己的孩子一起阅读，以促进家长与学生开展关于良好品格的谈话。

七、重视落实，探索多元化实施路径

品格教育在实施方式上，根据儿童品格成长的规律和儿童认知、行为发展的特点，从行为表达操作入手，通过行为习得、体验感知、明辨价值和践行运用四个层次，让品格教育变老师的“说教传授”为学生的“体验行动”，通过多元层级式训练推进品格养成，让孩子的美好习惯成为自觉行为，真正做到内化于心、外化于行。以下以专注这一品格的部分培养路径为例进行展示（见表3）。

表3　专注品格的实施路径（部分）

方面	路径
品格动物形象	专注的动物形象是一头小鹿，因为小鹿是专注力较强的动物。把它和专注这个品格建立联系，可促进学生的感知记忆和形象记忆。
品格的定义和行为表达	把专注定义为“全神贯注地聆听，以示对他人的尊重”。但如何定义专注这一品格的行为表达？教材根据不同的场景，把专注分解成几个动作，比如：在说话时要做到专注，就要看着对方的眼睛，手不做无关谈话内容的动作……
中华传统文化的品格传承	围绕专注这一主题引进中华民族的传统故事，如废寝忘食的故事。
品格在生活中的运用	教材中会提到学生在生活中（比如，在与人交流的时候，在做事情的时候，在排队的时候，等等）如何做到专注，以此让学生明白这个品格在生活的方方面面都会表现出来。
动物界的故事介绍	以故事的形式介绍小鹿是怎样接收信息的，这些信息是怎么通过小鹿的耳道传递到大脑，大脑做出了什么样的反应，从而让它逃生的。学生在学习完这个故事后，又通过做传话游戏，了解了专注的作用。
我们的约定	当把专注这个品格的具体行为表达和要求传授给学生之后，老师就会要求学生一起遵守，这就是“我们的约定”。学生在学校和家里都要遵守约定。

续表

方面	路径
儿童品格剧表演	老师会专门为学生编排一个儿童剧《小鹿快跑》，当学生在儿童剧中扮演不同的角色时，品格就通过这个角色的语言、表情、动作等展示出来，学生可以在表演中体会、感悟。
开设品格银行	品格银行就是学生的成长行为记录激励系统，比如学生认真地听老师讲课了，可以得一个小鹿头像的专注币。当品格币积累到一定数量，就可以到品格银行兑换奖励，这里的奖励不一定是具体的物质奖励，而更侧重精神层面，比如可以兑换负责照看一天的植物、与最喜欢的老师一起吃午餐等。这种兑换更多的是一种选择的权力，它带给学生一种荣誉感，让他们感受到自身行为的意义。

八、品格教育的服务机制与工作项目

一是搭建平台，建立全国品格教育联盟；二是提供课程，开发品格教育教材及系列工具；三是培训指导，培养德育干部、班主任指导师、家委会成员；四是建立合作机制，增强国际交流和区域合作。

总之，品格教育自开展以来，深受学校师生及家长的欢迎，学校的德育工作实效性提高了，班主任的负担减轻了，学生行为习惯的可喜变化使家长们也发生着积极的转变。中小学品格教育的育人机制研究成效显著，研究组编辑出版了《品格教育》（北京师范大学出版社）和《品格教育指导用书》（四川师范大学电子出版社），目前已发行 2 万余套。在第五届全国教育改革创新典型案例推选活动中，品格教育实践者杨霖校长凭借“中小学品格教育的成都经验”荣获全国教育改革创新优秀校长奖。2018 年，成都市娇子小学的“整合视野下德育课程的探索与实践”被评为全国中小学德育工作典型经验。2019 年，“中小学生品格教育的理论与实践研究”课题组受邀参加第五届中国教育创新成果公益博览会，并做专题分享；研究成果《品格教育的背景分析与实践行动》被评为四川省首届“立德树人”优秀实践创新案例一等奖。

（撰稿人：杨霖、高瑜、周建军、余奎）

创新实施“双贯通”项目，推动立体化思政课改革

山东省济南市教育局

为全面贯彻落实《关于深化新时代学校思想政治理论课改革创新的若干意见》，济南市教育局（以下简称市教育局）创新推进实施“双贯通”精品思政课建设项目，坚持科学求实，不断攻坚克难，统领驱动全市思政课改革创新，将思政课打造成落实立德树人根本任务的关键课程。

一、“双贯通”项目的内涵与目标

“双贯通”思政课改革以推进纵向贯通的“大中小思政课一体化建设”和横向贯通的“理论+实践”教学为主要内容，以“在大中小学循序渐进、螺旋上升地开设思政课”和“贯通学校小课堂与社会大课堂、推进实践教学、打造行走的思政课”为改革目标，坚持“选准矿、深挖井”，通过纵横两个方向的思政课贯通改革，力求探索出在全省乃至全国领先的区域整体推进思政课改革的典型经验，为全国思政课改革贡献济南智慧和济南样板。

二、多举措推动“双贯通”思政课改革

（一）紧抓实干、多方联动，共同推动思政课改革扎实落地

2020 年 3 月，市教育局印发《济南市“双贯通”精品思政课改革建设工程实施方案》，以“核心项目驱动、多方协同参与、专家跟进指导、

成果研创共享”为主要方式，全面开启思政课改革。

为高效推进“双贯通”思政课改革，确保出真成果，市教育局党组将“双贯通”思政课改革作为年度工作的重中之重，并且将该项目确定为省教育厅 2020 年度市委教育工委书记、市教育局局长的突破项目，由局长亲自抓。市教育局成立项目领导小组、工作组和专家组，统筹推进项目实施，精心研制了全年工作配档表，坚持问题导向和目标导向，克服新冠肺炎疫情不利影响，持续发力，召开了 20 余次工作推进会、专题研究会，深入探讨和解决项目实施中的一个个新问题，用两个月的时间深入考察百余个实践教学基地，将思政课改革坚定地落实到具体的行动中。截至 2021 年，济南市已举办 3 场全市大中小学思政课一体化建设教学现场会和 1 场济南市思政课实践教学基地发布会暨实践教学现场活动，出台重要文件 3 个，改革成果不断涌现，引起较大社会反响。

（二）专业引领、循环改进，深入推进纵向贯通的大中小学思政课一体化建设

1. 围绕同一主题，大中小学校同上思政课

大中小学不同学段围绕同一主题探究授课，能更好地反映出大中小学思政课是否循序渐进、螺旋上升，是否得到了有针对性的改进提升。研究确立各个学段都能讲的主题，是首先要解决的问题。市教育局针对国家最新统编思政课教材，组织专业力量，梳理提炼出践行绿色发展理念、生命教育、走进国家机构、坚持依法治国、正确对待外来文化、坚定文化自信、维护宪法尊严、劳动教育、改革开放教育、责任教育等 10 个主题。与此同时，市教育局组织力量研制了《济南市推进大中小思政课一体化指导建议》，为学校设计教学提供指导。各区县、各教育集团、各学校自主选定教学主题，遴选、组合参与学校，开展大中小思政课一体化建设现场教学展示研讨。

2. 观摩学习大中小学思政课一体化建设教学现场会

在区县和学校申报基础上，市教育局已经举办了 3 场全市大中小学思

政课一体化建设教学现场会，每次活动一天。每场现场会，大中小学不同学段的四所学校优化组合，围绕自主选定的同一主题同上思政课，力求学段紧密衔接、教学内容螺旋上升；围绕思政课一体化建设，邀请全国专家点评指导、研究问题、提炼经验，全市思政课教师通过新华网等平台的在线直播实时学习观看，力求以多场次、扎实专业的行动研究，探索提炼出可复制、高品质的大中小学一体化贯通教学成果。

（三）建立基地、出台意见，深入推进横向贯通的思政课实践教学改革

社会是最大的课堂，要把思政课上活上好，必须打通学校与社会的壁垒，把学校小课堂与社会大课堂贯通起来，用最真实的情境，开拓学生的视野，激发学生内心最真实的情感，这样思政课才能有真实的亲和力、感染力和教育力。

1. 梳理了 8 个实践教学主题，为思政课教学提供了方向

新教材中哪些内容需要实践教学？市教育局组织专业人员，深入分析所有学段的思政教材，把需要进行实践教学的专题和内容梳理出来，制定了具体的实践教学目标，并对所有实践教学内容进行系统分类，创造性地建构了传承红色基因、建设法治中国、弘扬优秀文化、增强自觉自信、提升生命价值、共建生态文明、感知科技创新、热爱美丽家乡等 8 个实践教学主题，为学校和教师开展实践教学指出了方向和思路。

2. 建立了 100 个实践教学基地，打通了区域思政实践教学网络

市教育局又组织力量，积极整合政府与社会资源，向 72 个单位发出《关于申请支持建立思政课实践教学基地》的公函，组织人员走遍了济南，历时两个月，寻找、考察与思政课教学目标最为契合的基地，并从 130 个基地中确定了 100 个基地。济南市人大、政协、中级人民法院以及浪潮集团等一大批政府机关、企事业单位成为教学基地。市政协在市政协商量工作室加挂“济南市思政课实践教学基地”的牌子，邀请师生代表参加部分商量活动，在市两会期间，邀请师生代表旁听观摩。为提高基地资源的利用效率，市教育局还同步开发了济南市思政课实践教学线上预约平台，召开了全市思政课实践教学推进会，为各区县和学校开展实践教学提供指导

和保障。

3. 举办全市范围的实践教学现场活动，形成思政课实践教学合力

2020 年 10 月 28 日，济南市思政课实践教学基地发布会暨实践教学现场活动在章丘三涧溪村启动。在活动现场，全市 100 个思政课实践教学基地正式发布，山东省委教育工委副书记，山东省教育厅党组副书记、副厅长冯继康同志，济南市委常委、宣传部部长、市委教育工委书记杨峰同志，向济南市思政课实践教学基地代表授牌。章丘三涧溪村、济南市中级人民法院、浪潮集团、中共山东省党史陈列馆、济南府学文庙、济南公共安全馆、历下区泉城路街道办事处、章丘绿色动力再生能源有限公司、趵突泉园区等 9 个基地，同时开展了不同主题的思政课实践教学，人大代表、法官、专业人员变身基地教师，校内与校外双师授课，一堂堂直抵学生内心、贴近现实生活和具有感染力的"行走的思政课"在泉城展开。《中国教育报》、人民网、新华网、中央电视台对实践教学进行深入报道。在线观摩共计 75 万人次。

4. 率先出台思政课实践教学实施意见，推动思政课建设内涵式发展

思政课实践教学既不是简单的参观考察，也不等同于研学旅行，而是思政课规范教学的一部分，只是教学的地点在校外基地，是一种新教学方式。为充分发挥基地的作用，推动思政课建设内涵式发展，市教育局又在全国率先出台《关于深入推进思政课实践教学改革的实施意见》，从突出实践教学鲜明主题、抓住实践教学关键主体、探索实践教学多种形式、建立实践教学服务保障和评价机制等方面，指明了实践教学内涵建设的方向与要求，对整合资源、开展"双师""三师"授课提出了要求。坚持开门办思政课，创新和完善思政课教学机制，做到内外结合，有效凝聚学校、家庭、社会协同推进思政课建设的力量，推动形成全社会努力办好思政课、教师认真讲好思政课、学生积极学好思政课的良好氛围。

（四）评价引导、资源共享，让"双贯通"思政课改革不断惠及更多师生

济南市委、市政府出台《关于全面深化新时代教师队伍建设改革的实

施意见》，推出“锻铸师魂、涵养师德、提升师能、激励惠师”四大行动，把锻造一支新时代思政课教师队伍摆在突出位置。遴选培养100位有教育情怀、有教育思想、有实践智慧的德育领军人物，组建“立德树人双领军团队”，开启为期2年的培育历程，致力于通过专业阅读、集中研训、课题研究、示范引领，带动全市教师全面提升立德树人水平。建立了“双贯通”思政课改革精品课程资源库，推动区域间、学校间的资源共享。

（五）立足济南、放眼全国，举办高端论坛，推动思政课内涵式发展

举办“双贯通”思政课改革圆桌论坛，邀请教育部大中小学思政课一体化建设指导委员会专家窦桂梅、陈明青、张彦以及全国重点马克思主义学院院长参加，深入开展专业研究和专门指导，共同探讨大中小学思政课一体化建设的实施路径，掀起一场属于思政课改革的“头脑风暴”。这既是对济南市深入推进思政课改革、实现内涵式发展的问诊把脉，又是一次立足济南、放眼全国思政课改革的重要探索。与会专家一致认为，济南市“双贯通”思政课改革坚持守正创新，明确了总体思路，建立了高效有序的工作机制，汇聚了专兼结合的专家骨干，打造了协同推进的工作平台，设置了目标明确的一体化议题，是在脚踏实地地“探路子”。

三、“双贯通”思政课改革的主要成效

济南市立足中央关切重大问题、直面教育现实需求、服务学生全面成长，以“双贯通”为抓手统领思政课改革建设，通过小切口的改革嵌入，撬动了整个教育链条的提升优化，逐步探索出了在全国有影响力的思政课改革区域经验。山东省委常委、济南市委书记孙立成同志就“双贯通”思政课改革做出重要批示。山东省委教育工作领导小组充分肯定“双贯通”思政课改革经验，专门编发简报并呈报中央教育工作领导小组。山东省委教育工委常务副书记、山东省教育厅厅长邓云锋同志批示全省推广“双贯通”思政课改革经验。市教育局局长王品木5次受邀到国家教育行政学院组织的全国县市教育局局长研修班做相关专题报告。省级以上主流媒体发

表相关报道达120余篇，中央电视台综合频道《晚间新闻》以“100个教学基地 让思政课堂扎根广袤大地”为题进行了深入报道。

经过一年的实践，各区县、各大中小学改革创新热情不断被激活，思政课程和课程思政同步发力，思政育人全面铺开，全员、全程、全方位育人机制不断完善，不同方式、富有成效的改革成果不断涌现。2020年济南市10个思政课教学改革项目获得山东省评审立项，占全省中小学立项项目的近五分之一。在教育部公布的“一校一案”落实《中小学德育工作指南》典型案例中，山东省有10个案例入选，济南独占两席。“双贯通”项目被评为2020年度山东教育综合改革和制度创新十佳案例。

“双贯通”打通了不同学段、学科间的“割裂墙”，实现育人铸魂，同向同行；打通了学校、社会间的“壁垒墙”，让思政育人协同发力，有效有品；打通了成人、成才境界的“高矮墙”，让立德树人从关注“个人成长”跃升至关注“民族未来”。“大中小学生同堂上课”“行走的思政课”“全城思政同一课”等一系列全新的思政课“打开方式”，使思政课的针对性、亲和力和感染力得到切实增强。在推进过程中，全市1万余名思政课教师参与其中，114万名大中小学生从中真实受益。在前期的社会满意度调查中，67.9万名家长对济南市立德树人工作的满意度达到了99%。济南市被评为全国未成年人思想道德建设工作先进城市。

（撰稿单位：山东省济南市教育局）

“四色”研学实践教育活动的区域探索

广西壮族自治区崇左市龙州县教育局

立德树人是新时代发展中国特色社会主义教育事业的核心所在，是培养德智体美劳全面发展的社会主义建设者和接班人的本质要求。自 2016 年教育部等 11 部门发布《关于推进全国中小学生研学旅行的意见》以来，地处祖国南疆的龙州县为强化实践育人效果、落实立德树人根本任务，以学生的健康成长和全面发展为导向，因地制宜挖掘边境特色，用“四色”（革命的红色、生态的绿色、民族文化的黑色、农耕文化的黄色）组织实施研学实践教育活动，以学生为主体，设计不同学段和年级的课程资源，确定课程主题，有计划、有组织地实施研学实践教育活动。

一、研学实践教育活动的目标

研学实践教育活动是研究性学习与旅行体验相结合的教育活动，研学是阅历，旅行是手段，两者相互结合、缺一不可，其中，树立学、思、游相互促进的观念，走出学校与课堂的封闭圈，进行探究性或研究性学习，学生主动提出问题，在真实体验中进行合作探究，归纳出答案，形成适应生活的能力。龙州县开发制定“四色”研学路线，其目标实则是对学生实施六类教育。

一是良好习惯养成教育。研学实践教育活动是中小学集体探究活动，在集体活动中学生学会生存生活，学会做人做事，形成正确的世界观、人生观、价值观，培养良好的行为习惯、语言习惯和思维习惯。

二是爱国主义教育。开发革命红色、民族文化黑色研学路线，让中小学生走进家乡山河，走进革命圣地，引导中小学生感受祖国大好河山，领略革命先烈的英雄事迹，感受中华传统美德，感受地域特色文化和家乡变化，激发中小学生的民族自豪感，培养中小学生热爱家乡、热爱祖国的爱国主义精神。

三是生态保护教育。开发生态绿色研学路线，引导中小学生结合地域生态，认识地域特点和濒危物种，树立保护环境、保护大自然的意识。

四是榜样教育。开发农耕文化黄色研学路线，让学生走进乡村，体验没做过的农活，吃从来没见过的食物，锻炼独立自主能力，相互交流，增强自信，得到切实收获。借助老师、家长、优秀学生的正面形象，为学生树立学习的榜样和今后努力的方向，引导学生向模范学习。

五是责任担当教育。开展有关“生态的绿色、民族文化的黑色、农耕文化的黄色”研学课程，增强学生团队意识，使学生明白自己身上的责任；让学生走进社会，在活动中培养角色意识和担当精神，通过自己的努力去完成导师布置的任务，践行自己的责任。参加研学实践教育活动让学生意识到父母平时的艰辛，意识到这个世界也需要自己去付出、去创造，使学生学会感恩；可以让学生认识新的朋友，学会与新的朋友相处，提高团队协作意识，学习团队配合技巧，感受到集体荣誉感。

六是国情教育。开发革命红色研学路线，让学生了解家乡历史，激发爱国之情。走进乡村，走进生态园，让学生了解龙州县政治、经济、自然生态等方面的基本情况，激发学生热爱祖国、振兴中华的思想感情。

二、研学实践教育活动的工作任务

龙州县教育局联合广西弄岗国家级自然保护区管理中心、文化旅游和体育广电局、红八军纪念馆、兴龙旅游投资有限公司以及研学基地和研学机构，精心设计研学实践教育活动课程，统筹优化研学实践教育活动线路，开发设计有关非物质文化遗产、民族风情、传统艺术创作及工艺制作等符合龙州特色的研学实践教育活动课程，将课程划分为自然景观类、科技知识类、历史文化类、体验考察类、励志拓展类，为各学段学生量身设计不同的课题、不同的组织形式。

（一）设计优质研学路线，积极培养正确理念

经过深入调研，龙州县结合中央和广西壮族自治区关于推进研学实践教育活动的文件精神及中小学生的身心特点与兴趣爱好，科学设计精品线路，充分利用红八军故乡、中国天琴艺术之乡、中国长寿之乡、世界花山岩画文化遗产地等优势和特色资源，积极打造红色、红色+农耕、自然科普、农耕文化等 6 条研学路线。对照研学实践教育活动基地评价标准，开发“边关古城·赤色龙州”“边陲重镇，黄土之上”“逐卜乡溪水弄岗现代化农业”等中小学研学资源，并积极参与全国、全区、全市的评选活动。

（二）开发完善的研学教育课程，实现多维教育全面渗透

龙州县以《关于推进中小学生研学旅行的意见》和《中小学综合实践活动课程指导纲要》为指南，深入分析研学教育理论，着眼于理论框架、教育目标与研学规划，力求开发出完善的研学教育课程，实现研究与学习的多面发展，积极归纳研学的意义和内涵，实现教育多面渗透。

一是渗透红色爱国主义教育。龙州作为红八军故乡，有很多革命故事和革命旧址。2021 年年初，龙州县教育局充分运用这一优势资源，指导各校结合纪念建党 100 周年，确定研学主题，设计研学内容，让学生在研学中“学红色历史，做‘四有’新人”。从 2006 年起，龙州县教育局就依托龙州起义纪念馆培训红领巾讲解员，受训学生已近 2000 名。

二是渗透智慧勤劳的优秀传统。龙州县开发黑色研学路线，将金龙镇黑衣壮的智慧与勤劳作为研学内容，注重少数民族文化传统的保护、创新与变革，引导学生传承历史、开拓向前。传承地域民族文化，增强学生对民族传统文化的保护与重视意识，提升其民族自豪感和自信心，帮助他们立下为民族强盛和家乡繁荣而拼搏奋斗的志向。

三是渗透勤俭节约的优良美德。“走出学校向自然，金色稻田话丰年”农耕文化研学活动，让学生了解一粒米的成长过程，体验耕耘、育秧、插秧、薅秧、浸水、晾秧、收割、脱粒、晒谷、储藏、舂碓每个环节的艰辛。

四是渗透环境保护教育。结合广西弄岗国家级自然保护区独有的石灰岩季节性雨林生态系统的珍稀濒危物种，打造一支熟悉独特的亚热带喀斯特森林生态系统以及珍稀濒危物种相关知识的导学团队，开发绿色研学路线，引导中小学生热爱自然，树立保护生态环境的意识，促进人与自然和谐发展。

五是渗透团结合作的精神。研学过程是一个团队联动的过程，学生一起面对和解决问题，一起树立志向，一起努力拼搏，形成良好的责任感与团结合作精神，在未来的道路上能够走得更坚定、更远。

（三）实现优质多面导学，增强教育影响力

研学实践教育活动是课堂的有机组成和有效延伸，只有实现优质多面导学，才能够具有影响力和渗透力。因此，研学导师需要对学生保持敏锐的观察力，对其进行合适的引导，设计广博深刻的研学内容。龙州县紧紧围绕增强研学实践教育活动的影响力，着力建设一支敬业奉献、精业求实的导学队伍。先后邀请首都师范大学、云南大学、安徽师范大学、广西大学等高校的专家教授，亲临龙州开展研学实践教育活动专题培训，培训导学教师 300 多人，组织导学队伍开展“龙州县中小学生研学实践教育活动课程研发讲座”等，有效地开展研学实践教育活动培训，壮大导学队伍。龙山县教育局联合广西弄岗国家级自然保护区管理中心、县文化旅游和体育广电局、兴龙旅游投资有限公司、龙州起义纪念馆等部门，紧密结合不同年级的教学大纲，初步研发出 20 多个富有边疆特色、符合中小学生实际、能够寓教于乐的研学课程，形成了小学以乡土乡情为主、初中以县情市情为主、高中以区情国情为主的课程体系，做到研学活动全覆盖，广大学生乐中有学、学中有乐，更加爱学愿学、善学常学。

三、研学实践教育活动的路线

龙州县用“四色”研学实践教育活动，引导学生立壮志、立美德、立善行，爱祖国、爱民族、爱边关，明大德、守公德、严私德，茁壮成长为复兴路上的接力者和生力军。

（一）红色——革命研学路线

红色是龙州的底色，红色教育是研学实践教育活动必不可少的一项内容，学生身穿红军服，歌响红军歌，参观龙州起义纪念馆、红八军军部旧址，聆听“小小红领巾讲解员”讲述革命故事，感受红色文化，缅怀革命先辈，接受爱国主义再教育，以此了解家乡的革命历史，树立爱国主义思想，传承红八军精神。龙州县高级中学把龙州起义纪念场所作为德育基地，定期组织研学，让学生通过珍贵文物和历史资料了解战斗岁月，更加珍惜来之不易的幸福生活，更加懂得每代人都有自己的责任。龙州县民族中学是“全国国防教育特色学校”，注重贴近学生思想开展学红色历史、读红色书籍、唱红色歌曲、看红色影视、做红色传人等红色宣教活动，寓教于乐，铸牢学生爱党爱国、爱边固边的思想根基。

（二）绿色——生态研学路线

围绕自然科学、集体教育和青少年综合素养提升等内容，引导青少年走进大自然，积极探索自然科学奥秘，让青少年在学习、实践中感悟和成长，培养他们热爱劳动、乐于奉献的品德，增强他们的生活自理能力、集体荣誉感和团队合作精神。龙州县民族中学开展“走进弄岗”研学活动，抓住广西弄岗国家级自然保护区地理优势，开展观察鸟类活动，倡导热爱自然、保护生态，促进人与自然和谐发展，保护龙州特有的鸟类多样性等，为推进龙州乡村旅游、扶贫与生态旅游做出贡献。

（三）黄色——农耕文化研学路线

“春种一粒粟，秋收万颗子”，黄色代表收获，农耕文化不仅包含种作物、采茶叶、收稻谷，更为重要的是农耕这种生产方式带来了播种的希望、丰收的喜悦。龙州县北部湾农业园、学农基地、果皮蔗基地、火龙果基地、八角茶场是龙州县以农业种植为核心特色的示范基地。通过农业采摘、农事实践、农地学习、农产品加工，让学生体验农耕的快乐。龙州镇新华中心小学开展的“红色+农耕”研学活动，下冻镇中心小学开展的“采茶”研学活动，培养了学生热爱劳动、乐于奉献的品德，增强了他们的生活自理能力、集体荣誉感和团队合作精神。

（四）黑色——民族文化研学路线

龙州县是中国天琴艺术之乡，金龙镇是龙州县弹天琴、织壮锦的发源地。通过让学生感受金龙镇的山水魅力，感受不同的风土人情，学习天琴弹唱，了解壮锦制作方法，了解龙州县壮族民俗文化底蕴、历史积淀。龙州县民族中学是“全国中小学中华优秀文化艺术传承学校”，学校引导学生传承历史、开拓向前。学生在研学中落实“五个一”（会弹一种民族乐器、会唱一首民族歌曲、会讲一种民族语言、会跳一支民族舞蹈、会一项民族体育项目）要求，明显增强了民族自豪感和自信心，立志为民族强盛和家乡繁荣而拼搏奋斗。

四、研学实践教育活动的反思与展望

研学实践教育活动充分体现了“学思结合、知行统一”的教育理念。龙州县把研学实践教育活动纳入学校教育教学计划，与综合实践活动课程统筹考虑，促进研学实践教育活动和学校课程有机融合，通过“打造精品线路、建强导学队伍、强化有力保障”三项措施，形成了小学以乡土乡情为主、初中以县情市情为主、高中以区情国情为主的课程体系的“四色”研学路线，打破了中小学校德育的瓶颈，打破了学生仅以教科书作为知识的唯一来源的局限，促进了书本知识与自然、生活、文化知识的深度融合。

“征途漫漫，唯有奋斗”，研学实践教育活动必须保持“只有起点，没有终点”“没有最好，只有更好”的认知，以“而今迈步从头越”的奋斗姿态，不断探索创新方法路径，确保活动常做常新、越做越好，更好地服务边疆教育事业和学生全面发展。

一是建立健全组织体系，实现长远发展。龙州县委、县政府主要领导要求各级教育部门正确认识研学实践教育，多次专门研究部署，制定了实施方案，成立以县委副书记为组长、相关领导为副组长、有关部门代表为成员的领导小组。为了减轻家长负担，龙州县出台优惠政策，规定辖区研学场馆、景区减免门票，龙州县财政也给予经费支持，并整合部门研学经费，为贫困生减免费用。同时各中小学校也成立相应研学工作领导小组，将研学实践教育活动纳入教育教学计划，促进研学实践教育活动和综合实践活动等学校课程有机融合，实现长远发展。

二是健全师资队伍建设，发挥示范引领作用。龙州县要求县各级协作部门根据所管辖的保护区、景区、场馆发展研学实践教育活动工作需要，研究制定可行的培训方案，有计划地组织研学实践教育活动基地和研学实践教育活动服务机构等的相关人员参加研学实践教育活动的组织管理、研学导师、安全管理、应急处置等方面的专业培训，重点提升研学导师辅导学生学习体验等方面的知识与技能。

三是建立健全安全保障机制，保障研学实践教育活动安全。为规范研学实践教育活动组织管理、保障研学实践教育活动安全有序开展，龙州县建立了有效的安全责任落实、事故处理、责任界定及纠纷处理机制，建立了文旅、交通、公安、市场监督等相关部门的密切配合机制；实施了分级备案制度，强化安全保障，让有资质的第三方平台公司承接研学实践教育活动，层层落实，责任到人，做到“活动有方案，行前有备案，应急有预案”。

（撰稿单位：广西壮族自治区崇左市龙州县教育局）

五育融合，打造区域立德树人新样态

上海市金山区教育局

2015 年，金山区被列为上海市整体推进教育综合改革实验区，提出了逐步打造具有新型城镇化特质的理念领先、体系完整、特色鲜明、办学先进的教育强区的改革目标。在发展历程中，金山区坚持立德树人根本任务，把准教育原点，走向以“五育并举、融合育人”发展理念引领的区域教育实践变革之路。

一、五育融合的目的和意义

（一）五育融合是实现新时代立德树人根本任务的重要路径

随着基础教育改革的持续深入及素质教育、核心素养的提出，教育的价值追求指向“人的综合素养的培育”和“人的终身发展”。人的全面发展需要将德智体美劳有机融合，使诸育相互渗透、协调发展。学生可以在学科学习中掌握知识、讲求诚信、学会合作，可以在运动场上强健体魄、塑造品格、研究谋略，可以在劳动实践中培养技能、创新思维、陶冶情操，等等。然而，实践中还存在“五育分离”或“五育割裂”等问题，表现为“疏德”“偏智”“弱体”“抑美”“缺劳”，导致“片面发展”“片面育人”，远离了“全面发展”“全面育人”这一教育宗旨。因此，五育融合已经成为新时代中国教育变革与发展的基本趋势，成为落实立德树人根本任务、提升育人质量的重要路径之一。

（二）五育融合是金山区教育发展的时代选择

在金山区教育发展过程中，出现过以下问题：课程结构过于强调学科本位，与学生生活联系不够；课程实施倡导学生主动参与不足，学科教学德智分离；家校社协同育人机制不通畅；中小学美育“重比赛轻普及”；劳动课程实施与学生实际脱节，流于形式；等等。但金山区及时调整，以促进人的全面发展为价值导向，先后确立“琴棋书画”区域教育品牌，“崇文通理，成就人生”的教育理念，以及“让课程改革更深入，让学习经历更丰富，让师生关系更和谐，让教育服务更优质”的教育总要求。

2012 年起，金山区启动“学校的重要使命——文化传承与发展”素质教育论坛，先后围绕“校园文化”“棋类教学”“艺术教育”“一校一品”“体育教育”“学校少年宫联盟”“榜样的力量”“劳动教育”等方面推广和交流区域素质教育创新成果和典型经验。2018 年金山区与华东师范大学国家教育宏观政策研究院携手举办以“德智体美劳融合育人”为主题的新时代基础教育创新发展论坛，提出了以“融合育人推动优质均衡”的战略口号，坚持立德树人，致力于构建全员、全程、全方位融合育人大格局，办好人民满意的教育。

二、五育融合的育人机制

五育融合作为一种全新理念，在育人生态营造、育人方式变革、育人机制构建、育人主体培育等方面还存在着各种各样的困难。针对以上方面，金山区提出了相应举措。

（一）以价值引领推动教育生态变革

五育融合实践的推进，首先要解决教师队伍对五育融合理念的认识问题。金山区通过完善顶层设计、开展合作共建、开展种子实验、注重科研导向、聚焦项目实践、搭建实践平台等方式，实现价值引领，为推动区域五育融合营造良好的教育生态。

1. 出台系列方案，形成行动纲领

金山区2019年发布了《金山区关于进一步深化融合育人的实施意见》，2020年制定了《金山区“五育融合”教育发展行动方案》，两个文件的出台，明确了区域融合育人的要求和行动路径。

2. 开展合作共建，寻求智力支撑

金山区与华东师范大学基础教育改革与发展研究所围绕融合育人开展合作共建，通过实施融合育人规划设计、学科教学改进、种子教师培养、新美育实验研究、家校社协同育人提升行动，探索走向融合育人的区域教育改进新样本，形成“金山教育主张”，为区域实践融合育人提供智力支撑。

3. 落实种子计划，注重实验导行

金山区开展种子学校实验工作，遴选10所学校为种子学校、22所学校为准种子学校，形成实验先行、点面结合的推进策略。举行种子学校三年规划论证会，优化学校发展顶层设计，拓展区域实践融合育人路径。

4. 依托课题研究，强化科研导向

融合育人理念提出以后，金山教育人坚持以科研方式探索五育融合提升育人质量的方向、路径和策略。“融合育人范式构建与区域实践变革”龙头课题以及系列子课题群，为区域实践五育融合提供了强大的理论支撑和系统保障。

5. 推动项目建设，开展实践探索

金山区发布《金山区教育局关于开展融合育人项目申报的通知》，引导学校基于问题，围绕“1+6+X”项目框架［“1”指综合性项目，“6”指课程（学科）、活动、实践、文化、管理、协同育人6个领域的项目，“X”指跨领域项目］开展项目申报和研究，对融合育人方式进行多维度的探索。开展以“聚智慧、破瓶颈、新发展”为主题的项目研讨活动，积累一系列融合育人典型案例和做法。

6. 发展交流平台，构建内容序列

在原有素质教育论坛的基础上，2018年起，金山区打造以融合育人为主题的系列论坛活动，为区域学校研究、实践、探索融合育人搭建分享、交流、辐射的平台。

（二）以范式构建推动育人方式变革

金山区针对区域学校对学科价值与育人价值相互协同转化、融合共生认识不足，发掘各育要素培育具有“生命”的个体、培养完整的人意识不强等问题，围绕“融合育人范式构建与区域实践变革”课题研究，逐步探索以范式构建推动育人方式的变革，区域融合育人方式呈现出多元样态。

1. 以点带全的范式探索

这种范式的特点主要是学校以五育融合理念形成育人新体系。目前金山区开发出三种类型。一是“一育引领，诸育融合”。在“琴棋书画”区域教育品牌发展过程中，开展了“艺术育人的金山模式”探索，山阳中学等实验学校架构起“以艺育德、以艺启智、以艺培能、以艺促美、以艺养心”艺术育人办学体系。二是“资源引领，诸育融合”。金卫中学利用海洋和校史资源提出了“以海正德、以海启智、以海强体、以海践劳”海防教育育人体系；枫泾小学利用上海中医药大学附属小学资源架构起以中草药为载体的融合育人体系。三是“理念引领，诸育融合”。亭林小学对校训“尚文节义”进行诠释，“文”指向智体美劳，“义”指向德；罗星中学围绕“点亮每一颗未来之星”办学理念，构建起“星馨（德育）、星睿（智育）、星跃（体育）、星艺（美育）、星动（劳育）”五星课程。

2. 以教材教学为载体的范式探索

根据教材、学科特点，改进教学方式，以五育融合为视角，挖掘教材内容中的育人点，通过校本化的实施提升学科的育人价值。一是注重基础型课程的教学改进。教师在进行某育的过程中要充分挖掘其他各育因素，做好学科“分内之事”的同时要明确“直面全人”，实现日常教学过程中的“五育”融合。在教学内容上采用挖掘、促进策略；在教学方式上通过“丰富组织方式、加强过程指导、重视教师示范”等策略，重建课堂教学模式，提升学生学科学习的兴趣和质量，使学生学科知识的增长过程成为人格健全与发展的过程。二是开展学科综合实践活动探索。金山区结合小学生学科基础素养培育项目，形成三位一体的学科综合实践活动体系，成为区域推进五育融合的有效载体。“‘玩’转课堂‘星’趣十足”“穿越大唐 探秘花灯”等活动对转变学生的学习方式，培育创新精神和综合实践能力起到了积极的作用。

3. *以主题活动为载体的范式探索*

一是区域研学活动的品牌开发。2017 年，金山区青少年实践活动中心成立，现已成为全国中小学研学实践教育营地。先后开发 7 条实践线路、30 家实践基地、60 个实践课程，形成“一核三圈”的格局。内建“一核”，外展“三圈”（周边圈、联动圈、辐射圈），辐射到浙江平湖、嘉兴，三年接待学生 30 余万人次（见图 1）。二是主题教育活动的内涵发掘。在推进融合育人过程中，很多学校的主题活动注重内涵发掘，呈现出五育融合的教育意义。海棠小学“行走的 LOVE”依托学校“小海星慈善中心”将志愿服务与项目化学习、家校社资源融合在一起。

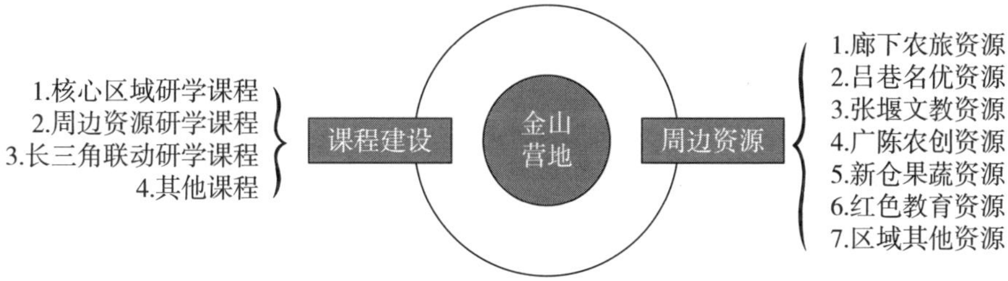

图 1　金山营地周边资源整合与课程建设

4. *以学习空间为载体的范式探索*

这种范式主要结合学校校园文化或创新实验室建设等推进五育融合，发挥学习空间的育人功能。新农学校利用本校空地建一片“农趣园”，开发了包括“蔬菜与健康”“水培葫芦探究”等内容的“乐哉农趣”实践活动课程；海棠小学创建模拟真实社会职业场景的体验场馆——“星天地”，学生在这里可以体验银行职员、蛋糕师、售货员、拍卖员等职业。

（三）以资源优化推动支持系统变革

融合育人的原动力在于建立基于五育融合的家校社协同机制，打通教育内部系统、教育外部系统和教育内外的联合系统的关联。近几年来，金山区进一步打破资源壁垒，发挥家庭教育促进会、青少年体育工作办公室、学校少年宫联盟等服务平台的功能，构建起区域资源深度融合的支持系统。

1. 打通校内外边界，创新家校合作育人模式

2014 年，金山区建立了区家庭教育促进会（去行政化社团组织），与地区家庭教育联盟、学校三级家委会形成了共育网络。创建了“我们的孩子”专题网站，探索了“鑫之家”家教指导活动、家校共育大课堂等指导途径和方式，初步构建起覆盖城乡的家庭教育指导服务体系。

2. 打通行政边界，推动体教资源深度融合

围绕国家对学生体质健康的要求，2016 年，区教育局、体育局携手成立青少年体育工作办公室，将两局相关职能、人员进行全面整合，统筹、协调和组织开展青少年体育工作。通过协同管理，树立了促进学生健康成长的目标，集资源、活动、评价为一体，提出学体并重、五育融合，改变了青少年体育人才培养模式。

3. 打通系统内外边界，构建社会协同育人机制

针对学校少年宫发展资源不均衡等问题，2016 年，出台《关于进一步深化推进金山区学校少年宫建设的意见》，成立了金山区学校少年宫联盟，实现了体制内外教育资源的有机融合。截至目前，联盟拥有学校少年宫 36 所，农民画、书法、剪纸、版画、篆刻、民间印染、机器人、摄影等项目教育中心 10 个，社会成员单位 17 个，镇域学校少年宫联盟 1 个，村少年宫 2 个，走出了一条金山模式的区域学校少年宫融合育人之路。

三、五育融合教育的成效

（一）形成融合育人主旋律

2018 年，“德智体美劳融合育人”创新发展论坛召开以后，金山区将融合育人发展主题纳入区域和学校“十四五”发展规划以及各类计划、方

案中，推动管理、课程、课堂、科研、实训五位一体，形成了上下联动、纵横贯通的区域实践变革“主旋律”。2019 年，金山区参加由华东师范大学基础教育改革与发展研究所主办的首届全国“五育融合”研究论坛，做“融合育人，打造区域教育新样态”主题交流，并成为首批全国五育融合实践联盟成员。2020 年，金山区与华东师范大学基础教育改革与发展研究所联合举办全国第二届“五育融合”研究论坛。“融合育人范式构建与区域实践变革”成为上海市哲学社会科学规划一般课题。《上海教育》刊登了《金山区域实践“五育融合”的“四大范式”》《“三位”一体 促进“五育融合”视野下的课程教学变革》等文章。

（二）搭建立德树人新舞台

坚持把立德树人作为区域教育的根本任务，在坚定理想信念、厚植爱国主义情怀、加强品德修养、培养奋斗精神、增强综合素质上下功夫，促进德智体美劳有机融合，诸育相互渗透、协调发展，努力培育报效祖国、服务家乡的有用人才。

通过提升学科教学育人价值，打造主题式文化品牌，拓展“金山情”特色活动，丰富区域化实践课程，推动教育治理变革，建立新型协同机制，逐步搭建起在课程、活动、实践、文化、管理、协同等育人途径中诸育融合的育人大舞台，促进金山学子全面健康成长。

（三）推动学校发展特色化

以融合育人推动学校特色发展，打造了一批具有融合育人特质影响力的特色学校。枫泾中学以审美素养培育成为上海市特色高中；山阳中学艺术育人名声远扬，由该校领衔的“艺术育人的金山模式”是上海市教育综合改革重点项目；兴塔小学“以球育人”点亮了农村孩子心中的自信，夺得了“美国杯”国际青少年足球邀请赛冠军，推进了素质教育的有效实施。如今，区域内学校围绕落实立德树人根本任务，注重多方育人资源的融合、育人环节的融合以及育人方法的融合。这种基于融合的育人方式在每所学校都有了自己的“符号”。

（四）促进教师成长个性化

行走在融合育人的路上，金山区涌现出了一批适应融合育人需求的优秀教师。比如：将艺术教育融入班主任工作、学科教学的市教书育人楷模（提名）吴永祥、顾世雄，上海市“四有”好教师丁向阳；以跨学科融合实施创客教育的市教书育人楷模陆广琴、朱德宝；以摄影教育培育学生的市最美教师翁杰，上海优秀青年篆刻家、项目首席教师盛兰君；以版画教育培育学生的美术特级教师顾慧英；等等。他们的成长历程就是金山区以融合育人理念引导教师专业发展最好的体现。

（撰稿人：顾宏伟）

“共享生命成长”：立体化习惯养成教育

山东省济南市山东山大基础教育集团

教育的根本在于立德树人。学校落实立德树人的根本任务需要在实践层面贯彻办学理念，办学理念是立德树人价值导向在学校工作实际中的具体运用和展现。

一、“共享生命成长”办学理念

“共享生命成长”办学理念认为学校教育是学生、教师乃至家长等多个主体协作完成的，这些主体之间地位平等、互相尊重、良性互动，形成了相生相长的教育共同体，学校教育的过程就是学生、教师和家长共享生命成长的过程。在此理念的指引下，山东山大基础教育集团实践“养心育德，养根育能”的教育策略。“养心育德”，打牢学生成长的人格之基；“养根育能”，塑造学生成长的能力之本，赋予学生厚实的人格基础及自主学习、持续学习、终身学习的习惯和能力，使学生获得安身立命的根本。

集团以“五育并举，立德树人”为依据，以“共享生命成长”办学理念和“养心育德，养根育能”教育策略为依托，确定了集团的育人目标：有自主发展的能力、个性特长突出、敢于冒险、乐于创新、善于合作、富有责任感和奉献精神；具有欣赏美、追求美、创造美的能力；拥有强健的体魄、独立的人格、远大的理想；常怀博爱之心、敬畏之心，具有富足、完美的精神世界。

集团建设了以“人与自我”“人与社会”“人与环境”为主模块的德

育课程体系，其中“人与自我”模块中习惯养成教育位列首位。“培养有教养的公民”是集团小学段习惯养成教育的目标，经过多次多方研讨进而形成了“生活自律、行动自觉、学习自主、心灵自由”螺旋上升的习惯养成内容体系；构建起了三维五经立体化习惯养成体系；开发了《点亮好习惯》手册系列运行载体，在诊断评价、激励评价、个人评价及他人评价的多元评价机制的保障下，明晰了课程、活动、管理等多维习惯养成教育路径。

二、立体化习惯养成体系

在“共享生命成长”理念引领下，集团建立以“做有教养的好公民”为目标，以“解决习惯养成问题”为导向，以“学习、生活、交往、休闲”四大核心习惯为主体，以“课程育人、管理育人、文化育人、活动育人、协同育人”五条途径为支撑的立体化习惯养成体系。

（一）立体化习惯养成目标及内容

小学段习惯养成主要是从学习、生活、交往、休闲四方面培养四大核心习惯——勤学好问（自主学习、乐思审辨）、健康生活（热爱运动、生活规律）、文明守礼（谦和守礼、文雅有序）、自我实现（优化涵养、情趣雅致）。各年级的具体习惯养成目标如表1所示。

表1 各年级具体习惯养成目标

年级	学习习惯	生活习惯	交往习惯	休闲习惯
一年级	1. 养成正确的读写姿势 2. 安静听讲，举手发言 3. 喜欢听故事，能够阅读简单绘本	1. 自己的书包自己背 2. 自己穿衣服、系鞋带，正确佩戴红领巾、小黄帽 3. 勤洗手，多吃水果蔬菜，早晚刷牙	1. 学会使用“请、谢谢、对不起”等礼貌用语 2. 喜欢和同学交朋友 3. 不和陌生人说话	1. 每天锻炼10分钟，周末锻炼时间适当增加 2. 喜欢和家长交流学校生活 3. 看喜欢的动画片，每天不超过30分钟

续表

年级	学习习惯	生活习惯	交往习惯	休闲习惯
二年级	1. 能够认真书写，形成良好的书写态度与习惯 2. 能够认真听讲，积极举手发言 3. 喜欢读书，每天阅读20分钟	1. 能够自己整理书包，准备第二天的学习用品 2. 早睡早起，按时作息 3. 吃饭不挑食，努力做到健康饮食	1. 遇见师长能主动问好，打招呼 2. 同学之间相互帮助 3. 玩游戏守规则	1. 喜欢运动，每天锻炼20分钟 2. 看自己喜欢的节目，每天不超过20分钟 3. 乐于亲近自然，外出时注意安全
三年级	1. 每天预习第二天所学 2. 独立完成作业，书写干净整洁 3. 每天阅读30分钟	1. 自己准备第二天的学习用品和衣物 2. 合理规划周末时间 3. 不吃零食，不买小摊食物	1. 学习身边朋友待人接物的优点 2. 主动帮助有困难的人 3. 尝试与他人合作，能够和谐相处	1. 每天锻炼半小时，周末锻炼时间适当增加 2. 发现并坚持一个课余爱好 3. 不沉迷于电子游戏
四年级	1. 独立学习，积极思考问题 2. 认真检查作业，发现错误并及时改正 3. 每天阅读有益课外书30分钟，与家长交流读书体会 4. 同伴互助，乐于合作	1. 规划自己的课外生活 2. 自己负责的事情要做好 3. 作息规律、不熬夜，保证充足睡眠	1. 真诚相处，尊重他人 2. 明辨是非，坚持原则 3. 遇到冲突讲道理	1. 乐于与师长交流，倾听他人意见 2. 每天坚持锻炼不少于半小时 3. 保持并发展一项兴趣爱好
五年级	1. 自主学习，乐于挑战学习中的难题 2. 积极思考，形成自己独到的见解 3. 快速阅读，每学期至少完整读3本书	1. 规划时间 2. 合理开支，规划使用零花钱 3. 有序劳动，清洗个人小件衣物	1. 说话算话，答应别人的事情一定要做到 2. 乐于分享，与积极向上的人做朋友	1. 有自我管理意识，制订合理的休闲计划 2. 劳逸结合，每天坚持锻炼不少于半小时，增加一项体育爱好

续表

年级	学习习惯	生活习惯	交往习惯	休闲习惯
六年级	1. 探究合作，初步学会归纳整理 2. 敢于质疑，大胆表达 3. 记忆阅读，尝试阅读中外名著及人物传记	1. 生活自立，善于制订计划 2. 理财意识 3. 高效完成劳动任务	1. 遵守诺言，学会正确表达 2. 集体意识，尊重并乐于帮助他人	1. 会自我发现，积极参加社会实践活动 2. 会精神内省，合理安排闲暇时间，做时间的主人

（二）习惯养成策略

在小学段习惯养成的过程中充分发挥全员育人的作用，主要通过“课程育人、管理育人、文化育人、活动育人、协同育人”五条途径构成的一体化习惯养成支撑体系，落实习惯养成的目标及内容。

1. 课程育人——深度融合，以思维品质提升促进学生习惯内化

将学生习惯养成教育与课程深度融合，开发主题课程，从课程内容的选择到课程实施，渗透好习惯培养。对国家课程、地方课程进行二度开发，从习惯养成的角度整合课程和资源；同时针对本校学生特点开发校本课程“四季课程”，适应不同学段不同学生的习惯养成需要。

一是课程教学中重视行为习惯、思维习惯与价值习惯的渗透培养。针对学生不同阶段的年龄特点，重构学习空间，帮助学生初步养成良好学习习惯；结合时令季节特点，创设课程特色活动，帮助学生在丰富的活动体验中形成健康生活的意识和习惯；在戏剧和主题科学探索课程中，引导学生通过项目式学习建立良好的合作交往习惯。

二是课堂教学中落实批判性思维习惯的养成。注重对学生批判性思维品质的培养，帮助学生养成从不同的角度提出问题和分析问题的思维品质，形成正确的价值观，最终养成独立自主、充满自信和尊重他人等人格特质。

2. 管理育人——顶层设计，以规则和规范培养学生习惯意识

管理育人就是提高学校管理水平，将习惯养成教育作为学校的重点工

作，推进学校管理现代化，从完善管理制度、明确岗位责任、加强师德师风建设、细化学生行为规范、关爱特殊群体等方面，将习惯养成的要求贯穿于学校管理的细节之中。

一是完善育人方案。根据学校习惯培养方案，每个年级都制定了各自的育人方案，对管理、文化、活动、课程、家校协同五个方面进行细致规划、整体推进；制定了学科习惯培养方案，编制了《点亮好习惯》手册、《模范小学生手册》、《小学生一日常规》、《习惯养成教师指导手册》。

二是推行学生自主管理。制定班级管理自主公约、少先队大队委常规检查、学长制、班级量化评比、纪律卫生评优等系列考评制度。

三是实行习惯养成教育多元评价。习惯养成教育评价采取自我评价与他人评价结合、过程性评价与终结性评价结合、表现性评价与形成性评价结合的方式。一至三年级采用全新的“乐考”方式，专门加入习惯评价，从安静候考、自信表达、团结互助、勇于挑战等方面全面立体地评价学生习惯养成情况。对于高年级，是在非结构化的情境中，通过各种不同于传统标准测验的手段来测评习惯养成情况。在学习《点亮好习惯》手册的过程中，对低、中、高三个学段采用统一的评价体系。

3. 文化育人——环境熏陶，以氛围培育学生习惯养成意识

从优化校园环境、营造文化氛围、建设网络文化等方面加强校园文化建设，包括学校文化内涵、班级文化内涵，形成文化育人的习惯培养整体布局，坚持以生活为基础，以实践体验为依托，以习惯养成为主线，培养具有人文精神、科学素养、创新意识和国际视野的现代小学生。

一是价值观文化育人。学校将“共享生命成长”理念渗透在教育的方方面面，将良好的习惯变成学生行为、思维的一部分，让每一个学生都能自觉、自愿地去遵守道德行为规范，形成符合社会主义核心价值观的价值判断习惯。二是行为文化育人。学校内部活动的识别，通过一系列的活动，使全体学生认同、接纳学校理念，形成共识，增强学校的凝聚力；学校对外活动的识别，通过对外活动，向外传递学校理念，提升学校形象。三是环境文化育人。小学段重视习惯养成的校园文化建设，力求让长廊、

地面、班级的每一面墙壁都能“开口讲话”，使学生一进校园就沉浸在习惯养成教育的良好氛围中。

4. 活动育人——实践验证，以具体行动增强学生习惯自觉

活动育人就是利用节庆日等，开展形式多样、主题鲜明的教育活动，以鲜明正确的价值导向引导学生，促使学生在实践中养成良好习惯。一是日常活动注重习惯常规落实，制定学生习惯评价细则。二是主题实践活动体现习惯自觉。实践活动注重内容和形式的开放性，让学生的自主性、主动性和创造性得到最大限度的发挥。三是年级习惯养成活动有主题。根据学生身心发展规律，低、中、高三段的习惯养成目标力求有梯度地螺旋上升，制定了“懂礼”“感恩”“明智”“诚信”“仁爱”“知义”年级德育主题，年级根据主题进行针对性的习惯养成活动，并结合习惯要求进行督促。

5. 协同育人——凝心聚力，多方合作督促学生习惯养成

小学段注重引导家庭教育，构建社会共育机制，争取家庭、社会共同参与和支持学校习惯养成工作，营造良好氛围，督促落实学生良好习惯的养成。一是家校互通，达成共识，督促学生养成好习惯。二是搭建家长成长平台，为学生习惯养成积蓄力量。编写印发了包括入学准备、习惯养成、亲子共读等内容的《家长手册》。开办“家长讲堂”和微课堂，分享教育智慧，指导和引领家庭教育，提升家长素养。三是组建家长义工团，助力学生良好习惯养成。让家长义工走进学校，走进课堂，为学生活动做好服务、协调、保障工作，助力学生良好习惯的养成。四是社区搭建合力平台，共同承担学生习惯养成责任。建立“学校、社区、场馆”三方协同育人工作机制，共同承担学生习惯养成责任。

（三）习惯养成运行载体——《点亮好习惯》手册

小学段《点亮好习惯》手册按低、中、高三个学段设计，开发了一至六年级学生手册及配套的教师使用指南，确立了学生学习、生活、交往、休闲四大习惯的培养内容。手册主要包括五个板块：一是好习惯绘本故事，鉴于烦琐的好习惯条目对于小学生而言太过抽象，选用绘本形式，助

力学生好习惯的养成。二是好习惯情境图，情境图包括 10 个场景（见图 1）。以场景再现方式进行归类，让学生在一至三年级形成好习惯认知的基础上推进整体的习惯养成。三是好习惯儿歌，包括日常行为规范儿歌、课堂规范儿歌和好习惯儿歌等内容，目的在于通过朗朗上口的儿歌让学生能够轻松地记住好习惯的要求，将外在的行为规范内化于心。四是时间管理追踪本，时间管理追踪本涵盖了三学段，分级设置了学生的时间管理养成计划，通过制订时间计划和设计执行情况反馈记录单追踪学生实践管理情况。五是好习惯评价，建构分学段情境化趣味评价体系，针对低年级设计了“我的飞行日记”趣味游戏评价体系，针对中年级设计了“带着好习惯去旅行”评价体系，针对高年级设计了“我们的模样”评价体系。

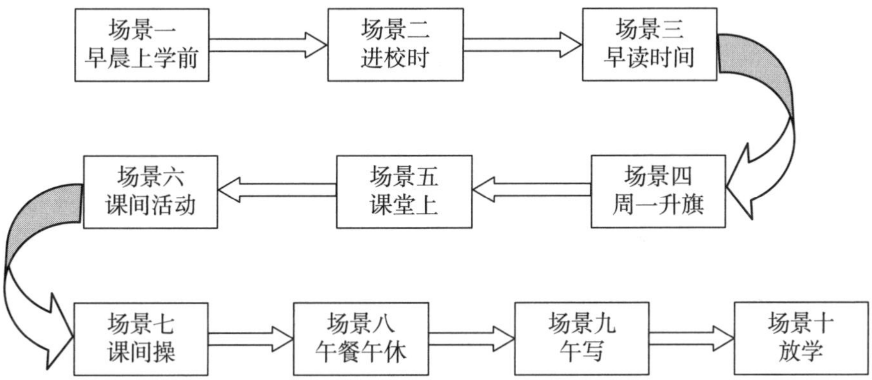

图 1　“我们的一天”好习惯情景图

三、习惯养成评价运行机制

（一）动态化评价，激发活力

评价方式的动态化是从时间上的流程化、空间上的广延化和形式上的多样化表现出来的。在学生习惯养成过程中以《点亮好习惯》手册为载体，利用好习惯积累卡及时肯定学生的好习惯，发掘学生的闪光点。

1. “三点一线”的评价流程

在时间层面形成“三点一线”的评价流程。每周自评引导学生进行自我总结与自我反思，利用每周班会课时间分享学生的好习惯故事与好习惯心得，让学生在反思中不断改进与提升自己；每月进行生生互评，让学生客观地评价自己、评价他人，从而正视自我，不断反思，获得前进的动力；每学期进行学生综合素质评价，对习惯养成情况进行阶段性评价，促进学生全面发展。

2. “四位一体”的评价格局

在空间层面形成“四位一体”的评价格局。集团针对学生习惯养成进行阶段性的督导诊断；各校区进行习惯养成整体规划，确定养成目标；各年级进行路径探究和方案实施；各班进行一日常规习惯的养成教育，共同构建学生习惯养成的场域。

3. “个性化”的多元评价

建立学生好习惯成长档案，通过班主任个案访谈、追踪调查、问卷调查等方式进行学生的习惯养成追踪记录和数据分析，发现问题及时给予个性化的指导。同时，建构分学段情境化趣味评价体系，设置多元奖励机制。例如，以班级为单位开设“好习惯超市”，学生可以用积累的好习惯币在“好习惯超市”自主兑换图书、文具等学习用品。学校设有“好习惯展示台”，学生可讲述“我的好习惯故事”等。

（二）特色活动，内化习惯

习惯是行为的自动化，学生习惯养成的终极目标是将良好的学习生活习惯内化为一种自然的行为。在注重对学生习惯进行“量化”评价的同时更应关注“质性”的评价。通过开展丰富的特色活动观察学生的行为表现，对学生的行为习惯进行发展性评价，重视发展的个体差异和习惯的质性改变。

为了使良好的行为习惯浸润于心、根植于学生的一生，面向小学一年级学生的“童蒙养正 明礼润心”开蒙典礼，运用礼乐教化之方式，通过组织诵读传统经典、礼拜先师、击鼓鸣志、书“人”明理、朱砂启智等活动，让学生感受尊师孝亲、崇德立志、仁爱处世的传统文化，树立“善”“正”的行为规范，汲取尊师爱学的思想精华，学习做人之道，培养敬业乐群、博习亲师等良好的文明礼仪习惯。开展各种阶段性的评价活动，如在班内开展“好习惯之星阶段性评选”活动，在年级内开展“习惯养成月展示”活动，在校内开展“故事里的好习惯”活动，将评价活动化，发挥评价的育人功能。

（撰稿人：山东省济南市山东山大基础教育集团池红梅、张天凤、王惠、王晶、周正，山大辅仁学校刘佳，山大附中奥体中路学校刘佳）

弘扬沂蒙精神，区域推进大思政课程体系的探索

山东省临沂市兰山区教育和体育局

习近平总书记提出，要用红色基因培养担当民族复兴大任的时代新人，为实现“两个一百年”奋斗目标汇聚磅礴的青年力量。中共山东省委教育工委和山东省教育厅发布的《关于在全省教育系统实施红色文化传承发展工程的意见》、临沂市教育局发布的《临沂市创建传承红色基因示范市三年行动方案》要求加强各级各类学校思想政治工作，教育引导广大青少年坚定理想信念、坚定“四个自信”。兰山区教育和体育局依托沂蒙红色文化资源，认真实施“课程深化、课堂点燃、资源提升、文化建设、情感培育、研学实践、网络引领”红色基因传承发展七大工程，以弘扬沂蒙精神为主旋律，构建区域性的大思政课程规划，为培养担当民族复兴大任的时代新人奠定坚实的基础。

一、大思政课程体系的目标

区域推进大思政课程体系，目的在于通过区域性课程规划和实践，统筹区域内的红色教育力量和资源，增强红色教育的专业性、系统性和普及性。通过传承红色基因，弘扬沂蒙精神，对青少年进行政治启蒙和价值观教育，帮助青少年更好地学习英模事迹和革命传统，引导青少年“扣好人生第一粒扣子”，树立正确的世界观、人生观、价值观，不断增强对中国特色社会主义的政治认同、思想认同、情感认同，争做志向远大、理想信念坚定的时代新人，把红色基因一代代传下去，确保红色江山永不变色。

二、大思政课程体系的内容和结构

（一）沂蒙精神教育

课程规划首先明确了沂蒙精神的内涵，习近平总书记把沂蒙精神的特质高度概括为“水乳交融、生死与共”，并指出：“沂蒙精神与延安精神、井冈山精神、西柏坡精神一样，是党和国家的宝贵精神财富，要不断结合新的时代条件发扬光大。”剖析沂蒙精神内涵，“听党话、跟党走”是灵魂，展现了对共产主义理想信念的执着追求；“担使命、肯实干”是品格，体现了自力更生、干事创业的精神风貌；“勇开拓、敢为先”是主题，凝练了改革创新、敢为人先的思想意识；“讲贡献、乐奉献”是核心，反映了顾全大局、甘于牺牲的价值取向。

（二）大思政课程体系结构

1. 学科课程

课程思政。一是组织开展跨学科“大教研”活动，在课程思政的理念上形成广泛共识，深入梳理和挖掘各学科课程和教学方式中蕴含的思政教育资源，发挥所有课程育人功能，构建全面覆盖、类型丰富、层次递进、相互支撑的课程体系，各类课程与思政课同向同行，形成协同效应。二是将时政教育与思政教育结合，善用大思政课。临沂三中依托“致行社”、临沂四中依托“名师大讲堂”、临沂国际学校依托“研习社”等进行时政宣讲，将疫情防控、脱贫攻坚、科技创新等亿万中国人已经书写和正在书写的时代篇章转化为鲜活的思政素材。三是挖掘特色资源，打造思政教育大课堂。如临沂三小、临沂七中等学校打造校史馆，新桥中学将“桥文化”融入思政教育。四是开发有特色的体育、美育和劳动教育的红色课程。如将“穿越火线”“铁索桥”等融入体育，将“火线运输”“磨军粮”“烙煎饼”等融入劳动教育，将“红色绘本”“红色剪纸”“红歌嘹亮”等融入艺术教育。

思政课程。制定下发《中小学思想政治理论课改革创新行动方案》《中小学红色沂蒙思政课一体化推进实施方案》《关于沂蒙精神教育融入小学、初中、高中思想政治课教学的指导意见》等系列文件，全方位提升思政课质量和水平。定期开展小学、初中、高中思政课集体备课、教学研讨和课程研究，实现各学段教研活动一体化，并开展“红色沂蒙思政课”小初高一体化课堂教学展示活动，做好学段之间思政教育的衔接与沟通。加强思政课师资队伍建设，通过公开招聘，配齐各学段思政课专职教研员，择优充实思政教师队伍。健全思政课教师专业发展体系，制定序列化培训课程，持续开展新课标、新课程、新教材和“沂蒙精神”的全员培训，实行名师工作室制度，搭建思政课教师专业成长平台，培养了一大批国家级、省级思政课优秀教师。

2. 活动课程

校内活动课程，尊重各校实际情况和办学自主性，构建“主题+节日”活动体系。从“感知、感悟、感情”三个层面，持续开展“爱党爱国爱人民”活动。一是持续开展红色主题教育活动。区委教育工委深入开展“发现榜样”“我的入党故事”“我来讲党课”等活动，精选60节优质党课学习交流。结合校园艺术节，设计开展以“颂梦中华”为主题的文艺展演活动，引领师生演红色人物、唱红色歌曲、颂红色精神，陶冶情操，净化心灵。团委、少先队组织广泛开展“沂蒙精神代代传”“我为沂蒙精神代言”“争做新时代好队员”“红领巾相约中国梦”“好队员在行动”等主题活动。二是充分开发红色节日教育活动。抓住重要时间节点，以红色节日、纪念日为主线，实施情感培育工程，深入挖掘“七一”、“八一”、“十一”、烈士纪念日等蕴含的红色教育内涵，广泛开展“清明祭英烈”“红心向党”“唱支红歌给党听”“党的光辉照我心”“学党史、知党情”“我和我的祖国”等各种纪念活动，唱响爱党爱国主旋律。挖掘春节、清明、端午、重阳等传统节日蕴含的人文精神，广泛开展“红色故事我来讲”“红色画卷评选”“走进沂蒙山”“文明创建”等活动，引领广大中小学生传承家国情怀，争做时代新人。

3. 实践课程

积极探索“1+N”校外实践模式。“1”即红色研学，把准研学目标，创新研学方式，紧扣青少年的兴趣点，充分把握红色资源的地域特征、精神特质。“N”即根据活动性质，将实践活动分成 N 类，如体验类、宣讲类、调查类、服务类等。围绕人与自然、人与社会、人与自我三条线索，开展研究性学习、社会实践和社区服务，强调多样化的实践性学习。一是体验类，如实地参观考察企业、博物馆、军营等，切实体会、整体感知。二是宣讲类，组建宣讲团，进机关，进社区，开展红色故事、文化知识、绿色环保、文明交通等宣讲活动。三是调查类，结合节日主题、社会热点问题、学生成长需求等进行各种社会调查。四是服务类，如为留守儿童送去心灵的温暖，为孤寡老人做些力所能及的事情，对类似环保、感恩、维权等主题知识进行宣讲，协助居委会或村委会的日常工作等。

三、大思政课程体系的实施

（一）在大思政课程体系的实施方式上做到四个结合

一是讲授与体验结合，既要把真理讲清楚，又要重视学生体验，如增强仪式感、参与感，使学生有沉浸式的重要体验，内化于心、外化于行，以红色认同感强化民族共同感。二是集体与个别结合，既重视全体性教育，又关注个性化特点，做到全方位教育。三是守正与创新结合。守正是根本，坚持立德树人；创新出活力，跟上时代的步伐，坚持“八个统一”，融入现代信息技术，推进思政课改革创新。四是自学与研讨结合，如坚持学生主体地位，充分发挥学生自我教育、自我管理能力，强化学生对自身发展的责任感和自觉性等。通过情景剧、辩论赛、微电影等学生喜闻乐见的方式，打造互动式、渗透式和主动式的思政课堂体系。

（二）多措并举，全方位推进大思政课程体系实施

1. 政策推动

兰山区先后出台了《全区教育系统实施红色基因传承发展工程的工作

方案》《中小学传承红色基因三年行动计划》，按照梳理规范、深化提升、总结推介的总体思路，全面构建以沂蒙精神为主旋律的大思政课程体系。

2. 资源开发

一是开发校内阵地。鼓励各校开发整合校内红色育人空间，建设红领巾广场、红色文化长廊、红色书屋、红色影院等“红色驿站”，营造校园红色文化氛围。二是创建区域实践基地。依托兰山区中小学生综合实践基地，规划建设传承红色基因主阵地，含“一馆三区一园”。“一馆”即“红色薪火”主题教育馆，占地1000平方米，分红色精神、人民英雄、红色沂蒙、红色课堂、红色剧场五个体验区，是中小学生研学实践的重要基地。“三区”为室外展区，是师生课余参观学习党史国史的重要场所。其中“沂蒙之光”展区重点展现了沂蒙解放历程和斗争史；“红色征途”展区用临沂特有的14种矿石建成展示墙，展示中国共产党的奋斗历程；“不忘初心”展区以宣誓墙为主场景，系统介绍党建知识。“一园”即占地10亩的“红园农场”体验园。三是积极整合校外资源。通过域内挂牌一批、市内研学一批、国内拉手一批，整合校外红色教育资源，开展研学、实践、服务等活动。

3. 队伍建设

外联内通，整合人力资源，组建专家学者、思政教师、志愿服务三支队伍。联系党政领导干部及社会各界优秀人士、专家学者，组建专家学者队伍，建立红色教育名师工作室，开展学术研究、师资培训、课程开发等工作，提升红色思政引领力。整合思政、语文、历史等学科教师，组建思政教师队伍，提升学校思政教育敏锐力、执行力。联系老干部、老战士等五老志愿者、家长志愿者、社会志愿者，组建志愿服务队伍，不断壮大思政队伍，补充新鲜血液，扩大影响力。

围绕弘扬沂蒙精神进行的区域性全方位大思政课程建设，既弘扬了主旋律，让沂蒙精神代代相传，又深刻激发了广大青少年的爱国情怀和报国之志，增强了学生的政治认同感和民族自豪感，让立德树人的价值导向落地生根、开花结果。

四、大思政课程体系的建设成效

（一）丰富了学生革命传统文化熏染与情感体验

积极开展兴趣社团活动、课外活动，强化学生兴趣导向，组织校园“革命传统教育、沂蒙精神主题宣传阵地”展示活动。持续开展“红领巾讲红色故事”主题活动，评选出8000余名红色义务宣讲员，进机关、进社区、进基地，讲述红色故事。充分利用校园广播站和“兰山教育”官微，常态化传播红色革命故事，展示优秀课例，使红色精神通过线上、线下两个维度融入校园文化。

（二）实现了沂蒙精神教育的课程化

注重红色教育综合实践，将革命传统教育纳入学校教学计划，开设沂蒙精神教育课程（每学期不少于5课时），班、团、队会至少安排3次红色文化专题教育。注重革命传统教育活动体验，开展红色研学活动，促进学生学习方式由传统的被动接受式向自主活动式转变，提高教育实效。如临沂四中高三全体师生徒步15千米，到达大青山胜利突围纪念碑，重温红色历史，磨砺坚强意志，汲取前行力量。

（三）产生了系统而广泛的效果与影响

兰山区教育和体育局多篇典型案例被市局、省厅推介，并被评为省级优秀案例；北城小学代表在全国课程综合改革实验区红色教育现场会上做典型发言；《人民教育》《中国教育报》等多家媒体报道兰山区红色教育的做法和经验；《临沂市兰山区：将沂蒙精神充分融入思政课》《落实立德树人根本任务，兰山区让沂蒙精神遇上思政课》等文章先后登上新华社、《人民日报》客户端。

总之，从实践上来说，深植红色基因的大思政课程体系建设取得了初步成效，但还存在一些问题，如机制有待创新、资源还需整合、红色教育队伍建设有待加强，以及将沂蒙精神融入红色大思政课程体系还需深入等。下一步，兰山区学校将走出去与红色教育先进地区交流对话，做好红色资源的深度整合和红色课程的精细开发，具体来说，主要做好以下工作：打造红色教育核心团队，优化沂蒙精神宣讲队伍；深度融合沂蒙红色资源，组建大思政红色课程群；继续挖掘沂蒙精神内核，建设网上红色教育阵地；画好区内红色研学版图，继续规范红色研学活动。

（撰稿单位：山东省临沂市兰山区教育和体育局）

“1146”区域德育共同体模式及实践

河南省郑州市郑州航空港经济综合实验区教育文化卫生体育局

为深入贯彻党的十九大以来历届全会精神和全国教育大会精神，落实习近平新时代中国特色社会主义思想，依据《中小学德育工作指南》等政策文件内容，推动区域层面落实立德树人根本任务，郑州航空港经济综合实验区（以下简称郑州航空港区）开展了“1146”区域德育共同体模式改革及实践。“1146”区域德育共同体模式包括区域德育的一个理念、一个目标、四个维度、六大途径：以“立德树人，上善共生”为德育理念；以系好人生第一粒“善”的扣子为德育人目标；从“善待自我、善待他人、善待社会、善待自然”四个维度建构课程及评价体系；通过课程育人、文化育人、活动育人、实践育人、管理育人和协同育人六大途径整体推进学校德育，从而培养有大爱、大德、大情怀的人，落实立德树人根本任务，实现人与自然、人与社会的和谐共生。

一、“立德树人，上善共生”德育理念

（一）专家论证，科学制定德育理念

郑州航空港区为办好更加公平更高质量的基础教育，结合区域实际，通过第三方重庆天正教育评估监测咨询服务中心组成德育品牌建设专题调研组，调研组成员涵盖北京师范大学、西南大学等知名大学专家，河南省基础教育教研室、重庆市教育科学研究院等科研院所研究人员，一线中小学校

长、教育行政部门的领导及相关领域的专家，以“培育文明有爱学生、成就孩子幸福人生”为目标，科学论证“立德树人，上善共生”的德育理念。同时郑州航空港区教育系统全体同人共同参与，通过智库引领、专家指导、区域学校协同联动、校（园）长德育论坛、学校实践等形式，汇聚区域全体教育人集体智慧，用近两年时间反复论证、实践，得出符合新时代教育方针与区域实际的“立德树人，上善共生”德育理念及“1146”区域德育共同体模式。

郑州航空港区作为国家级航空港经济综合实验区，具有独特的政治优势、地理优势和资源优势，立足于区域政治、经济、文化、社会等方面的发展趋势和实际教育工作需要，将“上善共生”作为区域德育发展的重要理念，既符合区域发展的功能定位，又可以促进区域教育各主体的“内在价值认同”，即通过师生、生生、家校等群体性交互过程，引领学生实现对社会主流价值的内在认同。

（二）德育理念内涵

经过将近两年的“实践—理论—实践”的磨合，郑州航空港区教育文化卫生体育局通过主动探索找到了德育工作的着力点，明确了“立德树人，上善共生”的德育理念，并着手在区域层面构建德育体系。“上”，有向上、前进、超越，乃至创新、创造之意；“善”，有向善、善良、美好，甚而至善、至境之意；“共”是途径，在人与人、人与事物、人与环境的共同作用中产生道德认知和道德体验；“生”是目的，在“上”“善”的碰撞与融合中生发出人的关键能力和必备品格。“上善共生”具有力量，引导学生向上、向前不断突破自我；具有方向，引领学生向善、向美不断追求至高境界；具有生命力，在学生人生成长历程中，潜移默化地影响学生与人、与社会乃至与自然的共生，进而达到个体生命的理想状态。

二、系好人生第一粒“善”的扣子德育目标

（一）第一粒扣子——“善”的内涵

“如果第一粒扣子扣错了，剩余的扣子都会扣错。人生的扣子从一开

始就要扣好。”习近平总书记朴素又生动的比喻，蕴含着丰富的人生哲理，深刻揭示了德育工作要抓早、抓实、抓住关键。德育有自身的实现逻辑，从哲学角度及教育本质角度而言，追求“真善美”的教育真谛的落脚点就是追求人的“达美”“大美”“大善”“至善”。基于新时代全国课程改革及德育研究实践，郑州航空港区认为，德育的第一粒扣子就是“善”。这是郑州航空港区每个阶段德育内涵的关键，是新课程改革中德育领域的“关键能力”与“必备品格”。作为“立德树人，上善共生”德育理念的核心，“善”与智育等完全不冲突，“善”的扣子能够保障学生“向上”“尚善”，五育并举全面发展。

（二）“善”的学段体系目标

在德育目标内涵的引领下，郑州航空港区深入贯彻落实立德树人根本任务，将习近平总书记的“扣子”德育理念精神落实到具体德育工作中。“元者，善之长也。”“善，德之建也。”经过论证，结合郑州航空港区实际、相关德育指导思想及“立德树人，上善共生”德育理念，郑州航空港区开发了德育核心“扣子”之“善”的目标体系，如图 1 所示。

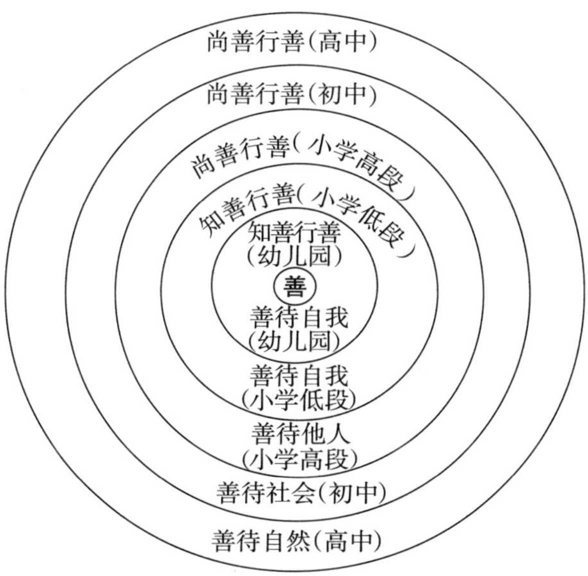

图 1　郑州航空港区开发的德育核心“扣子”之“善”的目标体系

三、四维度课程及评价体系

以区域德育理念和德育目标为引领，郑州航空港区从“善待自我、善待他人、善待社会、善待自然”四个维度建构课程及评价体系。“善待自我”：对学生进行热爱生命、善待生命的生命意义教育、人生理想教育，让学生树立正确的人生观。“善待他人”：让学生树立公正、公平、平等的价值观，建立良好的人际关系，学会合作，形成团队意识。“善待社会”：让学生把社会主义核心价值观根植于心，牢记自己从哪里来（爱国），到哪里去（立志报国）。“善待自然”：让学生学会与大自然和谐相处，形成健康文明的生活方式。通过四个维度，让学生学会正确处理人与人、人与社会、人与自然的关系，形成积极向上的人生观、价值观、世界观。

德育课程的根本任务是对学生进行系统的思想品德教育，使学生养成良好的品德和行为习惯，促进学生知、情、意、行等品德要素的协调发展。因此，在构建德育课程时，各学校在重视从四个维度提高学生道德认知水平的同时，更注重让学生获得积极的道德情感体验，并为学生提供道德实践的机会。

在评价实践中，从学生的发展出发，结合区域德育理念及德育目标，自主开展小专题评价研究，从四个维度建立具有多维度评价目标、多元评价方法的发展性德育评价体系。

四、六大途径，整体推进学校德育

郑州航空港区依据《中小学德育工作指南》，通过六大途径细化德育工作要求，整体推进学校德育：课程育人，奠定学生人生底色；文化育人，让校园文化浸润童心；活动育人，对学生进行上善引领；实践育人，让学生树立自信；管理育人，体现科学民主；协同育人，实现多方联动。

郑州航空港区教育文化卫生体育局以教育部发布的《中小学德育工作

指南》为抓手，出台了《郑州航空港经济综合实验区中小学（幼儿园）德育工作指导意见》，要求不同学段各中心校（幼儿园）都要完成“九个一”德育工程，即一把手（校长、园长）谈德育、一专项课题立项、一特色或亮点学校、一师选拔、一生评比、一剧展示、一课比赛、一个案例征集、一文评选九项德育专项工作。要求各学校以《郑州航空港经济综合实验区中小学（幼儿园）德育工作指导意见》为依据，立足校（园）情，在整体规划、班级管理、课堂教学等层面，实践“上善”的途径与方法，达成“共生”的目的，在区域德育理念统领下，构建适合自身发展、学生成长的德育体系。

郑州航空港区航南幼儿园德育课程的核心价值追求是：健全人格、美化心灵、丰富情感、上善共生。建立了“三情”园本德育课程：基于真实实践的“情境”课程，基于体验感知的“情感”课程，基于家园共育的“情理”课程。在实践中运用多种资源创设丰富、温暖、互动、互爱的环境，丰富幼儿的活动、尊重幼儿的感受、增进幼儿的体验、改变家长育儿观念、提升教师育人能力，实现上善儿童、上善教师、上善家长的同生共长。此外，还构建了具体的园本共生形象：上善儿童拥有健康快乐、好奇好学、独立自信、乐群合作的品质；上善教师具备厚积淀、宽视野、重细节、好心态等专业素养；上善家长达到宽容悦纳孩子、慈爱理性育儿的理想境界。

郑州航空港区领航学校从学校所处区域位置、生源组成情况、家长文化底蕴等多元因素出发，多次组织德育论坛，集思广益，明确“催生和·悦课堂，践行和善待人，打造和美校园，培育和善领航少年”校本德育理念，形成了“和·悦伴我成长”德育课程体系，向着“上善共生”努力前行。“和·悦伴我成长”德育课程体系的具体化是“三善六礼”：结合“上善共生”的内涵，学校认为教育就是培养学生说善言、行善行、成善品的“三善”养成教育，以良好的言谈举止习惯为抓手，扣好人生第一粒扣子；所谓“六礼”，即“说话之礼”“行走之礼”“卫生之礼”“就餐之礼”“尊师之礼”“交往之礼”，学校充分发挥全体教师的力量，编写了礼仪教材，自创《礼仪歌》，有效地规范了小学生的日常行为习惯。

郑州市第一二一中学在区域德育理念引领下，结合校情，打造出富有学校特色的德育品牌“合美教育”。在师生心中，“合”有三重境界：“合适”，每位师生有适合自我成长的一项兴趣特长，适合自己的教育才是最好的；“合作”，人与人善意相处，学会合作，努力向上，取得共生；“合融”，是更高层次的人与社会、人与自然的合融相处。师生在实践“合”的三重境界中生成美、体验美、悦纳美。学校探索设置“合·美”课程，从不同层面开设艺术教育、礼仪教育、合作教育、感恩教育、生涯教育等校本课程，借助“合·美”评价机制，开展“劳动之星”“阅读之星”“书写之星”“尊师之星”“爱生之星”“感恩之星”等评比活动，并产生“合·美之星”。

五、“1146”区域德育共同体模式的区域行动

（一）举办区域德育品牌建设论坛，提升区域内聚力

在河南省基础教育教研室、河南省教育科学研究院等各部门的大力支持下，在教育智库的帮助下，郑州航空港区已经决定将举办区域德育品牌建设论坛作为区域常态德育工作的抓手持续推进。2019 年 5 月首届区域德育品牌建设论坛成功召开，来自北京、重庆、广东、四川、甘肃、山西等地的专家学者及《德育报》《中小学德育》《河南教育》等专业报刊代表与河南省内外的中小学教育同人齐聚郑州航空港区，与郑州航空港区的全体校长、德育主任及班主任围绕“立德树人，上善共生”的德育主题，通过主旨讲座、平行论坛、微论坛及自由讨论等形式，探讨如何引领广大青少年系好人生第一粒扣子，培养有大爱、大德、大情怀的人。论坛成果丰硕，情谊满满，新闻媒体及社会反响积极强烈，新华网、《郑州日报》及相关电视台予以报道，引起同行广泛关注。

（二）外出交流汇报，扩大区域影响

2019 年 7 月 7 日至 8 日，受主办方《德育报》的邀请，郑州航空港

区派代表到青岛参加了2019全国青年班主任成长与创新暨首届海峡两岸教师专业成长论坛并做了主题发言交流。2020年12月4日至6日，受主办方重庆市品牌学会教育与文化品牌分会、重庆天正教育评估监测咨询服务中心、重庆师范大学职教师资学院的邀请，郑州航空港区派代表到重庆参加了第三方教育评价暨教育文化品牌创新论坛并做了主题交流发言。

（三）区域德育专项课题研究蔚然成风

以“1146”区域德育实践为基础，由郑州航空港区教育文化卫生体育局教育处张秀芬处长及郑州航空港区基础教研室海国忠主任领衔申报的河南省教育科学“十三五”规划2019年度基础教育重点专项课题“新时代区域德育一体化工作体系构建研究”成功立项，全面带动本地区德育研究深入开展，为“1146”区域德育共同体模式持续发展提供了内生动力。

郑州航空港区基础教研室还以解决实际问题为出发点，以深化德育课题的实验和研究为突破口，实施了德育专项课题推进计划，将德育向学科教学及一线实践延伸。2019—2021年，为实现课题研究的分层推进，教研室还组织了区级德育专项课题与各级各类学校（幼儿园）对接，经过教师申报、专家评审，有近120项课题通过区级立项，近1000名骨干教师直接或间接地参与到德育课题研究中。在这些课题中，六大育人途径成了研究的主要内容。其中，航南中心校、冯堂中心校由德育专干主持的“‘上善共生’理念下小学中年级班级管理的实践与探索”“关于利用社区资源推动学习型家庭建设的研究”“‘上善共生’理念下小学生独立自主习惯养成的研究”等课题，立足中心校层面，整合下辖学校优势力量，从区域理念研究出发，突出了学校实际需要。

（四）完善专门德育机构，有力保障区域德育工作

为将德育理念引向深入，郑州航空港区教育文化卫生体育局成立了德育工作领导小组，构建了三级德育研究组织。在区级层面成立德育研究中心，从整体规划出发，谋划德育发展方向，由郑州航空港区基础教研室负责管理；在中心校、局直学校成立德育教研中心组，由分管德育的副校长

（德育主任）任组长，并组建2—4人的德育教研团队，一手抓理念，一手抓实践，开展德育教研工作；在其他学校由党、政、团、队组织成员与班主任共同组建一支德育工作队伍，建立多层次、立体化的德育研究管理机制，提高了德育工作的实效性。

（五）系列德育研究成果持续推进区域教育质量稳步提升

2018年12月，郑州航空港区基础教研室及第三方智库专家共同完成了区域德育现状调研报告《郑州航空港区德育现状调研报告》。《立德树人，上善共生：区域德育一体化研究与实践》《长风破浪会有时——郑州航空港区“1146”区域学校德育体系构建》《小荷才露尖尖角——新文明家风建设案例汇编》等研究成果陆续面世。2019年8月5日《德育报》刊登论文《上善共生，培养大爱大德大情怀的人——郑州航空港经济综合实验区“立德树人，上善共生”德育探索纪实》。2020年第9期《河南教育（基础教育）》刊登了郑州航空港区德育工作系列论文《“上善共生”，化蛹为蝶的教育力量——郑州航空港区推进区域德育品牌建设综述》《打造港区德育新高地——访郑州航空港区教文卫体局局长杨买军》《新时代家风培育和文明家庭建设的意义及途径》《协同育人德育课程的构建与思考》。2021年第4期《河南教育（基础教育）》刊登论文《骀荡春风暖万家——郑州航空港区开展协同育人工作侧记》。2021年第6期《中国德育》刊登论文《新文明家风培育：探索家校共育“新支点”——访郑州航空港实验区教文卫体局局长刘书林》，再次将郑州航空港区德育工作实践经验推向全国。

（撰稿人：张秀芬、海国忠）

示范引领区域创客教育发展的实践探索

河南省郑州市第八十四中学

郑州市第八十四中学（以下简称八十四中）的创客教育，通过理念引领、课程建设、师资建设、空间建设、活动推进等措施，使一个相对薄弱的拆迁安置区学校逐步发展为郑东新区首批创客教育实验学校、郑州市中小学创客教育示范校、河南省中小学创客教育示范校、中国青少年创客奥林匹克实验基地。作为一所示范学校，八十四中示范引领，带动了整个郑东新区的创客教育发展，走出了一条示范学校引领区域创客教育发展的路子，构建了立德树人的特色新路径。

一、学校创客教育的缘起与理念

八十四中是一所以招收进城务工人员子女为主的拆迁安置区学校，78.5%的学生是进城务工人员子女。为了让这些学生能接受和城市学生一样的优质教育，培养他们的动手能力、合作能力、创新能力，促进他们核心素养的全面提升，学校结合学生的特点提出了以鼓励学生“动脑思考、动手制作、动口表达”为主的“三动”结合的教育理念，从思维品质、创新精神、实践能力、合作能力等方面提升学生的核心素养，全面落实立德树人根本任务，通过推进创客教育，促进学校特色发展，示范引领区域创客教育的快速发展。

在这一理念的引领下，学校基于信息技术环境，依托“有师资、有空间、有课程、有活动”的“四轮驱动”发展理念，在创客教育方面进行了一系列有益的探索与实践，整体推进了学校创客教育的发展，初步形成了具有学校特色的创客教育。在此基础上，学校将创客教育的实践经验与做法向全区推广，借助郑东新区创新教育工作室，开展了一系列卓有成效的创客教育推进活动，促进了区域创客教育的快速发展。

二、“四轮驱动”创客教育的实施

（一）理念引领，强化创客师资队伍建设

创客教育离不开创客教师。在忙于提高学生分数的情况下，很多教师不愿意投身到创客教育中来。为了扭转这种不利局面，常慧钦校长身先士卒，积极加强自身学习，不断学习创客教育理论，结合工作实际，适时用自己的学习所得对教师进行创客教育培训，让每位教师明确创客教育究竟是什么，该如何开展创客教育。常校长还深入一线给学生主讲创客课程，逐渐消除了教师心中的顾虑。

为了鼓励更多的人参与到创客教育中来，学校立足现有条件，重点挖掘物理、化学、生物、音乐、美术、地理等学科具有创客教育潜质的教师，对其进行重点培养，让他们走出去参加各级各类创客教师培训、研讨、参观、考察活动，了解当今创客教育的发展现状，汲取先进经验。同时学校也把一些创客教育专家和技术骨干请到学校来，给教师做专题报告，开展技术培训。机器人培训、3D 打印培训、激光雕刻培训、创意编程培训、电子电路培训、航模培训、智能硬件培训等技术类培训，扫清了教师在技术层面遇到的障碍。为了实现效益的最大化，每一次培训前学校都会通知全区感兴趣的教师特别是各校的创客教师，实现资源共享，提升了全区创客教师的整体水平。

经过学习培训的创客教师，在创客教育中展现出了极大的热情，使创客教育取得了非常好的效果，也激发了其他教师参与创客教育的积极性，创客教育的理念也逐步深入每一位教师心中，逐步实现了教师教学理念和教学手段的更新，形成了创客教育骨干教师队伍。

（二）多彩课程，构建创客教育课程体系

课程是创客教育的载体。为推进创客教育，学校开设了丰富多彩的创客教育课程，包括面向全体学生的编程、趣味电路等普及性创客课程，依托社团、面向个体开发的兴趣类、拓展类创客课程。具体课程包括电子高手、3D 打印、Scratch 创意编程、车辆模型、建筑模型、航空模型、航海模型、无人机、激光雕刻、魔力科学、创意盒子、酷玩机器人、女红、双语地理、手工、废旧物品创意制作等十几门。在这些课程的滋养下，学生的动手能力得到逐步提高，创新思维得到进一步培养，合作意识有了大幅提升。

（三）多方筹措，打造创客空间

为了能更好地开展创客教育，学校把现有的各个功能室进行有机整合，作为创客空间的有效延伸，有效解决了空间不足的问题。

为了给创客教育提供更好的学习、制作、交流、分享的空间，学校多方协调筹措资金，建成了功能完备的创客空间，配备了开展创客活动必需的资源、设备，给师生营造了开展头脑风暴、创意制作、分享交流的良好氛围。创客空间成了师生经常光顾的场所，吸引了全区的创客教师，大家在这里一起分享创客教育经验，学习培训创客教育理念和技术，共同探讨创客课堂形态，研究创客项目，促进了郑东新区创客教育水平的整体提升。

（四）搭建平台，开展多彩创客活动

创客教育离不开活动的推进，通过系列活动，为师生搭建展示自我的平台，让学生在动脑思考、动手创作、动口表达、展示分享创新成果的基础上不断提升创新意识、发展创新思维、提高创新能力。学校相继组织学生参加了郑东新区创客教育交流展示、创客艺术节，多次参加河南省青少年科技创新大赛、中国工程机器人大赛，参与中国青少年创客奥林匹克实验基地的系列展示、比赛，开展废旧物品创意大赛，组织社团成果展等。学校还承办了 4 届郑东新区的创客教育博览会和青少年科技创新大赛及郑

州市首届创客教育文化艺术节。这些活动为学生搭建了展示自我的舞台，让领导和师生领略到了创客教育的无穷魅力，更提高了大家参与创客教育的积极性。

（五）辐射带动，推进区域创客教育发展

鉴于学校在创客教育方面的实践探索以及取得的丰硕成果，郑东新区创新教育工作室落户八十四中，成员涵盖了 31 所中小学校的 32 位创客教师。依托创新教育工作室，八十四中在师资培训、课程开发、课题研究、创客活动等方面开展了大量的工作，取得了显著成效。

每周二下午，工作室成员齐聚八十四中，学习机器人搭建、编程、开源硬件、电子电路、航模、3D 打印、各种工具的使用等方面的内容，观摩创客课程，开展创客课题研究，组织各类创客活动。

2018 年，学校按照项目制管理的方法，对工作室成员进行了重新认定，每个学校每个创客项目确定一个项目负责人来参与工作室的相关活动。这样既便于管理，消除了原来由一个创客教师负责时所产生的各种问题，减轻了教师的负担，也兼顾了教师的个人特长，又让更多的人能参与到创客教育中来。工作室成员由最初的 32 人发展壮大到 164 人，大大充实了郑东新区创客教育的师资队伍，推动了区域创客教育的良性发展。

三、创客教育成效显著

（一）学生的学习兴趣提升，在各类大赛中屡获佳绩

八十四中推进创客教育的系列工作和丰富多彩的活动，给学生搭建了展示自我、学习交流的平台，提升了学生的自信，增进了师生感情，增强了学生对学校的认同感，激发了学生学习的兴趣和积极性，使学生的创新能力、实践能力、合作意识、思维品质、语言表达等都得到了长足的发展。在各级各类创客赛事中，八十四中的学生能够同那些名校的学生同台竞技，并且能一次次站到最高领奖台上，大大提振了师生的精气神。戴同学是一个学习成绩不好的学生，自从与机器人结缘，他的身上发生了非常大的变化。2016 年 11 月，他代表学校参加了在上海举行的世界教育机器人大赛 2016 赛季世界锦标赛，获得一等奖；在 2017 年的中国工程机器人大赛暨国际公开赛中获得一等奖。这些奖项的获得大大激发了他的学习热情，他在学习方面也有了很大的长进。2019 年夏天，戴同学顺利考上了高中。

（二）创客教育助力学校特色发展

八十四中被评为郑州市、河南省的中小学创客教育示范校，河南省中小学数字教材应用样本校，河南省中小学人工智能教育实验校。学校的经验和做法也为其他地区和学校提供了可资借鉴的经验，河南省电化教育馆副馆长窦颖梅、河南省中小学创客教育管理办公室主任李直，郑州市电化教育馆馆长助理樊俊民、副主任朱银果，郑东新区教育文化体育局乔健等多位领导，以及灵宝市、上街区、扶沟县等地的领导和教师多次到校指导、观摩创客课程，交流分享创客教育经验。

郑东新区教育文化体育局投资 3000 多万元在八十四中建设了 5000 多平方米的郑东新区创客教育体验中心。该中心建成后，将是郑州市乃至河南省最大的区域性创客教育体验中心，必将为郑东新区乃至郑州市的创客教育带来新的发展机遇，提供更好的学习、交流、创作、展示、分享的空间，促进区域创客教育的良性发展。

在八十四中这所创客教育示范校的示范引领下，创客理念、创客文化已经深深扎根于郑东新区中小学师生心中，创客课程成为学生最喜欢的课程，创客教育也成为彰显学校特色的名片。“有师资、有空间、有课程、有活动”的“四轮驱动”发展理念，也成为指导其他学校开展创客教育的重要依据，八十四中在老百姓心目中的知名度、美誉度也因此普遍提高，学生对学校的认同感也明显提升，学校在办“家门口的好学校”的路上又向前迈了一大步。

（三）带动区域创客教育繁荣发展

在八十四中的积极推动下，郑东新区各校的创客教育已逐步走上正轨，取得了非常好的成效。目前全区已经有 8 所学校被评为河南省中小学创客教育示范校，郑东新区外国语学校等 12 所学校被评为郑州市中小学创客教育示范校。郑东新区各校在郑州市、河南省乃至全国的各级各类创客比赛中也捷报频传，硕果累累。创客教育类课程丰富多彩，创客教育类社团异彩纷呈，探索出了一条立德树人的新路径。

从一个人到一群人，从一个学校到一个区，八十四中走出了一条示范引领、促进区域创客教育发展的道路。这所位于拆迁安置区的薄弱学校也由此走上了良性发展的轨道，提高了自身的声誉，促进了学校教育教学质量的全面提升。而依托创客教育工作室，区内各校从培养创客教师、打造优秀教师团队开始，通过论坛、各类创客赛事等途径，大大提高了参与创客教育的积极性，推进了区域创客教育的发展，为创新人才培养找到了新的突破口和生长点。

（撰稿单位：河南省郑州市第八十四中学）

“和合共生”：区域一体化立德树人机制

山东省济南市市中区教育和体育局

济南市市中区教育和体育局一直致力于培养“身心两健、气质独特、心怀家国、放眼世界”的新时代学子，打造“名校云集、名师辈出、学生幸福、社会满意”的品质教育新样态，不断深入推进素质教育具体化实施，满足人民群众对优质教育的新期待。特别是党的十八大以来，市中区将立德树人作为中小学一切工作的核心目标，坚持正确方向，坚持遵循规律，坚持协同配合，坚持常态开展，建立起中小学纵向贯通、家校横向协同、社会立体辐射的一体化立德树人衔接机制。

一、以《市中区中小学学段德育目标及行动指南》为抓手的中小学纵向贯通机制

落实立德树人根本任务，要以学生为本，真正解决学生学习、生活、交往中面临的成长问题。针对德育目标功利化、内容抽象化、过程形式化的顽疾，不同学段德育缺乏衔接、内容重复、脱离时代发展需求与学生发展需要的问题，市中区教育和体育局成立了专门的德育目标项目组，由分管局长领衔，十余位德育干部和区首席班主任工作室成员共同参与，编制了《市中区中小学学段德育目标及行动指南》（以下简称《学段德育目标》）。

（一）《学段德育目标》的基本理念

《学段德育目标》规定了不同学段学生需达到的行为目标，通过“三

个转变”，实现为学生成长服务的设计理念。

引领目标精准落地：由“定价值观”的高位转向“操作导向”。形成方向正确、内容完善、学段衔接、载体丰富、常态开展的德育工作标准，使之成为学生成长的行动指南、教师规划课程的设计指南。

服务学生自主成长：由“便于管理”的初衷转向“服务成长”。基于学生视角，设置符合学生身心发展规律的目标。

引导学生积极发展：由“弥补缺陷”的观念转向“积极发展”。积极发展学生“长板”，以优势带动劣势，促进个性发展。

（二）《学段德育目标》的主要内容

《学段德育目标》将义务教育阶段划分为小学低段（1—2 年级）、小学中高段（3—6 年级）、初中学段（7—9 年级），每个学段各有 10 个具体目标，共 136 个小项，聚焦学生在这个学段应实现的成长目标。每个学段分别阐述了核心目标、具体目标和以“社会、学校、家庭、学生”为逻辑层次的行动指南，介绍了相对应的节日、纪念日以及市中区各学校值得推广与借鉴的德育品牌课程范例。

在三个学段的具体目标和行动指南中，相同主题一以贯之，但是在不同学段又有梯度发展。比如爱国主题，从具体目标来看，小学低段、中高段都是“爱祖国”，到初中学段为“家国情怀”，体现不同学段学生的认知特点与实际需求；从行动指南来看，小学低段是“认识国家主要领袖人物，了解革命英雄人物，能说出 1—2 首革命古诗”，小学中高段是“了解中国少年先锋队的光荣传统和革命前辈感人事迹，在公祭日、清明节主动参与祭奠活动”，初中学段是“了解中国悠久历史和革命历程，学习革命先辈的崇高精神和优秀品质”。《学段德育目标》尊重不同学段学生认知特点和成长需求，注重学段间的衔接性，确保爱国教育在不同学段都能稳稳落地，更具感染力、更走心。

（三）《学段德育目标》的实施原则

1. 目标有学段，实施要衔接

小学低段的目标是“培养基本行为习惯”，小学中高段的目标是“养成良好的行为习惯”，初中学段的目标是“形成社会规范意识”。各学段行动指南整体性衔接，充分考虑学生道德认知发展特点、品德发展的连续性和阶段性，既有利于充分彰显德育的人本价值，也有利于学生品德的健康发展。

2. 学段有侧重，策略要精准

小学低段学生的道德发展处于他律阶段，需要直接告诉学生什么样的言行是对的，这一学段各项行动指南的描述更具有直观性、可操作性。

小学中高段是逐渐从他律向自律过渡的阶段，是小学生品德发展的关键期。要培养这个学段学生的独立性、自控能力，加强学生对良好文明行为习惯所蕴含的道德规范的理解，使学生自觉选择并养成良好的道德习惯。这一学段的各项行动指南更加聚焦应达到什么行为标准，同时也指出了达到这个标准所应采取的具体行动。

初中学段学生逐渐走向自律，道德观念开始形成。但这个阶段也是初中生心理和品德发展的动荡期，成熟性与幼稚性、独立性与依赖性、自觉性与盲目性并存。这一学段的各项行动指南侧重于把培养学生的道德习惯与道德理解能力相结合，把成人外在的引导转化为学生的自我教育和自我认可。

3. 目标是导向，课程可延展

《学段德育目标》中的每一个目标都可以成为学校和班级继续开发德育校本课程的主题和依据。如：每一学段都有 10 个具体目标，小学低段的 10 个目标是爱祖国、亲家长、敬师长、重友情、守规则、晓安全、能自理、明节俭、乐学习、知自我。教师可以在此基础上进行延展，丰富教育内容和方式。

《学段德育目标》中有具体的学段德育目标，各学校可以因时、因地、因人，根据区域和个体的差异性，运用行动体验式的研究方法，在实践中引导各个学段的学生“记住要求、找到榜样、端正态度、付诸行动”，从而形成学校特色育人目标与各美其美的育人实施路径。

二、“和合共生”的家校横向协同机制

家庭和学校是儿童教育的两个法定责任主体，构建和谐的家校关系，形成分工合作、协同育人的格局，是青少年健康成长的重要保障。市中区始终将家庭教育放在与学校教育同等重要的位置，致力于探索家校协同育人机制，努力营造“和合共生”的家庭教育新样态。

（一）制度保障子机制

市中区构建了“集团统领、学校组织、家长参与、社会支持”的家庭教育工作格局，制定了四个关于区域家校工作发展的标准性文件。其中《关于进一步推进家庭教育先行区协同创新工作指导意见》作为总纲，明确了开展和支持家庭教育的责任清单，为家庭教育健康发展铺设了科学“轨道”；《家庭教育指导与研究中心管理规定（试行）》《家长委员会建设与管理规定（试行）》《家长学校建设与管理规定（试行）》则让三个机构的建立和运行更加规范，有章可循。从顶层设计到实践落地，标准性文件的发布成为深入推进区域家庭教育指导工作的有力保障。

2019 年，市中区开启了德育项目化研究的序幕，创造性地组建了“家校关系”“校居关系”等七个项目组，共有 43 所学校及 10 个教育集团加入家校共育领域的项目研究。市中区赋予项目组“自主规划、龙头带动、区域扶持”的职能，推动其广泛开展家庭教育研修活动、宣讲活动。同时，市中区还借助上级教育行政部门、各级教育学会、科研机构平台，推动家庭教育工作以课题引领和项目认领的方式科学化、有序化发展，形成了市中区家庭教育“学校—集团—区域”三级联动机制以及“集智共生、聚力发展”的项目式、网格化工作大格局。

（二）师资培养子机制

家庭教育的发展和家校共育的推进，除了制度保障外，还必须有科学的理论支撑和一支高水准的家庭教育师资队伍。市中区围绕“三地七校九

专家”，实施换脑、借脑、健脑计划，不断引进名家带徒弟，依托高校育名师，多方合作促成长。以高端、前沿的理念为指导，提高家庭教育师资队伍水平，促进新型家庭教育生态的健康发展。市中区先后聘请21位资深专家学者以及来自社会相关领域、媒体的业内精英担任“市中区家庭教育指导专家”，聘请优秀家长、干部教师担任“市中区家庭教育指导师”，与《未来教育家》编辑部、中国德育杂志社以及大专院校、媒体等20家单位结为家庭教育工作协作单位，共同构建起家庭教育的社会支持网络。通过“优选基地+课程定制+任务驱动”等举措，在浙江大学、北京师范大学、华东师范大学等七大高校基地轮训千余名干部教师，和山东师范大学联手建立“双师型”教师培养基地，与济南心理卫生协会等专业机构合作，先后培养出120名在区域内广受认可的优秀家庭教育指导师。同时，通过“实践练兵+名师巡讲”的方式，在区域内广泛开展的家庭教育讲座、沙龙等活动中，充分发挥家庭教育指导师的示范、辐射与引领作用，形成了区域“双师型”教师成长梯队自主发展的良性循环圈。

（三）区域统筹子机制

市中区以集团化办学和德育协作两大举措，实现家庭教育的统筹推进、抱团发展，指向高位均衡的目标。以“优质校+新建校”“优质校+薄弱校”“优质校+城郊校”三种模式，通过定向输出骨干教师、资金设备、管理文化，使学校找到“最近发展区”，形成“加速度”发展。发挥城区学校现有家庭教育资源优势，面向城郊的党家、十六里河和七贤学区，分别派出由城区德育骨干学校分管校长、主任为主要成员的德育协作小组，帮助城郊学校将家庭教育指导落到实处。如针对家委会建设薄弱的现状，编制了《农村学校家委会建设流程》，进行多次家庭教育培训、会长论坛交流活动，带动了城郊学校家委会建设和家庭教育培训。

集团化办学和德育协作统筹使用家庭教育专家资源、课程资源，开辟家庭教育新空间；借助互联网、云存储技术，将优秀家庭教育经验、家长学校微课资源上传到网站、云盘，培养家庭教育新观念；将学校的家庭教育专家变为区域内的专家，通过云端授课、校际交流、巡回指导，盘活人力资源，打造家庭教育新天地。

（四）行动探索子机制

市中区十几年的家校协同共育发展过程，就是“行动探索—梳理经验—改进方法—继续探索”的过程，其中行动探索是不断发展的核心要义。

早在2007年，市中区就组建了老干部、老教师和在职教师讲师团，进行巡回讲座；成立市中区家长学校总校，编写《携手》《同行》《随风细雨》《相伴成长》等系列家庭教育教材；不断完善学校家委会建设，构建开放共赢的新型家校文化，让家长成为学校前进道路上的同伴、盟友。2019年年初，市中区推出了“教育·家”大讲堂这一家校共育品牌。“教育·家”，既是教育和家庭的牵手，又含有让教师和家长都成为“教育家”的愿景，还有教育者都是一家人的寓意。市中区以教育集团和社区为单位建立19个“教育·家”大讲堂，多布点建设覆盖集团或社区所有中小学，采用“总论坛+分论坛”模式，设计菜单式课程内容，面向不同层面的家长，采用亲子入学、微信抢课、专题微讲座、亲子体验、家教沙龙等互动形式，在社区、校园、机关、企业、楼宇，开展亲子阅读、习惯培养、亲子沟通等主题学习，营造父母和孩子同入学、同毕业的良好学习氛围，实现了家庭教育指导工作的私人定制。

同时，市中区以“互联网+”为突破口，探索建立远程家庭教育服务网络，构建家庭教育指导服务的立体化平台。集区域家庭教育骨干教师之力精心录制了40余节微课并实现了区域资源共享；通过长微课直播、短微课分享，采用音频、视频、图片等不同方式传播科学的家庭教育指导方法，满足家长在时间、空间上灵活学习的需求；建立“空中家长课堂”“家庭教育云微课”，大力拓展微信和手机客户端等新媒体平台服务，借助大众传媒的宣传普及功能，形成了线上线下、多形式、多平台、全覆盖的家校共育大空间。

三、以区域社会实践课程为载体的立体辐射机制

基于学生的“社会人”属性，市中区着力构建学校教育、家庭教育、社会教育相结合的三位一体的育人网络。市中区社会实践课程“相约博物馆”的开发与完善，让各类场馆成为培养学生学习能力和综合素养的场所，成为社会资源服务学生成长、落实立德树人根本任务的重要途径。

（一）链接场馆，构建立体化成长空间

2015年，市中区确立了教育和体育局搭桥，打通学校和场馆之间通道，让场馆资源无障碍为学生所用的思路，开发了社会实践课程“相约博物馆”。

市中区教育和体育局先后与济南市博物馆、山东博物馆、济南战役纪念馆、西城时光国际艺术馆、山东书城、济南市图书馆、济南日报社、山东美术馆、山东省档案馆、胶济铁路博物馆等10个单位签约，共同建立市中区中小学生社会实践基地。10大基地不仅提供参观学习、社会实践的机会，还让学生通过课程的深度学习，在自主、合作、探究中获得充盈的内心体验，产生对人类文明的参与感、敬畏感和基于理解的热爱，逐渐形成家国情怀和正确的世界观，获得受益终生的社会体验。学生的成长空间由此变得立体化。

为了提高学生自主参与社会实践的积极性，形成学校组织和自发参与的双线模式，更好地利用社会资源，实现校内外教育有效衔接，形成知行合一的全新形态，市中区编制印发了中小学生社会实践护照《印记》，记录学生的社会实践足迹。《印记》成为连接场馆与中小学生的纽带和对学生进行综合评价的依据。

（二）课程开发，为学生成长而设计

社会实践课程“相约博物馆”使学生走出去接受教育，用隐性的方

式调动和增强学生的内心体验，在潜移默化中提升学生的核心素养。市中区采取“区域顶层设计+校馆联合开发”的模式，让课程既能体现区域教育的整体意志，又能贴近学校和学生的实际，真正成为德育一体化的平台。市中区教育和体育局与各场馆签订协议，确定主要合作项目；各学校在与场馆具体对接的过程中，结合不同学段学生实际情况、国家课程内容与博物馆馆藏特点，设计具体的活动项目、课程内容、评价方式。各学校除了利用 10 大基地外，还拓展开发了警察博物馆、供水史馆、科普体验中心、蔡公时纪念馆、山东省科技馆等资源。课程内容也由原来的围绕场馆变得不局限于场馆，由“走进场馆”变为“走进社会”。

课程开发过程中，教师、博物馆专业人员、学生共同参与，课程同时具备专业性、互动性、参与性、趣味性、长效性。比如，市中区美术教师团队联合博物馆专业人员共同研发了艺术场馆课程——“大观”，课程采用“双师授课”的教学模式，实现了场馆教育功效的最大化。

（三）双线三段，闭环实施确保实效

“相约博物馆”课程学习分为三个阶段。参观前，师生一起查阅学习资源，设计活动任务单；参观中，根据事先了解的信息和任务单观察实物展品，通过小组合作、自主探究的方式开展学习；参观后，教师通过课程总结，适当引入知识竞赛、拓展延伸、综合体验、研究性学习等形式，深化课程效果。根据学生的不同层次，分别设计以讲解员为导向的体验学习、以任务单为导引的参观浏览、以探究实操为导向的实践体验三种模式，让学习方式更灵活、学习效果更明显。

2020 年上半年，由于发生新冠肺炎疫情，各场馆暂时关闭，市中区教育和体育局重点推介“网上相约博物馆”，将国内外部分网上博物馆的地址汇总下发，供学生进行网上参观。各场馆重新开放后，“相约博物馆”课程形成了线上线下相结合的实施模式。

社会实践课程“相约博物馆”在实施过程中，不断向结构化、系统化的方向发展，促进了各学科的融合，开创了德育一体化实施新路径；在丰富真实的场景探索中，不断拓展学生的知识结构，提升学生多维度思考习惯和创新能力；不断挖掘社会资源的育人功能，涵养学生成长需要的新生态，让立德树人立体化、无缝隙地衔接落实。

（撰稿单位：山东省济南市市中区教育和体育局）

后　　记

本案例集的出版，是多方协同、群策群力的结果，要感谢的人太多。首先要感谢课题总负责人袁振国教授的指导，我作为子课题“价值引领机制”的负责人参与了课题研究的全过程，从中学到很多。要感谢案例单位和案例整理者，他们的探索精神和敬业态度让我感佩。课题组的各位同人在课题研究和案例编写过程中给了我诸多启发和实际帮助，韩笑、窦营山、马圆圆、庞珊珊、张红等研究生在案例收集、整理过程中做了很多具体工作，在此一并致谢！

唐汉卫